羽翼成

Showering Without Clouds

奧修(OSHO)著
李奕廷(Vivek)譯

旗開出版社

譯者序

這是奧修第一次談論成道的女人。我們知道佛陀，我們知道老子，我們知道耶穌，我們知道很多靜心的方法：然而山的另一邊也有一條路——愛與奉獻。少數人從那兒跳著舞、唱著歌，在神性的狂喜中到達了山頂。我們對那條路不是很熟悉，那些耳熟能詳的都是成道的男人，但是這個世界有一半的人是女人——蜜拉、萊拉、莎訶若、達雅、瑪里貝：她們是如何到達那個最終的？愛與奉獻是什麼？那條路上會遇到什麼困難？如果無法在靜心中消失，一個人是否可以淹沒在愛裡面？

十八世紀時，莎訶若出生於印度的拉賈斯坦邦。十一歲那年，就在她為婚禮與高采烈的打扮著自己時，聖者查藍達出現了在她的面前：「噢，莎訶若，世界不是妳永恆的歸宿。我們都終將離開，死亡是毫無疑問的。為什麼以為嫁給將死之人的喜悅能使妳的面貌更加美麗？」稍後，在迎娶新娘的路上，馬兒因為受到鞭炮的驚嚇而被柵欄絆倒。騎在馬上的新郎因而猝死。在這個事件後，莎訶若將她的一切奉獻給查藍達師父。並在他的存在下，來到了自我達成。出於深深的感激，成道的莎訶若對師父唱出了愛的經文：

目錄

第一章　成道的女人

我可以拋棄神，但是我不會離開我的師父。
神無法和我的師父相提並論。

神給了我來到這個世界的生命。
而師父使我從生和死的輪迴中解脫。

神給了我五種感官。
而師父在我無助的時候，使我免於它們的束縛。

神把我丟進家庭的羅網。
而師父切斷情感的枷鎖。

神使我落入慾望和疾病的陷阱。
而師父點化了我，使我免於它們的束縛。

神使我徘徊在虛幻的活動中。

而師父爲我指出我的存在。
神隱藏了自己，不讓我找到。
而師父給了我一盞照亮祂的燈。
藉由這一切，神創造了束縛和解脫的二分性。
而師父摧毀了所有的幻象。
在查藍達師父的腳下，我奉獻了我自己、我的身體、我的頭腦和我的靈魂。
我可以拋棄神，但是我永遠不會拋棄師父。

這個我稱之為「沒有雲的雨」的一系列演講，將是一個全新的旅程。到目前為止，我一直在談論成道的男人；現在，第一次，我將要談論成道的女人。談論成道的男人是容易的，我可以了解他們，我們是同一種人。談論成道的女人會有點困難。那條路稍微有點陌生。

在他們最內在的深處核心中，男人和女人是一，但是他們表達的方式是不同的。他們存在的方式、他們看待事情的方式、他們思考的方式、他們的言論，不只是不同的，而且是相反的。但是目前為止，我還沒有談過成道的女人。如果你對成道的男人有些了解，如果你對成道有點體驗，也許，對你而言，會比較容易了解成道的女人。

例如，日光是白色的，但是當它穿過稜鏡，它會被分成七種顏色。綠色並不是紅色，紅色也不是綠色，雖然它們都來自於同一道日光。最後，它們將再次會合而形成日光。在分開之前，它們是一，然後再次的，合併後又是一。但是在這個過程中，有一個很大的不同，而這個不同是非常甜美的。在它們之間有一個很大的不同，這個不同不應該被摧毀。那個區別應該一直保持著，因為生命的活力就是在那個不同之中。讓紅色是紅色的，讓綠色是綠色的。那就是為什麼綠色的樹會長出紅色的花。綠色的樹上長出綠色的花，那看起來不會是美麗的，紅色的樹上長出的紅花也不會像花。

在最終的實相中，男人和女人是一。光線變成白色的。但是就存在而言，就形態而言，就表現的方式而言，他們是不同的。這個不同是非常美的。不需要去消除這樣的不同。它應該被強化！這個不同不是要被摧毀的，而是要去看出隱藏在他們裡面的整體性。當你開始看出男人和女人裡面相同的音調，而不是去摧毀他們的不同，只有那時，你才算真的擁有雙眼。

一個彈奏維納琴的人，當他撥彈琴弦時會出現很多音調。撥彈的手指是相同的，琴弦是相同的，但是手指移動的方式稍微不同，就能產生出很多聲音。幸好有這麼多音調的出現，否則將無法作曲。如果只有一種音調，那將不像音樂，會令人感到非常無趣。

這個世界的美在於多樣性中的一與和諧。音樂家是一，樂器是一。同樣的琴弦，同樣的手指，但是卻可以產生這麼多不同的音調。

男人是這些音調中的其中一種，女人則是另一種。他們不只是不同的，而且還是相反的。那就是為什麼他們對彼此會有這樣的吸引力。對於對方而言，他們是不同的，因此會有一個想知道對方的熱切渴望，一個想探索對方的神秘的熱切渴望，一個想揭開對方面紗的渴望。

我談過卡比兒，我談過法里德，我談過那那克，我談過佛陀、馬哈維亞和其他數百個成道的男人。已經有點單調乏味。我今天要介紹另一種音調。第一種音調使你們準備好，可以了解第二種音調：因為在第一種音調中，一個稀有的現象發生了：每當一個男人達到成道的最後一環，他就會變得像一個女人，他變成女性化的。這就是達杜說的：「愛人已經變成了被愛的人。」曾經是愛人的男人，現在已經變成了被愛的人。法里德，另一個神秘家，曾寫信給自己：「姊妹，如果對那個留在妳裡面的真正的人有了渴望，那麼愛人也就不遠了。」

如果你了解佛陀的生活，你會發現平常很少見的一種女人的特質。只有在某些高度進化的女人中，你才會感到同樣嬌弱的優雅和溫柔。你把它稱為慈悲，但是如果你深入的觀察，你會發現這個慈悲——在馬哈維亞身上則是非暴力——是一個誕生在佛陀裡面的女人，一個新的影子。每當一個男人成道，你會突然發現，一個非常女性化的溫柔降臨到他身上。

法里德所談到的各種特質——耐心、穩重等等——都是女性特質。穩重是一種女人的特質；它是非常嬌弱的。耐心和容忍是女人的特質。男人沒有耐心。男人是非常沒有耐心的，總是急急忙忙的。如果男人必須養育小孩，那些小孩將無法存活，男人沒有這麼多的耐心。如果男人必須懷孕，這個世界將會有不斷的墮胎和早產，沒有男人想要懷孕。誰可以等九個月？男人總是急急忙忙的，他是敏捷的，他對時間是非常敏感的。女人活在永恆，男人活在時間。

我有一次到穆拉那斯魯丁家裡作客。在午後小憩之後，我們坐在床上聊天，然後他的妻子進來說：「親愛的，聽著，看顧一下孩子。我要去看牙醫。等我拔完牙後就會回來。」

穆拉立刻站了起來，穿上外套說：「等一下，親愛的！妳來看小孩，我去拔牙！」

看顧小孩是非常麻煩的！男人沒有這麼多的耐心。養育小孩是非常困難的，讓一個小孩靠自己生存，需要二十到二十五年的時間。耐心對於女人是非常容易的，耐心對於男人則像一種戒律。那就是法里德為什麼要說：練習耐心。但是女性的頭腦會想：為什麼要練習？

我要為你們說明那個不同。女性的頭腦會想：「為什麼要練習耐心？我們已經是有耐心的！」法里德說：練習穩重。女人會感覺到，如果她沒有穩重，那她就什麼都沒有了。穩重是女人的天性。如果女人要練習，她要練習的會是不穩重。對她而言，穩重是自然的。穩重對於女人，就如同樹葉和樹的關係。

找到一個穩重的男人是不容易的。要找到一個不穩重的女人也是不容易的。如果女人失去她們的穩重，她們就失去對男人的影響力。如果男人變得穩重，那是受到女人的影響。男人需要透過嚴厲的苦行所達成的，則是女人與生俱來的。男人也有些與生俱來的特質是女人沒有的。

如果女人想要成為軍人，她必須經過艱辛的訓練，但是要成為一個尼姑，她不用做任何努力。如果女人必須上戰場，那麼她會需要做好很大的準備，她必須經歷大量的訓練，但是如果她要去寺廟祈禱，去膜拜，去當義工，她不需要從任何人身上學習。帶一個小女孩到寺廟去，你會發現：彷彿她生下來就知道如何膜拜。但是如果你帶一個小男孩到寺廟去，你會發現，即使你用強迫的方式，他也不會膜拜。膜拜對他而言是沒有吸引力的。他會想要別人對他膜拜，但是他不會想膜拜任何人。

對男人而言，努力是自然的，對抗是自然的。男人只知道一種勝利的方式：對抗。女人知道的則是另一種勝利的方式：臣服。當一個男人勝利了，還是可能再被擊敗。當一個女人失敗了，她還是勝利的。他們之間有這樣大的不同——這是美麗的。他們的方向是相反的，但是兩者之間仍然有一個很大的和諧。因為男人透過獲得而失去，女人透過失去而獲得，這個現象在他們之間創造出一種和諧。相反者的會合，對彼此而言，他們是互補的。

當一個男人將要成道，他的內在會綻放出女性特質的花朵。當一個女人將要成道，她的內在則會綻放出男性特質的花朵。對這些有點了解會對你們比較好。

我曾經說過：耆那教的二十四個成道者中，有一個是女人。她的名字是瑪里貝，但是裸形派把她的名字改為瑪里納，因為他們無法接受女人也可以成道，他們說在女人的身體中是無法成道的。所以他們無法接受瑪里貝這個名字——他們把它改為瑪里納。

他們的觀點裡面有一些深遠的涵義。當一個女人將要成道，她的內在會綻放出男性特質的花朵。而一個男人將要成道時，他的內在則會綻放出女性特質的花朵。為什麼會這樣？要了解這些，我們必須知道關於人類意識的某些事。

這兩種特質都出現在每個人身上，男人裡面隱藏著女人的特質，女人裡面隱藏著男人的特質。一定會這樣，因為每個人都是因為男人和女人而誕生，在你裡面，父親有一半的貢獻，母親有一半的貢獻。你無法只是男人，你也無法只是女人。你是男人和女人的結合。是因為兩者的會合使你被創造出來。所以你會是一半的男人和一半的女人。

那麼，男人和女人的不同是什麼？不同的只是，表面上是男人的人，內在則隱藏著女人，女人就在你的內在深處，男人只是表面上的。對女人而言，不同的是，表面上是女人，內在則隱藏著男人。當你成道了，當你的意識回到它寧靜的中心，那個隱藏在裡面的將會顯現出來。那個一開始就顯現的仍會在那兒，但是那個隱藏在裡面的，屆時也將顯現。那就是為什麼男性神秘家達杜說：「愛人已經變成了被愛的人。」在最後的片刻中，你突然發現，你還是一個男人，但某些新的東西正在發生——內在裡面一個新的門打開了，在這之前，它一直是關閉的。

當那個以前從未顯現的，開始顯現，自然會有一個巨大的新鮮感。那個已經顯現的，上面聚集了這麼多灰塵——你一直活在它之中，它已經變成你一部分的經驗，它的新穎性已經失去了。當那個隱藏的，突然顯現，當一個男人接近成道的那個瞬間，接近存在的中心，他裡面的女人開始顯現，然後那個女人將會覆蓋住男人。所以男性的佛會變得女性化，因為女人覆蓋了男人。對於成道的女人，一個巨大的男性特質會出現，隱藏的男人會突然顯現。

這只有當你接近那個中心，當你差一步就成道的情況下才會發生。當你處於中心時，不會有這種情況發生。只有當你還有一步，離中心還有一點距離。你不是位於表面，但是你也還沒來到中心。你已經接近中心了。你已經離開表面了，那個先前一直隱藏的，會開始顯現。

在最終的狀態中，你不會是男人，也不會是女人。在中心裡面，兩者都消失了。你只會有一種顏色——光芒四射的白色。你不會是紅色，也不會是綠色，那時，彩虹的顏色會消失。當彩虹消失了，世界也消失了。只有一留下。

我們甚至不把那個「一」稱為一，因為把它稱為一，就會帶來二的概念。我們必須說，它不是二分性——我們只能說它不是「二」。然後就不會有男人和女人。印度教一直是非常勇敢的。他們將梵，最終的實相，放在中立的性別——不是男性也不是女性，因為在那兒，兩者都消失了。

耶穌曾經說過一句非常奇怪的話，那些話對基督徒是一個很大的困難。他不斷的對他的門徒說：「你們想要成為神的太監嗎？」基督徒很為難——「這是什麼話啊！」但耶穌是對的！這就是最後一個片刻發生的：你將不會是兩者，你將會超越兩者。你將會免於這兩者的束縛。

我昨晚讀到一本猶太教的經典，米德拉斯。裡面有一句話：「宗教有兩條路。」一條是陽光的路，一條是積雪的路。如果你走第一條路，你會死於陽光的酷熱。如果你走第二條路，你會死於雪的嚴寒。要怎麼辦？米德拉斯說：走在兩者之間。在兩者之間，不是男人也不是女人。如果你走男性的路，你會死於酷熱。如果你走女性的路，你會死於嚴寒。那要怎麼做？——走在兩者之間。

但是那個發生——當一個人免於兩者的束縛——在整個過程的最終所發生的，陽光的光芒再次成為陽光。彩虹出現了，又消失了，世界出現了，又消失了。你已經再次找到了根，你已經到達了源頭。

對女性的頭腦先有點了解，才會比較容易了解莎訶若的經文。

第一件事：女性頭腦的表達方式不是屬於靜心的，而是屬於愛的。女人透過愛達到靜心的狀態。她只能透過愛去知道靜心。因為愛而使她是充滿的。對她而言，靜心的名字就是愛和祈禱。

男人可以獨自生活。事實上，男人想要獨自生活。他的自我不想要保持關聯的(related)，因為在關聯中，你不得不做點讓步，你不得不放棄一些你堅持的。你必須考慮別人的立場。這就是友誼的意思——我們為別人打算，要如同為自己打算。

但是愛的意思是，我們為別人打算，勝過為自己所做的打算。所以男人爭鬥的頭腦並不準備要接受友誼。對他而言，愛是非常困難的——祈禱是不可能的。祈禱的意思是，你把頭放在別人腳下。男人即使低頭，也不會是全心全意的，他是被迫低頭的。他低頭是因為沒有別的辦法，他低頭是因為他是無助的。他低頭不是因為他的力量，而是因為他的虛弱。當他勝利了，他不會低頭，只有當他失敗了才會低頭。低頭不會讓他感到任何喜樂，相反的，他會感覺很不舒服。

在西方，和Samarpan類似的字是臣服，但是它的意思和Samarpan不同。臣服這個字的意思是你失敗了。在西方，臣服的意思是你被某人打敗了，你被那個人強迫認輸。在東方，Samarpan的意思是你接受了失敗，你出於自己的意願認輸，沒有人強迫你。西方的語言受到男人很大的影響，東方的語言則受到女人很大的影響。所以你會在東方的語言中發現，所有重要的字都是女性化的。像是情感、慈悲、非暴力、仁慈、虔誠、膜拜，都是女性化的。對於任何精緻的、優雅的，我們會用一個女性化的字眼來形容，表示包含了女人的某些品質。

男人是侵略性的，像一個戰士，女人是包容的，臣服的。對男人而言，靜心、瑜珈和禁欲是容易的；對女人而言，愛、祈禱、膜拜和奉獻是容易的。對於抽象的字彙、非實體的字彙、模糊的字彙，男人給了它們重要的涵義。而不是給予可以放在手心上的實用性字彙。不，他會談論那個遙遠的，他談論天空。

女人是更實際的，她談論週遭的，她談論附近的。去聽女人聊天：她們會討論鄰居發生了什麼事。去聽男人聊天：越南發生了什麼事，以色列發生了什麼事。這些對女人沒有吸引力：「為什麼要談論那麼遠的地方發生的事件？它們和我們沒關係。」男人沒興趣知道鄰居的老婆跟某個人私奔了。「那又如何？」他說：「那沒什麼大不了。這都是周遭常發生的事情，重要的事情正在以色列、美國和越南發生著。」

這個世界是一個這麼大的星球，但是男人的頭腦不會這樣就滿足。他談論登陸月球，登陸火星。女人總是納悶：「到了月球或火星之後，你要做什麼？你還不如去整理一下花園。草葉已經太長了，去修剪修剪。房子髒了，去整理整理。你在月球能做什麼？」女人對遙遠的事物沒有興趣。她在乎的是在她周圍的——她是一個母親，她是一個妻子，她是大地。她有興趣的是附近的、週遭的、實際的事物。

人類之間有很大的不同，男人和女人之間也有很大的不同。男人說：「祖國。」女人則說：「我們的家園。」男人說：「人類。」女人則說：「我的孩子、我的丈夫、我的兄弟。」

女人和家庭綁在一起。女人就像一支照亮週遭的小蠟燭。燭光照亮整個家庭。男人就像一根火炬：他的光不是用來照亮週遭，他的光照亮的是遠方，他渴望看清楚遠方的事物。

男人的視野著重在遠方，女人則是環顧她的週遭。這表示當一個男人談論神的時候，女人則是談論師父——因為神是非常遙遠的，師父是非常接近的。神也許只是一個假設，一個概念，一個字。有誰認識祂嗎？有誰見過祂嗎？但是師父是非常真實的，你可以用手托著他的腳。你要如何托著神的腳？對女人而言，師父甚至比神還重要。

莎訶若的經文似乎是非常不尊敬神的。

我可以拋棄神，但是我不會離開我的師父。

「我可以離開神——放棄神並不困難——但是離開師父是不可能的。」男人則不確定是否能說出這樣的話。他會說去知道神，師父才是最終要被拋棄的：有一天你必須拋棄師父，與神相遇。女人會說：「如果神想見我，讓祂以師父的樣子出現。不可能讓我離開師父。不是因為拋棄師父而找到神，而是因為透過師父才能找到神。」

這是一個非常務實的看法，因為師父就在旁邊，他是真實的。他有一個和你一樣的身體，他跟你一樣可以說話，他跟你一樣有雙眼。他比你還要多，但他仍然和你一樣，他是某個更多的，他的裡面有寶藏。他是某個比你更多的，但卻仍然和你一樣。

神和你完全不一樣。無論祂有多麼多，根本無法理解祂，沒辦法觸碰到祂。如果你聽男人的談論，他們會說祂是未顯現的、無形的、沒有特徵的。沒有人看過祂，沒有人聽過祂說話，沒有人觸碰過祂。甚至連文字都無法形容祂，更別說用我們的手去觸碰祂了。無法用雙眼看見祂，因為祂不是一個物體，祂不是物質，祂沒有外形。祂是無形的，沒有特徵的存在。不要問祂在哪兒，祂是無處不在的。

對女人而言，這些話語只是無意義的文字。它們只是文字，只是偉大的文字，裡面似乎沒有真理。女人說：「除非神是有形體的，那祂才是值得信任的。如果祂有一個形體，那我們就能相信。」——因為女人想要去愛，不是去靜心。

了解這個不同。如果妳要對某個東西靜心，即使它是無形的，也是做得到的。事實上，如果它是有形的，那對靜心會是一個阻礙。但是如果妳想要去愛，妳如何能愛一個沒有形體的人？妳要怎麼擁抱祂？妳要如何抱緊祂，讓祂靠著妳的心田？祂是無形的。「無形的」，意思是空無的。無法在妳裡面激起任何愛意、無法引起任何奉獻的想法。它是如此的巨大，要理解它是不可能的。妳可以淹沒在它裡面，但是妳要如何愛它？妳可以消失在它裡面，死在它裡面，但是妳要如何活在它裡面？

奉獻者會說：「不，神是有特徵的。所有的特徵都是屬於祂的。」奉獻者會說：「神有形體——所有的形體都是祂的形體。神以花的外形出現，以葉子的外形出現，以山的外形出現，以瀑布的外形出現。」女性的頭腦不想超越形體——也沒有必要。而男性的頭腦則感覺會因為形體受到束縛。

試著了解這個：男人即使在愛裡面也會感覺到受到束縛，女人則是在愛裡面感到解脫。男人即使戀愛也會想：「我何必陷入這個牽絆？」當女人戀愛，她說：「這些枷鎖是美麗的，因為是它們使我解脫。」現在，這個語言——這兩種語言，屬於非常不同的世界。對女人而言，愛是解脫，對男人而言，愛是束縛。

男人一定創造過很多文字⋯

我收過很多邀請。有一位父親寄來邀請：「我的孩子將要被愛的契約所束縛。」他為什麼要被「愛的契約所束縛？」「因為他要結婚了。我們要你的祝福。」你為什麼還要祝福？——你被鎖鏈拴住了！他要進監獄了，最好還是不要進監獄。

但是在男人的語言中，婚姻是一種束縛。他會一直想：「逃走，離開家，去喜瑪拉雅山！離開家庭。」即使他留下來，也是不情願的，好像被強迫：「能怎麼辦？我不能離開：我有孩子，我有妻子。那是一個偉大的責任，一個偉大的束縛。」

女人從未談過這樣的修行方式：逃走、離開、去喜瑪拉雅山。無論她在哪兒，她會尋找周圍有神性的事物。她必須試著尋找在她附近的。

奧義書說：「神比最遙遠的還要遙遠，比最接近的還要接近。」我想加入幾個字：對男人而言，神比最遙遠的還要遙遠；對女人而言，神比最接近的還要接近。

那就是為什麼男人會嘲笑持有克理虛納雕像的女人。她會裝飾它，在上面放一些裝飾品，在上面放著孔雀羽毛和插著孔雀羽毛的王冠。她的雙眼流下淚水，狂喜的跳著舞——當她狂喜的跳著舞，男人會嘲笑她。男人進入森林，逃走，放棄一切。他面對著聖火坐著，自豪的、筆直的坐在樹下。女人會感覺他發瘋了！男人和女人會這樣感覺是很自然的，因為他們的方式、他們的層面是不同的。那就是為什麼我說，這將會是一個全新的旅程。

莎訶若不會是我唯一會談論的女人，但是我要從她開始，因為在她裡面，女性的特質以非常精煉的形式呈現。在談論她的經文之前，我要告訴你們，當一個男人成道之後，他會充滿女性的特質，然而當他在談論女性的特質，那些話語仍會只是談論。他會把自己稱為：「姊妹。」但是法里德仍會是法里德。即使當他把自己稱為：「姊妹，」內在裡，他還是不變的，他知道他是男人。如果你突然對法里德說：「姊妹，妳在做什麼？」他會變得很生氣。他會說：「你，你瞎了嗎？」他可以這樣稱呼自己，那沒有問題。但是你不能這樣稱呼他。

無論法里德如何試著表達，男人仍然會是男人。每當他感到他是女性化的，那個特質圍繞著他的外在。就好像雲朵覆蓋住他，他被雲朵包圍住了。他會接受它，但是內在裡，你還是會發現，男人終究是男人。你甚至會在他的接受中發現到某種自豪。就好像繩子燒起來了，它的外形仍會殘留。它會變成灰燼，但是根據那些灰燼，你可以看出那是一條繩子。這是正常的，一定會這樣。

佛陀獲得了真理，但是他仍然不願意點化女人。他體驗了真理，沒有任何遺漏，他知道我們不是男人也不是女人——但是那個分別仍然存在。外在上而言，那個分別仍然在那兒。當那些女人請求佛陀點化時，他猶豫了。這是一條被燒掉的猶豫之繩，已經燒成灰燼了，但是那個外形還在那兒。

他猶豫了一下：「如果我點化女人，將會帶來麻煩。」佛陀之所以會有這個想法是因為，他仍然保有他是男人的記憶。繩子燒掉了，但是那個外在的輪廓還留著。他知道點化女人之後，男人和女人會在一起，然後會有麻煩。他們之間會有越來越多的吸引。男人會和女人戀愛。即使男人試著讓自己和女人分開，仍會有困難，因為女人不能沒有愛而活著。即使男人試著避開女人，那也沒有太大幫助。女人有辦法得到男人。她們是非常巧妙的，她們不會弄出任何聲音，不用任何武器。所以會有困難。

如果和尚生病了，尼姑按摩他的頭部，按摩他的腳，在那個按摩中——他的腳、他的頭部——會對那個女人升起愛意。也許她甚至沒察覺到會帶來這樣的感覺。她可能想都沒想過，她可能沒有這樣的目的，但是問題不在那兒。那個愛意會出現。這個和尚會感受到這個女人的溫柔，這個女人會開始在他的夢中出現。即使他沒有頭痛，他可能會假裝，只是為了感受她柔軟的手。慢慢的，慢慢的，那個渴望會加深。

所以佛陀在害怕。是誰在害怕？——是他內在的男人在害怕，他已經超越了外在，但是那些灰燼還留在那兒。但是因為有很多女人請求點化，所以他同意了。他同意了，但是非常不情願的。他說：「我的宗教原本可以持續數千年，但是現在不會超過五百年，因為一旦男人和女人相處在一起，就會創造出家庭。」

佛陀的方法是針對男性的：反對家庭的。是因為他的方法而使一個人走入森林。佛陀說，每當有女人在那兒，她會很快創造出家庭。科學家說如果世界上只有男人，將不會有房子，最多會有帳蓬。人們會像吉普塞人或遊牧民族一樣，帶著帳篷旅行。男人一點都不想要一個家。他們不喜歡安頓在一個地方。男性的頭腦是非常易變的。它會說：「去看看這個世界，去這兒，去那兒。」

女人完全不能理解為什麼要這樣居無定所和流浪。待在家裡是平靜的，一個人可以安靜的坐著。但是男人無法放鬆，他會去扶輪社、獅子會、普那的俱樂部。即使在工作一整天後回到家，完全精疲力盡的，他會說：「我現在要去俱樂部放鬆一下。」很快就要打烊了，他必須趕快去。結束後他還要去聚會。聚會之後，他要去和政客應酬，應酬結束後還有別的事，他需要這些事。女人感到不解，男人為什麼不能安靜的坐在家裡。但那不是男人的特質。

家是由女人創造的。那就是為什麼在印度，一個妻子，住在家裡的人，被稱為gharwali。而結了婚的男人，住在家裡的人，不會有人叫他gharwala——他不是。那個字不適合他。女人是家，男人是被固定住的樁子。他留下來是因為愛，否則他會四處流浪。

整個文明的根基在於女人，因為如果沒有家，就不會有城市。如果沒有城市，文明會消失。男人可以當一個吉普塞人，一個俾路支人，他頂多可以當一個流浪的俾路支人。那就是為什麼你會發現俾路支人的女人擁有男性的特質，俾路支人的女人比男人還要強壯。如果她抓住你的手，你將無法掙脫！她自然會有些男性的特質，因為她跟她的丈夫一樣，像吉普塞人到處流浪。他們每天都在遷徙：今天在這兒，明天在那兒，後天又會在別的地方。由於這樣的辛勞，俾路支女人自然變得強壯。而我們的男人變得很虛弱，因為他們都被綁在家裡，他們已經變得和女人一樣。俾路支女人變得像個男人。你的生活方式有其影響，它制約了你。

男人和女人是兩種不同的面向。如果你能深入了解他們的差別，你將會清楚了解莎訶若的經文。不要試著用男人的方式來理解。只要忘掉你是誰，否則你的看法會造成阻礙。

我可以拋棄神，但是我不會離開我的師父。

只有一個女人能這樣說，因為對她而言，神只是一個遙遠的假設。誰知道祂是否存在？你看過神在天空中出現嗎？所以我們可以離開神，我們可以離開無形的，但是我們不能離開師父。師父是有形體的，他就在這兒。可以觸摸到他，可以看得見他，你可以聞到他身上的味道，你可以深入看著他的雙眼，你可以用你的手握住他的手，你可以觸碰他的腳，他和我們之間有一座橋樑，他是一個實體。

我可以拋棄神，但是我不會離開我的師父。

說出這句話需要很大的勇氣。只有女人能這樣說。即使是法里德也會顫抖，即使是卡比兒也會猶豫。他們會說：「拋棄神？」即使他們要說，他們也會透過間接的方式。他們不會直接說出來。女人是更直接的。她不會用冗長的話語糾纏你，她不會繞圈子。她會直接說出來，沒有任何邏輯可言。那是心的直接表達，無論神喜不喜歡，那對她不是問題。

我可以拋棄神，但是我不會離開我的師父。

神無法和我的師父相提並論。

「不，我不認為神可以和我的師父相提並論。」那是一句非常強而有力的話語。莎訶若說：「我不會把神放在和師父相同的位子。我不能給祂相同的王座。祂可能是好的，祂可能是美麗的，祂可能創造了這個世界——我接受這些——但是我不能給祂和師父一樣高的地位。師父是凌駕於神的。」

男人也會勇敢的將師父神格化，但是他們頂多是將師父放在和神相同的層級上，他們不會將師父放在比神還要高的位子。卡比兒說過：「師父和神同時站在我的面前時，我該觸碰誰的腳？」問題出現了：要觸碰誰的腳？兩者都站在面前。「我的師父，我向你頂禮。你為我顯示了神，所以我觸碰師父的腳。」但是他觸碰師父的腳的原因是什麼？原因是：「你為我顯示了神，所以我向你頂禮。」真正的原因是神。他觸碰了師父的腳，但是原因？觸碰師父的腳的原因是什麼？原因是：「你為我顯示了神。要不是你，我無法知道神，那就是我觸碰你的腳的原因。你是方法，神是目的。」雖然卡比兒觸碰了師父的腳，他清楚的表示神在師父之上。卡比兒耍了一個小聰明，他用了一個政治手段，他試著討好兩者。他觸碰了師父的腳說：「我觸碰了你的腳，因為你為我顯示了神。」所以藉由觸碰了師父的腳，他討好了師父，但是他也沒有得罪神。相反的，神被取悅了：「畢竟，他是因為我而觸碰師父的腳。」

莎訶若所說的話語是卡比兒無法說出來的。

神無法和我的師父相提並論。

「不，我可以膜拜祢，但是我不能把祢放在和師父相同的高度。我不能把祢放在和師父一樣的王座上。」無論女人在哪兒了解到愛，神就在那兒。所以她無法把神放在比愛還要高的位子，那是不可能的，因為沒有任何事物可以勝過愛。她說了原因，那些原因是美麗的：「神給了我來到這個世界的生命。」要了解，卡比兒也說出了觸碰師父的腳的原因：「…因為你為我顯示了神。」莎訶若也說出了她的理由。她無法將神放在和師父一樣的地位，她很清楚的說出了理由：

神給了我來到這個世界的生命。

神把她送到這個世界，但是這並沒有什麼好感謝的。

而師父使我從生和死的輪迴中解脫。

莎訶若說：「我的師父使我免於世界的束縛。現在我要感謝誰？神還是師父？神對我做了什麼？祂把我單獨的送到這條充滿黑暗的路，祂把我丟到這條未知的、艱辛的道路上。那就是神對我做的事。而我的師父做了什麼？他帶我來到充滿光的道路。他握著我的手，鼓舞我。當我迷失了，他沒有拋棄我。神將我獨自留在森林中，我的師父把我帶回到路上。神憑什麼以為我應該將祂放在和師父同樣的位子？」

不，我可以拋棄神，但是我不會離開我的師父。神無法和我的師父相提並論。

神給了我來到這個世界的生命。

「好吧，我同意祂是創造者，但是這個出生讓我得到什麼？我從這個生命中得到什麼？我得到的只有受苦、煩惱、傷痛。我應該感謝神給了我去受苦的責任嗎？」

而師父使我從生和死的輪迴中解脫。

女人是直接的，男人會透過迂迴的方式。

神給了我五種感官。

而師父使我免於它們的束縛……

她說：「祢給了我五官。那是祢的恩典——如果祢認為這是恩典。祢使我被這五種感覺追逐著。祢把我丟向慾望的羅網；很難逃離它。祢讓我受到束縛，祢並沒有使我解脫。祢留下我獨自一人，像是個孤兒，無助的。祢消失在某個遙遠的地方，我不知道誰是我的師父。我相信成為師父的理由，並開始追隨他們。祢把我留在這個幻想中。祢使我在這麼多的沙漠中流浪著。神啊，為什麼？祢認為我應該將祢放在和師父相同的位子嗎？師父使我解脫：他使我不再是無助的，然後再次給了我庇護。」

神把我丟進家庭的羅網。

而師父切斷情感的枷鎖。

「祢把我丟向這個羅網，」她說。這些話是非常深情的抱怨！這是一段直接和神的對話。裡面沒有任何策略。這就是困難：每當男人和女人開始對話，不會真的有任何對話發生，因為男人說話的方式是策略性的，而女人說話的方式是直接的。因此無法有任何溝通，因為男人無法理解怎麼能這麼直接把事情說出來，而女人無法了解為什麼說話要一直繞圈子：「直接說出來！」

女人說的話是簡明的，切中要點的。男人則用一千零一種方式去隱藏他實際上想要說的話，用一千零一種方式去掩飾他不想說出來的話。

而師父切斷情感的枷鎖。

這些話不是偉大的詩。卡比兒的詩，那是偉大的詩。法里德的歌，那是真正的歌。但是莎訶若的經文中沒有任何偉大的詩意，它們是直接命中的。裡面沒有任何偉大的形容，裡面沒有任何藝術。它們只是直截了當的陳述──說話簡要、心明眼亮的女人。

神把我丟進家庭的羅網。

「祢創造了家庭的羅網，祢把我丟到家庭裡，祢讓我留在這個世界。祢使我淹沒在它裡面，我在裡面受著苦。沒有可以讓我避難的地方。沒有可以遮蔽的地方，只有烈日，只有受苦。」

而師父切斷情感的枷鎖。

「師父清除掉祢創造出來的感情叢林。不，不要告訴我應該把祢放在和師父相同的位子！」

神無法和我的師父相提並論。

「我無法這麼做。那對我而言是不可能的。我無法認為祢和師父是相等的。不要生氣——沒有要生氣的理由——因為這只是一個生命呈現的事實。」

神使我落入慾望和疾病的陷阱。
而師父點化了我，使我免於它們的束縛。

我的師父切斷了情感的枷鎖。去了解這個情感是有幫助的。這將會是你開始慢慢的、慢慢的了解男人和女人不同的地方。男人即使對神祈禱，他也是說：「使我免於自我的束縛」——因為對男人而言，自我是他受苦的原因。而女人會說：「使我免於情感的束縛。」自我不是造成女人受苦的原因。情感才是她受苦的原因：我的孩子、我的丈夫、我的家、我的衣服、我的飾品——那個「我的」感覺。對女人而言，自我不是真正的疾病，

「我的」、情感，這些才是真正的疾病。對男人而言，會是「我」；對女人而言，則是「我的」。

如果拿走女人的「我的」，她的「我」將會拋棄。如果男人拋棄了「我」，他的「我的」也跟著被拿掉了。所以只要男人無法免於自我的束縛，他就無法免於情感的束縛。只要女人無法免於情感的束縛，她就無法免於自我的束縛。所以這句話是非常清楚明瞭的：「而師父切斷情感的枷鎖。」師父慢慢的、慢慢的讓你了解。他慢慢的、慢慢的喚醒那個了解，沒有人是「我的」。「我的」是誤解，「我的」是夢，「我的」只是在頭腦裡面出現的波浪，它不是真實的。我們單獨的出生，並沒有「我的」跟著我們出生。我們單獨的死亡，並沒有「我的」跟著我們死去。這個「我的」概念就是這個世界。

而師父切斷情感的枷鎖。

神使我落入慾望和疾病的陷阱。

你必須了解三個字：roga：疾病；bhoga：慾望；yoga：和神性結合。roga，受苦，是形容在心靈的狀態中，一個人和神性是完全失去連結的。這就是為什麼roga也被稱為aswasthya：沒有處於中心。如果你能正確的了解aswasthya這個字的意思，那麼roga的意思，疾病，你也會很容易了解。Aswasthya的意思是你沒有處於你自己的中心。健康，swasthya，意思是安定在你的自己裡面。成為健康的，就是處於你自己的中心，你自性的中心。當你離開你的本性的那一瞬間起，你就是處於疾病的狀態。這個不適，aswasthya，就是roga，就是疾病。Roga就是和神性保持最遠的距離。

這三個字代表的距離：roga，離神性的距離是無限大的，而yoga，和神性之間是沒有距離的，和神性結合的。Bhoga，慾望，介於兩者之間。也就是從疾病的狀態來到結合的狀態的路途，穿越慾望的路途。

有時候，有那麼一瞬間，你會和神性會合：一個短暫的會合。然後又會分開好幾年。這就是你所謂的bhoga，慾望。Bhoga的意思是：你在吃東西，有一瞬間，你嚐到那個味道，那個味道帶來一個深深的滿足：在那個滿足的片刻中，你來到了你本性的周圍。在那個瞥見中，你接近了神性。

那就是為什麼奧義書說：annam brahman——食物就是神。當一個聖人、先知吃東西的時候，透過那個吃，他接近了神，不是接近了食物。他透過食物經驗到神性——annam brahman。

譚崔說：性是接近三摩地的，接近超意識的。譚崔經典說：vishayanand brahmanand sahodar——性帶來的喜樂和神帶來的喜樂是兄弟，肉體的性和神性的喜樂是兄弟；它們來自於同一個子宮。在某個深深的性高潮中，那個所有思想都消失的瞬間，失去所有的控制——當你被神性的手抓住了，祂抓著你搖晃著，就像樹的葉子在颶風中搖擺著，當你不再是主人，不再是控制者，不再是做者，當你被淹沒了，在那個瞬間中迷失了，性的頃刻之間——在那一剎那中，性的喜樂和神的喜樂是兄弟。但是這只會發生在那個瞬間，然後會有好幾天，保持著一段距離。所以慾望有時候會接近和神結合的狀態，然後又陷入到疾病的狀態。Bhoga，慾望，可以讓你有一瞬間達到yoga的狀態，結合，然後又回到roga，疾病的狀態，永恆的。

莎訶若說：神使我落入慾望和疾病的陷阱。「你只能處於疾病的狀態，或者最多是慾望的狀態。我不能說祢給了任何東西。沒錯，祢偶爾會給我一個瞥見。但是即使在那個瞥見中，我找不到任何寧靜，它使我的受苦更強烈。在那一瞬間，我經驗到寧靜，然後很久很久，都是在受苦。祢給了我慾望，祢給了我疾病。這些不是偉大的禮物。」我的師父給了我yoga，結合；他使我免於慾望和疾病的束縛。

當你經驗到和神性的結合，你腦中對於身體的慾望將會自行消失，因為當更高的已經被達成了，誰還會保有那個較低的？當鑽石和珠寶被找到了，誰還會收著石頭和小卵石？當你經驗到和神性的結合，你的慾望消失了。當你的慾望消失了，你就不可能和神性分離。是慾望引領你來到疾病的狀態。慾望是傳輸的媒介：它引領你來到心理上和生理上的疾病狀態。當慾望消失了，疾病也消失了。

這不表示聖人，一個覺醒的人，從不會生病。覺醒者也會生病，但是他們不會感到不適。拉瑪克理虛納死於癌症。很多人覺得奇怪。拉瑪瑪赫西也死於癌症。馬哈維亞死於胃病、痢疾。佛陀死於食物中毒。馬哈維亞死前，腹瀉了六個月。

問題是，疾病也會發生在那些已經和神性結合的人身上嗎？並沒有，但是身體是不同的物質。馬哈維亞不再認同他的身體，他和他的身體是分開的。你是完全認同你的身體的。馬哈維亞已經完全和他的身體和他的疾病分開，因為和身體的關聯來自於慾望。當他經驗到和神性結合的那一天起，yoga，那個關聯也結束了。現在，身體是分離的，靈魂是分離的：它們之間的所有橋樑都消失了。

由於這些橋樑都消失了，有時候，那些達到yoga的人，他們的身體會比那些縱情聲色的人更容易生病。這是因為身體已經不再聚集生命能量了。和生命能量的連結已經斷掉了，身體因此而受到打擾。所以師父常常承受嚴重的病痛。但這是從你的角度所看到的：

他們忍受著疾病。師父們不這麼認為，對他們而言，他們完全免於疾病的束縛。

拉瑪瑪赫西得了癌症。醫生說那會造成他很大的痛苦，但是沒有人看過他難過或是痛苦。他總是快樂的。他的開花保持不變；看不出他有什麼不同。他的芬芳保持不變，彷彿沒什麼事發生。知名的醫生去看他並說：「正常的情況下，這樣的疾病會帶來很大的痛楚和傷痛。除非注射嗎啡才能活在這樣的痛楚中。但是拉瑪有哪兒不一樣？他是完全有意識的，對他而言，似乎沒有什麼不同。彷彿癌症是發生在離他很遙遠的地方，彷彿和他沒關係，彷彿是別人得了癌症。」

拉瑪克理虛納得了喉癌。他無法吃東西，他甚至無法喝水。有一天，味味克阿南達托著他的腳說：「噢，派拉瑪哈莎迪弗，看到你受苦讓我們很難過。我們知道你處於離痛苦非常遙遠的地方，但是我們無法承受。我們是無知的人，所以請幫幫我們：向聖母卡莉祈禱，請祂帶走這些痛苦。我們不是要你為了自己請求，而是為了我們請求，這樣我們就不用再忍受，看著你受苦。」

拉瑪克理虛納說：「好。」他閉上眼睛，然後開始微笑。他說：「我已經告訴聖母卡莉了，但是她說：你用這個身體喝太多水了，你用這個身體吃太多東西了。現在用別的身體喝水，用別的身體吃東西！所以味味克阿南達，當你吃東西的時候，我會透過你而吃，我將透過你的喉嚨喝水。」

那些和身體的連結已經斷掉的人，他們的靈魂已經和永恆合而為一。這個合而為一就是yoga。Yoga的意思是去連結，去成為一。當二分性消失了，非二分性出現了，疾病是不可能的——內在的疾病。身體的疾病仍很可能發生。事實上，它們會比以前更容易生病，因為身體已經不再有任何支持。對生命的渴望已經停止了，已經沒有生存或死亡的慾望了。

一個瑜珈行者對於生命是漠不關心的：他活著是因為他還有生命。只要他有生命，他就一直活著。當呼吸停止的那一瞬間，他準備好了。就他那方面而言，他已經停止呼吸了，現在，如果神要透過他呼吸，就讓他呼吸。現在，身體只是一部機器。所有對身體的支持都已經停止了，裡面有一種冷漠，漠不關心，一個空被創造出來，情感的連結已經斷掉了。所以有時候，身體上的疾病會發生在這些人身上，但內在的疾病是不可能的。除非還有慾望，內在的疾病才有可能。疾病是慾望的影子，疾病是慾望的副產品，疾病躲在慾望後面而到來。莎訶若說：

神使我落入慾望和疾病的陷阱。
而師父點化了我，使我免於它們的束縛。

「不，我不會把祢放在和師父相同的位子。」

神使我徘徊在虛幻的活動中。

「祢給了我夢想，祢給了我一個幻象，讓我以為我是做者。祢給了我去做這些事情的熱情，祢給了我去成為一個做者的瘋狂。透過無數的前世，祢使我徘徊在無數的幻象中。」

神使我徘徊在虛幻的活動中。
而師父爲我指出我的存在。

「我的師父喚醒了我，並告訴我：「妳不是行為，妳不是做者；妳是純粹的存在。」師父使我意識到自己。而祢用慾望填滿了我——有時候是對金錢的慾望，有時候是對權力的慾望，有時候是對名聲的慾望。祢使我追逐這麼多目標，但師父切斷所有的目標，並將方向轉向內在。我的師父說：「醒過來，去知道妳自己。」我的師父為我指出我的存在。」所以莎訶若說：「神不能和我的師父相提並論。我可以拋棄神，但是我不會離開我的師父。」

神隱藏了自己，不讓我找到。

「而且祢在很遠的地方！祢使我在這個世界流浪，祢還隱藏了自己，不讓我找到。」

神隱藏了自己，不讓我找到。

而師父給了我一盞照亮祂的燈。

「我的師父給了我靜心的燈，祈禱的燈，三摩地的燈。我的師父拿走了我和祢之間的簾幕。」莎訶若對神說：「祢躲在黑暗中，而他把光給了我。師父揭露了祢；因為師父，我遇見祢。」

藉由這一切，神創造了束縛和解脫的二分性。

「祢創造了俗世的慾望和在這個世界解脫的二分性。祢引起所有的麻煩，祢給了生命和死亡。」

而師父摧毀了所有的幻象。

這是一句非常革命性的話語。試著深入了解它。一般而言，人們以為當慾望的束縛終止了，人就解脫了。但是當慾望的束縛終止了，那麼事實上，解脫也終止了，因為解脫也是束縛的一部分。當慾望的枷鎖消失了，解脫也消失了。是因為束縛才會有解脫的想法。一個坐牢的人會想：「我什麼時候才能自由？」你在監牢外面，但是你有想過要感謝神給你的自由嗎？你從沒有想過自由。只有被囚禁的人才會想到自由。當他沒有坐牢，那他就不會想到他是自由的、他有多麼幸福。束縛創造出對自由的渴望，所以束縛和自由是同一枚硬幣的兩面。

藉由這一切，神創造了束縛和解脫的二分性。

莎訶若對神說：「祢創造了束縛和解脫的二分性。」我的師父則摧毀了這些幻象。「師父不只切斷所有的枷鎖，他也切斷了解脫的想法。那也是幻象。師父不只使我免於世界的束縛，他也使我免於解脫的想法的束縛。他給了我最終的解脫：現在，甚至連解脫的想法都沒有了。」

一般情況下，人的頭腦根據對立性來思考。你想：「世界是一個束縛，所以在某處一定可以解脫。」你認為當你離開慾望的世界，你將能獲得解脫——但是當世界被超越的那一天起，解脫也被超越了。除非超越這個解脫的想法，否則你不會達到解脫。你觀察過嗎？除非你生病了，否則你不會欲求健康。當你是健康的，你不會感覺到健康或身體不適。你可以感覺到健康嗎？你只有頭痛才會感覺到頭部。如果沒有頭痛，你會感覺到頭部嗎？你有過頭部完全健康的感覺嗎？當你的頭部是完全健康的，你不會感覺到它，那你怎麼會知道它是健康的？

在梵文中，痛這個字是vedana。這個字是非常重要的。它有兩個意思：一個是「痛苦」，另一個是「知道」。Veda這個字也來自同樣的字根，vid。Vidwan：學者，也來自同樣的字根。Vedana的其中一個意思是知道，另一個意思是痛苦。你只知道痛苦，但是你曾經察覺到快樂嗎？這就是為什麼這個字如此重要。當你的頭在痛，你會感覺到你的頭部。當你的腳被刺到了，你會感覺到你的腳。當生命是受苦的，你會感覺到生命。如果所有的痛苦消失了，完全沒有任何痛苦，那你會察覺到什麼？

身體完美的健康狀態稱為videha，沒有身體的。你會完全感覺不到身體。小孩不會感覺到身體，他們不知道身體在那兒。慢慢的，慢慢的，當問題開始出現，開始有了對身體的感覺。老人會感覺他的身體。他只會感覺到他的身體：當他起床，他會感覺到它，當他坐著，他會感覺到它，當他吃東西，他會感覺到它，當他洗澡，他會感覺到它，當他在呼吸，他會感覺到它。當某人對他說話，他會感覺到它，因為他耳朵的聽力不好。當某人走到他面前，他會感覺到它，因為他眼睛的視力不好。老人只會感覺到身體。小孩完全不會感覺到身體，完全不會察覺到健康。對身體的感覺，對身體的知道，也是一種病。這個感覺是疾病的一部分，因為痛苦和知道是同一枚硬幣的兩面。

「神給了束縛和解脫；祂給了世俗的慾望和解脫。」我的師父將這些幻象摧毀。「他不只使我免於世界的束縛，他也使我免於解脫的束縛。」

在查藍達師父的腳下，我奉獻了我自己、我的身體、我的頭腦和我的靈魂。

莎訶若是查藍達的門徒。查藍達是一個偉大的神秘家；我們會另外談論他。

在查藍達師父的腳下，我奉獻了我自己、我的身體、我的頭腦和我的靈魂。

我可以拋棄神，但是我永遠不會拋棄師父。

她已經在師父的腳下找到了神。**在查藍達師父的腳下，我奉獻了我自己、我的身體、我的頭腦和我的靈魂。**將一切都交給他。**我可以拋棄神，但是我永遠不會拋棄師父。**對莎訶若而言，神已經完全的在查藍達裡面顯現。就妳而言，除非神已經完全的在師父裡面顯現，否則妳還不是一個門徒。在那之前，妳將無法真正的看清楚師父。如果妳無法在師父裡面看到神，那麼妳裡面是缺乏信任的。但那是不可能的，對一個男人而言幾乎不可能，對他而言，只有透過心靈上極大的努力才有可能。但對於女人則是非常容易的。

這就是為什麼在人類的歷史上，偉大的師父都是男人，而偉大的門徒都是女人。很難在女人裡面找到像馬哈維亞、佛陀、查藍達、法里德或卡比兒這樣的師父。也很難在男人裡面找到像莎訶若、蜜拉、達雅、拉比雅、泰瑞莎這樣的門徒。

人們問過我很多次：「這個世界出現過這麼多偉大的師父，為什麼裡面沒有偉大的女師父？這麼多男人成為宗教的奠基者，但是沒有女人建立了任何宗教。有這麼多經典——可蘭經、聖經、薄迦梵歌——這些都是男人說的，沒有女人說過這樣的經典。」這是個有意義的問題：人們納悶為什麼會這樣。但情況既然如此，背後一定有些深入的原因。

男人可以很容易成為一個師父，但是對他而言，當一個門徒是困難的，因為要當一個門徒，一個人必須是謙虛的。很難讓一個男人是謙虛的。謙虛對他很困難。他可以靜心，但是他很難去祈禱。他不斷的靜心，但是在他的靜心中，他不會放棄自我，他會摧毀自我。

了解這個不同：對一個男人而言，很難放棄他的自我，但是殺掉它就不會很困難。男人會說：「我會殺掉自我。」那就是為什麼男人會說：「我寧願死，也不願臣服。我可能會失敗，但是我不會認輸。」他殺掉他的自我。他會點燃靜心之火，燒毀他的自我，但是他不會謙虛的來到一個人的腳下。馬哈維亞和佛陀，他們殺掉自我，他們將它燒毀，透過那個方式，成為無我的。

所以無我有兩種方式：一個方式是燒毀自我——那是佛陀的無我、馬哈維亞的無我，男人的無我。另一個方式是放棄自我——莎訶若的無我、蜜拉的無我、達雅的無我。記住，男人的無我是完全的空，女人的無我則是非常充滿的。當男人變成無我的，他的容器會是空的，當女人變成無我的，她的容器會是完全充滿的，因為她沒有摧毀任何東西。她使用自我。她放棄了自我，而不是摧毀它。她使用它，她把它當成工具。

女人在家裡是臣服的：這就是為什麼有這麼多偉大的女門徒、女奉獻者，女人達到了門徒的最高峰，但是對她們而言，要達到師父的最終高度是不可能的。可以從一件事看出來，馬哈維亞的四萬個桑雅士，有三萬個是女人。比例一直是這樣。每當有四個人來找我，裡面會有三個女人，一個男人。這個比例總是如此。當女人來找我，我發現她們會立刻處於和我和諧一致的狀態。如果是男人，則要花些時間。需要花一點時間去建立那個和諧。當中有一些推力和拉力：他會稍微嘗試不完全的臣服，他會保留一些自尊，他不會完全敞開心胸，他會試著保護自我。

當男人來找我，即使他們提出的是自己的問題，他們也會說：「我有一個朋友。他的頭腦是緊繃的、煩躁的，晚上會失眠。有任何辦法嗎？」

我對他們說：「那你應該叫你朋友來問我：『我有一個朋友。他的頭腦是緊繃的、煩躁的，晚上會失眠。』」那會比較符合實際的狀況。」即使說出自己的問題，男人也會害怕，因為要謙虛的說：「我晚上會失眠，我來你這兒學習某些方法。」——即使只是做到這樣，也對他很困難。

當女人來這兒，她們甚至不會說她們有任何問題和不安，她們只是立刻流下淚水，身體開始顫抖。她們不需要說她們受著苦，她們的已經表現出來了。

當可蘭經被傳達給穆罕默德時，他正站在山上，獨自一人。他聽到一個聲音說：「念誦！」他開始害怕。他說：「我不知道怎麼念誦。」

然後那個聲音說：「不用擔心，念誦就對了！」

他說：「你在說什麼？你是誰？不要嚇我。而且我不知道怎麼念誦。」

那個聲音說：「當我這樣說，你就能做到，只要念誦！」

「可蘭」這個字的意思是念誦。於是穆罕默德開始念誦。他閉上雙眼開始念誦。有一本無形的書出現在他的面前，於是他開始念誦。這就是可蘭經的第一篇經文所傳達的方式。他很害怕，無法了解發生了什麼事。他無法解釋。他無法相信自己，也無法相信所發生的一切。他不能相信居然有一個神——對他顯示了生命的真理。他興奮的跑回家。躺在床上，用毯子蓋住自己。他的妻子阿伊莎問他：「發生什麼事？」於是他將一切告訴她。他的妻子成了他的第一個門徒。她立刻彎下身觸碰他的腳。

她說：「沒有什麼好懷疑的。這是一個偉大的事件！不要害怕。」她的深信不疑給了穆罕默德信心。她觸碰了他的腳，就在那個片刻，她成了門徒。

穆罕默德的第一個門徒是一個女人，不是男人。而穆罕默德自己都不相信發生的一切。但是一個女人會信任這一切，因為她的鼓勵，他也相信了，他有了勇氣。他的妻子慢慢的、慢慢的說服他不要害怕，把這一切告訴其他人。這一切是珍貴的，不該隱瞞這一切：「神已經選擇你作為祂的使者，一個先知。」穆罕默德不是第一個回教徒；第一個回教徒是他的妻子。

這個情況也發生在耶穌身上。當耶穌被處以十字架刑，所有男人都逃走了——因為在死亡的當下，只有愛會繼續和你在一起，知識會離開。當死亡來臨，只有那些透過心和你連結的人才會繼續和你在一起。那些透過頭腦和你連結的人會想：「現在還有什麼意義？快逃，保住性命！」他們為了自己的利益而和耶穌在一起。現在，當他們自己有生命危險，還有什麼必要和他待在一起？所有男人都逃跑了，而女人還留著。

如果你看過耶穌被從十字架上放下來的畫像，是三個女人把他放下來，沒有男人。其中一個是妓女，瑪莉抹大拉。學者都逃走了，但妓女沒有。這就是為什麼我說有時候，即使罪人也可以達到學者無法達到的。學者擁有可能會失去的東西，妓女沒有什麼好失去的。她有什麼好害怕的？

當耶穌在三天後又出現了，復活了，當他再次醒來，他的墳墓被發現空無一物，男人們，他的門徒，以為他的屍體被野獸拖走了。

但是瑪莉抹大拉心想：「耶穌說過，三天後他會回來。沒有錯，他回來了。」她開始在深夜裡尋找他。她開始在森林和山裡面尋找他。她是第一個發現耶穌的人。

只有真正的門徒可以認出師父。然後，他新的外在，他超越死亡的永恆外在，他復活後的實相才能被認出來。

當她找到耶穌，她全身上下洋溢著喜悅。她跑去村莊尋找他的門徒。他們正坐在那兒，思考如何散播他說的話，如何編輯耶穌的教導，如何把他的教導傳達給民眾，如何興建修道院和教堂。他們正忙著計畫。耶穌死了，現在，責任在他們的身上。他們正在思考如何擴充辦事處，如何興建教堂。

這個女人趕來說：「你們坐在這兒做什麼？耶穌復活了，我用我的雙眼看見他了，我用我的雙手觸摸他了！我沒有搞錯，跟我來！」

他們說：「瘋女人！自己一個人去發瘋吧。我們沒有時間。他已經死了。如果奇蹟發生了，在那一天就該發生了。什麼事都沒發生，所以一切結束了。耶穌已經不在了。現在讓我們決定接下來要做什麼。不要打擾我們。」沒人相信她的話。

這個故事是美麗的。了解到沒有人相信，耶穌自己開始尋找他們。他在路上遇到兩個門徒，他走向他們：「你們要去哪兒？」

他們說：「我們要去附近的村莊。我們是耶穌的門徒。他已經死了——他被處以十字架刑——我們要去散播他的話語。」然後耶穌和他們走在一起，沒人認出他。

耶穌說：「把整件事告訴我。發生什麼事了？」於是他們說了整件事。但是仍然，即使待在一起這麼久，他們還是沒認出他。

他們到了村莊，找了間旅館吃東西，邀請耶穌和他們一起。耶穌加入他們，當他撕了麵包——他習慣撕開麵包並分給他的朋友——當他撕下一片麵包，分給他們，他們開始有些懷疑：「這個人撕麵包和分享麵包的方式就像耶穌一樣。」然而他們仍然無法相信。他們隱瞞了感覺。耶穌說：「你們這些笨蛋！即使信任感已經在你們裡面升起，你們仍然壓抑它。即使當確定的感覺已經在你們裡面升起，你們仍然不相信。瑪莉抹大拉比你們還優秀。她認出我了，她相信了。」

在信任和看到之間，甚至連一瞬間的間隔都沒有。它們是同時發生的。只是藉著看，她的信任就升起了。

耆那教經典沒有使用信任這個字。他們使用的字是「只是看」。他們這樣做是正確的，因為如果信任並未只是透過看而發生，那這是什麼樣的信任？只是透過看，信任便會同時出現。如果你的看還有懷疑，你尋找證明，然後才相信，那麼這是邏輯的推論，不是信任。如果在看過之後，你還必須思考，只有這樣你才會信任？這就是發生在男人的情況，因為他們的連結是透過他們的理智。透過看，女人的心揚起了波浪，一個波浪湧向她。對她而言，那個波浪就足以讓她信任。那個波浪本身就是充分的證明。

在查藍達師父的腳下，我奉獻了我自己、我的身體、我的頭腦和我的靈魂。

現在，對莎訶若而言，沒有別的神。她說：「我現在已經遇到一個師父了；我將我的一切奉獻給他。」**我可以拋棄神，但是我永遠不會拋棄師父。**「我可以離開神，但是我不會離開我的師父。」

女人可以成為奉獻者，門徒的最高層次；對她們而言是容易的。不用羨慕男人有某些特質而能成為師父。成為門徒和成為師父一樣偉大。完全的成為一個門徒所到達的高度，和完全的成為一個師父所到達的高度是相同的。那些透過靜心達成的人可以成為師父，那些行走在愛的道路的人可以成為門徒、奉獻者。師父是一個可以為別人指出那條路的人，一個可以給出方法的人。

了解這點：愛無法被教導，但是靜心可以。所以，一個透過靜心得到真理的人可以引導：「就是這條路，透過這個方式斬斷你的自我——慢慢的，慢慢的，自我會被拋棄，你會解脫。」屬於靜心的戒律可以被創造出來，靜心是一種技巧。但是不會有愛的戒律，因為愛不是一個技巧。如果愛發生了，它就發生了；如果它沒有發生，那它就沒有發生。試著去愛能得到什麼？

如果愛的光芒在你裡面閃爍著，不要壓抑它。你不再需要任何靜心，愛會照料一切。如果愛的光芒沒有出現，你是一個荒涼的沙漠，沒有任何愛的種子，沒有發芽，那就選擇靜心。對你而言，除了靜心之外，沒有別的方式可以得到解脫。

那些經歷過靜心的人可以成為師父，那些經歷過愛的人可以在他們的門徒性(discipIehood)中達成一切。那些透過愛達成的人無法教別人。那不是一個教導的問題，它是無法教導的。愛不是一門藝術，愛是生命內在深處的芬芳。勇敢的人在一瞬間就能達到，因為它不是一個如何學習的問題，它是一個如何淹沒自己的問題。

就好像有人在河裡游泳。可以教他如何游泳，但是你可以教他如何淹沒自己嗎？為什麼需要教導如何淹沒自己？如果有人想要淹沒自己，他馬上就能做到。你會說讓你先花一年的時間去學習如何淹沒自己，然後再淹沒自己嗎？如果你花了一年的時間去學習如何淹沒自己，你將永遠無法淹沒自己，因為在學習如何淹沒自己的過程中，你會學習到如何游泳。現在就可以淹沒自己，游泳才需要一年的時間去學習。

靜心就像游泳——它必須被學習。愛就像淹沒。溶解你的自我是費時的。放棄你的自我可以在當下就做到。自我就在那兒：它只是一個放棄的問題。

女性的頭腦可以很容易就放棄。女人就像樹上的爬蟲動物：對她們而言，彈性變通是容易的、自然的。對一棵樹而言，彎曲是困難的，但是如果要爬行動物彎曲呢？

所以要仔細地了解莎訶若的第一段經文。這是一段愛的經文。不要認為她的經文是反對神的，那會是一個錯誤，一個誤解。她帶著極大的愛來談論。她是在說：「無論如何，祢給了我什麼？現在，不要把祢自己放在更高的王座上」——她帶著極大的愛來責備。「現在，祢的位子必須比我的師父還要低點。」——這是一段帶著極大的愛的談話。

卡比會害怕是否能說出這樣的話。但是愛會恐懼嗎？這就是為什麼莎訶若可以勇敢的說：**我可以拋棄神，但是我永遠不會拋棄師父**。神和我的師父無法相提並論。但是不要以為她是一個無神論者。很難找到比莎訶若還要偉大的有神論者。只有一個有神論者敢這樣說。一個無神論者不可能這樣說話，他哪來的勇氣？只有那些在內心深處知道當他們找到師父就是找到神的人敢這樣說。只有一個知道最終實相早已達成的人，可以這樣甜蜜的談論和深情的責備。

這是奉獻者和神之間的遊戲。她是在說：「拋棄它。不要偽裝。祢並沒有給我真正有價值的東西。祢給了我世界，祢給了我束縛、慾望；祢使我是無助的，祢把我丟到黑暗中。我的師父扶起了我。現在，我不能把祢放在比他還要高的位子上。請找個比較低的位子。」

我的看法是，如果神來到莎訶若面前，祂會尊敬莎訶若，找一個位子比師父低的地方坐下。不是因為祂的地位是比較低的，而是因為祂知道不可能有任何方式可以讓祂的地位是比較低的，不是因為祂在生氣，而是因為祂知道這些話裡面帶著極大的愛：這是一段深情的責備，深情的抱怨。莎訶若不是真的要祂坐在比較低的地方。只要想想：她怎麼能把祂放在比較低的位子？一個無法把師父放在比神還要低的位子的人，會把神放在比師父低的位子嗎？不可能！不要用邏輯來判斷愛人們的談話。當愛人們在說一件事，他們想說的其實是另一件事。愛人們可能說了某件事，但是他們卻是在表達別的事。愛人們的對話是非常微妙的。

如果我們要總結莎訶若的這一段話，她其實是在對神說：「祢早已活在我的師父裡面，現在對我而言，我無法把祢和師父分開。對我而言，不是師父已經變成神，就是神已經變成師父。」

第二章 愛的道路與靜心的道路

第一個問題：

奧修，你說在奉獻的道路上，生命中不會有任何否定。身體、感官和家庭——一律接受。神反映在每件事上。那爲什麼莎訶若認爲身體、感官和家庭是一種束縛、一種糾纏；爲什麼莎訶若認爲它們是尋找神的阻礙？

這個問題有點複雜。除非你真的想了解，你才能知道原因。全然接受的意思是，否定也被接受了。在全然性中，也包含了否定。包含了家庭、包含了桑雅士、包含了日常事務、包含了孤獨和單獨。

透過全然的接受，不要以為只有俗世的人被接受了，而桑雅士沒有被接受。那只是神以不同的外形出現的遊戲。有時候男人成了家，有時候則是禁欲者、獨身者。如果獨身生活是不被接受的，那這是什麼樣的接受？那不會是全然的接受。那會是一個把戲，一個頭腦的遊戲。

莎訶若是一個桑雅士，一個尼姑，一個獨身者。她沒有經歷過家庭生活，家庭對她沒有吸引力。在師父的腳下，她放棄了一切。她的家就在那雙腳下，在全然的接受中，也包含了這個方式。

當我對你們說沒有必要逃離世界，不要以為我是要你們抓著這個世界不放。如果你可以在你的家庭中經驗到神，沒有必要逃走。如果你認為不可能在家庭中經驗到神，認為重要的事情必須是屬於經驗神的，而不是抓著這個世界不放。那就離開家庭。尋找那個可以震動你的心弦的地方。尋找那個能讓你內心的維納琴彈奏出音樂的地方。

如果你讓一個桑雅士待在一家商店，他會是焦躁不安的。如果你讓一個商店主人待在一間寺廟，他會很不耐煩——或者，他會在那兒做起生意。

這就是為什麼在薄迦梵歌裡，克理虛納對阿朱那說：「不要逃走。這不是你的方式，不是你的天性，不是你的本性。戰鬥才是你身上的每個細胞與生俱來的。你的身上流著剎帝利的血液，流著戰士的血液。即使你逃到森林裡，你也無法棄世。沒有一把弓，沒有你的甘迪瓦弓，你將會失去你的靈魂——你的人格來自於它。你存在的方式倚賴你鋒利的劍。如果沒有劍，你也會開始生鏽。你不只是失去你的劍，你也會失去你自己。你將會失去你存在的個體性。所以不要逃離你的本性。」

「首先，正確的認出你的本性，然後透過那個認出，無論神想做什麼，讓祂透過你的本性發生。只是成為一個媒介。」

如果克理虛納在阿朱那裡面看到有任何成為桑雅士的潛力，那他會說：「離開這裡，戰爭不適合你。」克理虛納就不會說服他去加入戰爭。沒有理由去阻止他成為桑雅士。如果阿朱那有成為桑雅士的潛力，即使克理虛納試著阻止他也不會成功。他會聆聽克理虛納對他說的一切，感謝他並說：「你已經做了這麼大的努力，但是我仍然認出我的本性就是要我成為桑雅士。我可以聆聽你對我說的一切——但是一個人為了他的本性而死是美麗的——而我的本性要我進入森林，所以我要走了。」

不要試著將你自己固定在某個模式下，否則你會是不安的。無論自然之流要帶著你往哪個方向流動，讓你的生命朝那個方向前進。有很多人因為待在俗世裡而無法找到神，那不適合他們的本性。

在我的家族中，有一個年紀較大的叔叔。他不是商人，他天生就是個詩人。但是因為你無法透過作詩賺錢，你也無法用詩填飽肚子，而且全家都是生意人，所以當他從大學畢業，他自然被要求去經營那些事業。他也沒興趣去找任何工作，所以沒有辦法。他負責去管理一間商店。當我還小的時候，我去看過他。如果沒有家裡人在場，有客人要進來，他只會做出手勢要他們進來。

一間商店不能由這樣的人來經營。客人不是乞丐。他不能比手畫腳做生意！而我的叔叔只會安靜的做出手勢，這樣就不會有人聽到他的聲音，因為如果家裡的人知道會很生氣。他們會對他說：「你是來經營商店還是毀掉它？」那些他對之作手勢的客人不會再來。你怎麼會去一間把你當成乞丐的商店？而且我的叔叔會悲傷的、不悅的看著客人。一間商店不能這樣經營。

如果沒有客人，他會非常高興。如果整天都沒有客人，他會一直是心情愉悅的。他會作幾首詩，或是寫一首歌。他甚至會在帳簿上寫詩！他被迫經營一間商店，那不是他的本性。他的生命自然會感到窒息。

同樣的，如果你強迫一個商人作詩，那也會造成問題。他會在他的詩裡面創造出一間商店，在他詩中的想像會是店面的擴張。

商店不是好的也不是壞的。那是一個是否適合你的問題，是否和你的本性處於同樣的旋律。為了你的本性，即使你必須拋棄一切也要去做，不要放棄你的本性。即使你的本性可以換取全世界也不要妥協。因為你最後會發現那不是成就，那是欺騙。

在最後，只有你的本性會和你在一起。一切都會被留下。我們帶著我們的本性來到這個世界，也帶著我們的本性離開。在這兒的一切只是一個故事；它出現，然後四散各地，最後消失了。所以當我說：「全然的接受，」記住，我不是說一個放棄世界的人，一個待在喜瑪拉雅山的山洞的人是不被接受的。不是，他也是被接受的。如果某個人的歌只會在喜瑪拉雅山發生，只有在那兒才會有一支舞進入他的生命，那麼我或任何人都沒有權利要求他待在俗世。他應該待在喜瑪拉雅山。但是不要認為是因為喜瑪拉雅山才有那首歌的發生，否則一個商店主人會誤解而去到那兒，以為只有在喜瑪拉雅山才會有那首歌或那支舞的發生。「我也要放棄一切去喜瑪拉雅山。」他將會是悲傷的、悶悶不樂的，他會受苦。

這首歌不在喜瑪拉雅山上，也不在俗世裡。它在你裡面，在你的本性裡。當你和你的本性之間有了一種和諧，那首歌會發生。它不是在你外面。

所以創造一種生活方式，一種可以讓你的外在生活和你的本性之間有一種和諧的方式，你的生活方式和你內在的溪流沒有衝突，有一個交流、一個協調、一個和諧、一個旋律在發生，你內在的生命和外在的生活會同步移動。如果你的內在想要去西方，而外在想要去東方，你的生命將充滿了焦慮：將會有麻煩、憂慮和痛苦。最後，你裡面除了痛苦以外，不會有任何東西留下。你將無法經驗到靜心。

靜心是一種存在的狀態，它是當你的內在本性和外在生活如此的和諧，以致於外在不再是外在，內在似乎也不再是內在——外在變成了內在，內在也變成了外在。在這樣的和諧下，你很難去畫出你的外在和內在的分界線。就在那個瞬間，就在合而為一的那一瞬間，就在交流的那一瞬間，神性的和諧降臨於你。越焦慮，神性就越難降臨於你。越和諧，就越有可能開啓入口。

所以我不會對莎訶若說：去組成一個家庭，當一個家庭主婦，一個妻子，一個母親，我不會對她這樣說。如果她來問我，我會說：「做任何妳覺得正確的。不要勉強自己：妳的獨身生活不應該是強加的。」它並不是強加的，沒有人看過莎訶若不快樂。她總是愉悅的，她總是像一朵綻放的花朵。沒有人對她說：有更適合她的生活方式。那就是她生活的方式。在最終的狀態下，有誰能決定？

據說透過果實就能了解一棵樹，所以你生命裡的達成就是那個暗示。如果莎訶若知道了生命中的最終喜樂，那無論她的生活方式是什麼，都會是正確的。如果她是欣喜的，她是開花的，如果她的意識之蓮可以綻放，那就證明了她的生活方式是正確的，否則花朵就不會綻放。

你生命結束的方式就是你如何生活的唯一證明。即使你在臨終前的那個片刻才成道，才獲得最終的達成，那麼，我不會對你說你的生活應該做什麼改變。你所選擇的生活方式已經證明是正確的。如果曾發生任何微小的錯誤，你現在就不會達到成道的狀態。如果你到達了終點，那麼你選擇的路是正確的。還能有什麼方式能證明那條路是否正確？沒有任何路能自己宣稱它是正確的，如果它使你到達了終點，它就是正確的。如果你沒到達終點，你能說你走在正確的路上嗎？我會對你說，即使你走在錯誤的路上，而你透過這條路而到達終點，那麼錯誤的路就不再是錯誤的路——它變成了正確的路。使你到達終點的路就是正確的路。終點是唯一的聲明，唯一的決定因素。

事實上你不需要等到終點。你的每一個片刻都是證明。如果在內在和外在之間有一個和諧，在每一個片刻中，優美的旋律會在你裡面響起，就像廟宇的鐘聲。就好像當你接近河流，涼爽的微風開始吹拂著你，當你的內在和外在有一個和諧，那個涼爽會開始落入到你裡面。就好像當你進入花園，花朵的芬芳開始圍繞著你，當你裡面有一個和諧，一個芬芳，一個無法形容的香味開始在你裡面出現。不需要去問任何人，不需要去問你的生活方式是否走在正確的路上，那個標準就在你裡面。別人怎麼能替你決定？沒有人可以。

你想想：克理虛納有自己的生活方式，馬哈維亞有另一個完全不同的生活方式。佛陀的生活方式又不同於他們。你要如何從穆罕默德的生活和馬哈維亞的生活中找到相似點？基督的生活和克理虛納的生活是完全不同的——但是他們都達成了。他們的方式是不同的，但有一件事是確定的，無論他們過著什麼樣的生活，他們的本性和他們的生活方式是一致的。那是他們唯一相同的地方。

馬哈維亞選擇的路和他的本性是一致的，穆罕默德選擇的路和他的本性是一致的。這是他們共同的地方。路是不同的，個體性是不同的，作風是不同的。克理虛納吹著笛子：你無法想像馬哈維亞吹著笛子，看起來不太適合。即使你看到馬哈維亞拿著一根笛子，你也會以為有人忘記拿走了，不可能是他的。馬哈維亞拿著這根笛子要做什麼？如果你看到克理虛納站在樹下，閉著雙眼，赤裸的，頭上沒有戴著孔雀羽毛裝飾的王冠，你能接受嗎？你甚至無法認出他。只有當他跳舞，你才會認出他。克理虛納的舞和他內在的存在是一致的，完全的寧靜和馬哈維亞內在的存在是一致的。由於這個一致，兩個人都成道了。

問題不在於你的生活方式。生活方式有無限個可能，因為有這麼多的、無數的靈魂。每個靈魂都有它的自性，它自己的獨特性，它自己的個體性。這個獨特性不該被抹除，反而應該給它適合的氛圍。

莎訶若所說的話是適合她的，對她而言是正確的。但我不是要你接受某個人的想法，告訴你什麼適合你，什麼不適合你。例如，當闍那迦成道時，他是一家之主，也是一個國王，成道時他正坐在他的王座上。

在奧義書裡面有一個非常古老的故事，關於商人杜拉達爾的故事。

有一個苦行者已經苦行多年。他的名字是迦迦利。他的苦行是如此的極端以致於他的身體幾乎乾枯了，就像一棵死掉的、枯萎的樹。據說他站著時完全不動，以致於鳥兒在他的頭髮上築巢並生下蛋。一直等到蛋孵化了，幼鳥出生了，飛走了，迦迦利才開始移動。

想到幼鳥可能會受苦，蛋可能會墜落，他一直站在同樣的位置。他沒有移動，他甚至沒有乞求食物，所以他餓了好幾個月。直到幼鳥飛走了，他才開始移動。但是就在那一天，他產生了很大的驕傲和自我：「現在，哪個苦行者能比我還偉大？誰能比我更非暴力？」一個巨大的自我產生了。

當他正對自己這樣說的時候，他聽到偏僻的樹林中傳來一陣笑聲。他沒看到任何人。那個聲音說：「迦迦利，不要如此的自傲！如果你想知道，去找商人杜拉達爾，去坐在他的腳下。」

他不能了解：「杜拉達爾，一個商人？一個像迦迦利一樣的苦行者要坐在他的腳下？這個偉大的苦行者迦迦利，即使鳥兒在他的頭髮上築巢，他仍然動都不動，他是如此的非暴力、慈悲和寬容，卻要坐在他的腳下？儘管如此，我要去看看這個商人，杜拉達爾。」於是他去尋找他。

商人杜拉達爾住在卡西，於是迦迦利找到了他。但是迦迦利無法相信——杜拉達爾只是一個平凡人！他從早到晚販售著商品，拿著他的天秤。那就是為什麼他的名字叫杜拉達爾——「一個維持平衡的人。」他總是在秤重。當迦迦利到了那兒，他正在賣東西給一群客人並幫他們秤重。杜拉達爾連看都沒看迦迦利一眼。他說：「迦迦利，坐下。不要因為鳥兒在你的頭髮上築巢就如此驕傲；不要因為你動都沒動，一直等到鳥兒長大並飛走才移動而感到驕傲。坐下，安靜的坐下，讓我先應付客人。」

聽到杜拉達爾這樣說，迦迦利很驚訝。他想到：「現在，這是個大麻煩。這個人確實知道一些事，他確實佔了優勢。現在他掌握了一切。我不知道他會使什麼手段，我不知道他受過什麼樣的心靈訓練。」

他坐了下來，但是他的自我被粉碎了。他開始看著。有好客人來到，有壞客人來到，他們對杜拉達爾說話的方式都不一樣，有的人口氣很好，有的人則是侮辱他——那是一間商店，但是杜拉達爾平等的對待每個人，沒有生氣，也沒有其他感情，沒有支持誰或反對誰。迦迦利在看著。他的平衡完全沒有任何偏移：親人來了，陌生人來了，他為每個人秤重的方式完全一樣。

直到傍晚，商店打烊了，迦迦利問：「你要給我什麼忠告？」

杜拉達爾說：「我只是一個普通的商店主人。我不是一個博學的人。我只知道：只有當天秤兩邊的秤盤的重量一樣時，才會有平衡，同樣的，當頭腦的兩端是平等的，當憤怒和非憤怒是平等的，當愛與恨是平等的，當喜好和厭惡是平等的，然後才會達到一個內在的平衡。在那個瞬間，三摩地發生了。」

他說：「平衡了天秤，我也達到了平衡。這就是我唯一做的事。鳥兒沒有在我的頭髮上築巢，我沒當過苦行者。迦迦利，我是一個平凡的商店主人，我不是一個苦行者。我全部的秘訣就是，透過平衡了天秤，我學到了平衡自己的技巧。我了解到當內在有了一個完美的平衡，自我就消失了。平衡創造了空，那個空會覆蓋一切。」

「但我只是一個商店主人。你是一個偉大的學者。你是博學的，你是一個苦行者。也許那些對你有幫助，或是沒有幫助。我只知道這麼多，這些是我能告訴你的：即使你待在森林中，你的自我也會掌控著你，那麼你等於又回到了俗世。如果你待在俗世，即使在那兒，只要你的天秤是平衡的，你就如同待在森林中，你就是同時待在喜瑪拉雅山和俗世裡。那不是你去哪兒和你做了什麼的問題。問題在於你的狀態。」

所以我說，在通往最終實相的路上，接受每件事——家庭、房子、親人——記住，也要接受喜瑪拉雅山、單獨和桑雅士。不拒絕任何事。

隨著生命流動。無論你的生命之流往哪兒流動，無論你在哪兒感覺到歡喜和喜悅，繼續往那個方向流動。喜樂就是判斷的標準。

恆河朝著東方流動，納馬達河往西方流動。如果它們剛好在路上遇到，會產生一個很大的問題，因為恆河會說：「我要流向海洋。」納馬達河也會說：「我要流向海洋。」你會說它們之中一定有一個是錯誤的。有可能兩者都不對，但是怎麼可能兩者都是正確的？會有一個很大的爭論。而站在十字路口上是沒有辦法結束這個爭論的。必須到達海洋才能知道。但是如果你到了海洋，你會發現往東方流動的恆河流入了海洋，往西方流動的納馬達河也流入了海洋。因為海洋是一：海洋怎麼可能會是東方的或西方的？你可以給它不同的名字，你可以把它稱為阿拉伯海或孟加拉灣，但是那不會造成任何差別，海洋是一，所有河流都會流入它裡面。

無論你選擇什麼樣的路，只要你感覺到流動，無論你在哪兒，只要你感到喜悅，你感覺到你的生命中似乎有了詩意，你可以唱歌，你可以跳舞，那就是你的方式。那就不用聽從任何人。某個人的恆河可能流向東方。對他說：「祝你一切順利，去吧，但是我的納馬達河將往西方流動，我是快樂的。我已經找到我要流動的方向，我已經找到我的路。因為不論在任何情況下，我都是喜樂的，我可以確定這條路的終點將會是最終的喜樂。」

在你行走的路上，每一步都用這個作為判斷的標準。每當感覺到憂慮、不自在、痛苦、悲傷，要覺知它們。生命的音樂是否不再流動？那你也許走錯方向了。你一定是在某個狀況中違反了你的本性。

在薄迦梵歌中，克理虛納說：「遵循自己的本性是比較好的，即便會有死亡，但如果遵循別人的本性，那會是毀滅性的。」你可能糾結著別人的本性——別人的本性可能吸引了你，你裡面產生了貪婪。看到恆河向東方流動，如果納馬達河也有了想要往東方流動的慾望，它將會受苦。它會遇到麻煩，它將無法抵達海洋。

每個人都有自己流動的方式。隨時把你的洞察力放在你自己的內在標準。你的內在和諧會隨時為你顯示正確的方式。一旦你過於被某個人的內在標準所影響，你會很困惑。當你開始模仿某個人，你會迷路，你會遠離你的靈魂。你只要不斷的跟隨你內在的和諧，你只要跟隨你的心，你只要聆聽你的內在聲音，那你就永遠不會迷路。

然後你也會知道你的方式不一定得是某個人的方式。你會停止去評斷別人的方式。你只會注意到：如果恆河跳著舞，那它一定是往海洋的方向前進。它的海洋可能在東方，我的海洋可能在西方，但是我也跳著舞，恆河也跳著舞，所以兩者一定都是往海洋的方向前進。因為除非河流朝著海洋的方向流動，否則它不會跳舞。是因為越來越接近海洋以致於你開始跳起舞，是因為神越來越接近以致於有了內在的喜樂。喜樂就是標準。

第二個問題：

奧修，熱情和依戀不是愛的一部分嗎？

如果愛裡面有熱情，它會變成地獄。如果愛裡面有依戀，它會成為監獄。如果愛是冷靜的，它會變成天堂。如果愛裡面沒有依戀，愛會變成神。

愛有這兩種可能。你的愛裡面可以帶有熱情和依戀：那就好像你在愛之鳥的脖子綁上一顆石頭，這樣牠就無法飛走。或者就好像你把愛之鳥關在一個黃金籠子裡。無論這個籠子有多貴重——上面可能鑲嵌著鑽石和珠寶——籠子終究是籠子，它會摧毀鳥兒飛翔的能力。

當你把愛裡面的熱情和依戀拿走，當你的愛是純粹的、單純的、無形的，當你在愛裡面給予而不要求，當愛只是給予，當愛是一個皇帝，不是一個乞丐；當某人接受你的愛，不是換取愛，而你因此感到快樂，你不要求回饋，那麼你就是讓這隻愛之鳥自由的飛向廣闊的天空。你是在讓牠擁有更有力的翅膀。那麼這隻鳥兒將能飛向那個沒有邊際的。

愛可以使人們墜落，也可以使人們上升。那取決於你怎麼愛。愛是非常神秘的現象。它是一道門：在這一邊是受苦，在另一邊是喜樂；在這一邊是地獄，在另一邊是天堂；在這一邊是sansara，生死之輪，在另一邊是解脫。愛是一道門。

如果你只知道充滿熱情和依戀的愛，那你將無法了解耶穌說的：「神就是愛。」當莎訶若開始唱著愛之歌，你會變得很不自在：「這沒有道理！我也曾經愛過，但是我只得到痛苦。在愛的名義下，我所收割的只有荊棘，沒有任何花朵曾為我綻放。」另外一種愛似乎只是幻想。祈禱、奉獻和解脫的愛，似乎只是文字遊戲。

你也很熟悉愛，但是你所知道的愛只是充滿熱情和依戀的愛。你的愛不是真正的愛。你的愛只是一個藏著熱情、依戀和性的簾幕。表面上，你把它稱為愛，但裡面只是別的東西。當你愛上一個女人或男人時，你所渴求的是什麼？你的渴求會是和性相關的，愛只是外在的裝飾。

如果你往內在深入尋找，你會發現你的愛只是一個字，性慾之火在裡面燃燒著。但是直接讓某個人看到這樣的火焰是不適合的，需要使點手段。所以你可能會對一個女人，一個你想要使用她的身體的女人，你對她說你愛上她的靈魂。你連自己的靈魂都不了解，你怎麼會了解別人的靈魂？但是那些對肉體充滿慾望的人會談論靈魂。他們的慾望是要使用別人的肉體，但是他們會談論內在的美。

當你聽到莎訶若、達雅、拉比雅說的話語，她們透過愛而經驗到神的話語，你又怎麼能相信？你一直陷入愛的陷阱。但是要負起責任的是你，不是愛。如果一個醫生是醫術高明的，即使是毒藥，他也能用它製造解藥。但是如果他不懂，即使是甘露也會變成毒藥。毒藥不會只是毒藥，甘露也不會只是甘露。那要看你如何使用。有時候毒藥可以救人，有時候甘露可以殺人。

愛可以變成甘露，也可以變成毒藥——那由你決定。如果愛裡面帶有熱情和依戀，它會變成毒藥。如果你把愛當成滿足性欲的手段，如果在愛裡面，你只是尋找身體上的滿足，你將發現愛會帶來衝突和憂慮。它只會帶來痛苦和悲傷。它變成一個枷鎖。你有很多夢想，但是那些夢想從未實現。你有很多幻想、很多妄想，你看到巨大的彩虹，但是當你接近它，一切都消失了。所有的彩虹都掉到泥巴裡面，所有的夢都變成謊言。陽光照耀下的、遠方的、黃金般的宮殿，當你接近時，它變成了一座監獄。這不是愛的錯；是你以愛的名義所做的事。它是一枚偽幣。

所以愛必須免於依戀的束縛。愛不能變成束縛，愛應該成為自由。讓你愛的人自由。

如果你能讓她自由，你就無法被奴役；將沒有任何人可以奴役你。但是你想要奴役你愛的人，你想要在她們周圍築起一道牆。你想要用枷鎖銬住她們。但是如果你這樣做，她們也會用枷鎖銬住你。

永遠不要忘記這個事實：你在生命中所給予的就是你在生命中會得到的。這就是業的整個概念，這就是你過去的行為的整個概念：你將得到你所給予的。如果你在愛裡面被束縛，那就表示你想要透過愛去奴役某人。如果你透過愛讓別人自由，你沒有期待的給予，你給予愛，不要求回饋，你無條件的給予愛，你不用愛去換取任何東西，你給予愛，而且你很感激有人願意接受你的愛。這還不夠嗎？你的愛是很可能被拒絕的。慢慢的、慢慢的，你發現你的愛開始往上升起；性欲被留在遙遠的深處。離開性欲之籠的愛之鳥將能展翅高飛。你將能進入一個全新的空間。你的意識會進入一個全新的世界。

你問：「熱情和依戀不是愛的一部分嗎？」它們可以是，但不一定得是。它們通常是愛的一部分。一百次中有九十九次是愛的一部份。這九十九次都是一樣的：但是只要有一次，你不想要它和其他九十九次一樣，即使只有一次也夠了。如果一粒種子可以成為一棵樹，那表示所有的種子都能成為大樹。但是如果它們不想要有所不同。那表示它們沒有待在正確的土壤中。

耶穌說過：「灑出手中所有的種子。有的種子會掉在人們行走的路上。人們來來去去，那粒種子將不會發芽。有的種子會掉在路邊。它可能會發芽，它可能可以長出一點點，但是動物可能會吃掉它，小孩可能會拔掉它，有的種子可能會掉在岩石上、砂礫上。那它將永遠不會發芽。有的種子可能會掉在肥沃的土壤中。它將會發芽，它會成長，它會變成一棵樹；上面開滿了花，長出很多果實。」

偶爾會有一粒種子發芽，變成佛陀、法里德或莎訶若。它們開花了。如果這沒有發生在你的種子，請給它一些關注：你可能掉到錯誤的地方，只有岩石或者人們行走的地方。或者也許不是人們行走的地方，但是沒有任何防護，沒有柵欄。你應該找到正確的土壤——那麼，同樣發生在佛陀或克理虛納身上的，也會發生在你身上。

那是你的潛力。那是每個人的潛力。存在給予每個人的潛力不會少於這個發生。存在創造了你，存在無法創造除了它以外的東西。神創造了你，它就隱藏在你裡面，它是你的生命源頭，它是你的潛力。

愛可以變成自由；那是每一段愛情的可能性。那是每顆心的可能性。但是你必須是覺知的；你必須斬斷所有的依戀。然而你卻繼續擴大那個依戀的網。你已經忘記什麼是愛，你開始把熱情當成愛。

有一個古老的蘇菲故事：

在山下有一個村莊，座落在茂密的森林裡。所以村民只有一種技能：他們砍了樹，用來製作雕像、家具和其他日常用品。所有的村民都是木匠，因為樹木是唯一可取得的，它是唯一的資源。那個村莊裡唯一的能做的生意就是把木製品賣給經過村莊的遊客。

有一次，一群遊客經過。他們告訴村民，在他們的村莊上面還有一個村莊，就在山頂上。「你們有去那兒賣過東西嗎？」遊客問。「那些人很富有，你們可以在那兒賣到好價錢。」

村民沒有聽過那個村莊，因為他們住在山下，從沒有考慮過山峰。他們待在山下很快樂，他們滿足於自己的貧窮。而且爬到山頂⋯爬山是很麻煩的！住在山上的人可能偶爾會因為一時糊塗會下山，但是一個住在山下的人不會因為一時糊塗而爬上山。下山是容易的，上山是困難的。

當他們常常聽到遊客對他們這樣說，有些年輕的村民決定帶一些木製品去那兒：「如果他們是富有的，那我們就可以賺不少錢。」那些年輕人開始爬山，對他們而言，爬山是辛苦的。因為他們從沒有爬山的經驗。他們一直住在山下，過著輕鬆的生活。

他們並不是很相信那些遊客的話。有可能是謠言。「怎麼會有人住在那兒？爬山是如此的辛苦。」他們終於抵達山頂，精疲力盡的。花了好幾天的時間，他們終於抵達山頂。

那些人說的話是真的：那個村莊，是個非常雄偉的城市！城市裡的廟宇，裡面到處都是金塔。在陽光的照耀下，那些廟宇如此美麗的閃耀著，那些年輕人即使做夢也沒夢到過。他們開始在市集裡面做生意，招呼人們。他們把木製品擺放好，但是人們嘲笑他們。沒有人想要去買。最後年輕人問了人們怎麼回事。那些人回答：「我們要用這些木製品做什麼？這兒到處都是金礦和銀礦，我們用黃金來雕刻。我們要用這些木製品做什麼？」

年輕人無法相信這個世界上有比木頭還要貴重的東西，會有比木雕更貴重的雕刻。他們非常煩惱。他們原本很失望，現在則是很生氣。他們被人們的舉動弄得很憤怒。那些人甚至說：「來我們的廟宇，我們會讓你們看看我們的雕刻。」但是年輕人非常失望和憤怒，他們不想去。他們帶著他們的木製品回去村莊。

村民問他們：「怎麼回事？」年輕人說：「確實有人住在那兒，但是他們的本性很邪惡。而且要記得，盡量避開某個東西。那個東西叫做黃金。它似乎是我們最大的敵人，雖然我們沒有看到它，因為那些人對我們很壞，我們甚至連一樣東西都沒賣掉！」

據說那些山下的村民不再接近那座山。他們說那些住在山上的人不是朋友，而是敵人：「他們不是我們的朋友。而且隨時要小心某種叫做黃金的東西，因為它對我們的文明是個威脅。」

那些住在山下的人，他們的情況就像只知道位於山下的愛，但是不知道位於山頂的愛。山頂的愛是黃金，山下的愛裡面只有你的慾望，尋常的木製品。但是那些活在慾望和熱情裡面的人，即使只是聽到黃金都會令他們害怕。他們說：「這些是我們的敵人。我們活在性欲中很快樂。不要對我們談論這些高層次的東西。不要打擾我們的睡眠，不要粉碎我們的夢。」

但是我要說，你們生活的方式就像是有人已經讓你們看到宮殿，但是你們仍然一輩子住在宮殿的入口，不想進去宮殿，以為你們住的地方和宮殿一樣。但是那只是入口。你越深入裡面，你就越深入內在，然後山頂的喜樂，山頂的黃金，將會到處都是。

性欲只是愛的入口：人必須從那兒開始移動，而不是待在那兒。記住，經過入口並沒有什麼錯。我不是在譴責入口。如果你想要進入宮殿，你就得經過入口——但是不要停在那兒，不要把那兒當成家，不要陷在那兒，不要認為這就是生命的一切。確實，經歷過性——你必須經歷過，它是生命中不可避免的一部分——經歷它的方式，超越它的方式，就如同你使用梯子或藉由一座橋到達某個地方。

你裡面就藏著不可思議的可能性。你透過性、熱情和依戀來認識愛。你只熟悉地獄般的生活。稍微想想，在這個地獄中，你有時候也會瞥見到喜樂。更何況是天堂呢？即使在性裡面，你也會瞥見到一點喜樂，即使待在入口，也會看到某些屬於宮殿的東西。如果宮殿裡面點著香，即使待在入口也會聞到香的芬芳。如果宮殿裡面充滿了寧靜，即使待在入口也會感受到某種平靜。如果宮殿裡面飄揚著音樂，即使待在入口也會聽到某些旋律。

即使在性裡面也會有些成道的回音。即使在性裡面也會有某些神性的反映，但是那個反映只是湖中的映月。它只是一個反映：湖水稍有一點干擾，那個映像就沒了。映月不是真實的月亮，但是卻表示真實的月亮存在著。性是愛在湖面上的映像。它是身體和頭腦的湖面所形成的映像。如果湖面的映月對你而言是如此的美麗，那就抬頭看看真正的月亮。

拉比雅，一個女神秘家，正坐在家裡面。一個叫哈珊的神秘家在她的家中作客。那時候是早上，太陽升起了。哈珊走出了房子，大聲說著：「拉比雅，妳還在裡面做什麼？出來看看美麗的日出。看看神的作品！」

拉比雅說：「哈珊，你還是進來房子裡面吧。你在外面看著神的作品，而我在裡面看著神！」

被創造的作品是美麗的，但是能和創造者相比嗎？歌是美麗的，裡面有些歌手存在的芬芳。周圍看到的雕像是美麗的，但這只是雕刻家的一小部分作品。畫家不只是他的畫像。創造者不會因為創造出作品就結束了。創造者裡面會有無窮的創作，但他仍然是同一個人。

至尊奧義書說：從整體裡面取出了整體，剩下的部分仍是整體。因為這樣的神性，即使無數的作品被創作出來，它仍是相同不變的整體。它的無限是不變的，不會因此變少。

而且這個創作是如此美麗，只要稍微想想！如果宮殿外面有這麼多喜樂，更別說宮殿裡面的喜樂了。即使在充滿熱情和依戀的愛裡面，意外聽到某些悅耳的音樂，那當你的愛是純粹的，當裡面的熱情和依戀的雜質已經消失，當所有的灰塵、污泥和雜質都被火燒毀掉，將會出現純粹的黃金。

這個想法將會顫動你、將會用喜悅填滿你。它將會透過一個全新的邀請填滿你。你裡面出現一個新到來的客人。那個客人的名字就是宗教。

探尋什麼是愛的這個過程，這個最終純粹的探尋，就是宗教。

第三個問題：
奧修，你如何知道莎訶若已經自我達成了？她的話語足以證明嗎？

這個問題有點複雜。她的話語並不足以證明，因為話語是可以被借來的。無論什麼話被說了出來，那些話早就在以前被某人說過了。所以話語本身不是足夠的證明，它們不適合用來證明。要正確的了解這點：不適合用來證明的意思是，在這些話裡面，你可以得到一個小小的提示──但它只會是一個提示。很難肯定的說它就是事實，但是透過話語，你可以得到一個提示。

當你重複某個人說過的話，那注定會產生某些錯誤。要判斷一個學者說的話並不困難。可以立刻判斷學者說的話，因為他是在重複；他自己什麼都不知道。無論他多麼完美的去重複那些話，仍然注定會發生某些錯誤，因為他裡面充滿了困惑，而這會影響到他試著要說出來的。重複的人本身就是完全錯誤的，所以會不可避免的將某些錯誤混合到裡面。用這個方式來了解：你的手被油煙燻黑了，但是你正要清掃一間明亮潔白的房子，如果你全身都被油煙燻黑了，但是你要清掃一間明亮潔白的房子，你會留下很多手印，你無法避免。也許一個無知的人不會注意到它們，但是那些知道的人將會發現。

所以從這些話裡面，我們只能得到一個不充分的證明，一個提示：也許這個人已經知道了。當一個人知道了，她所說的話會有一種強度，那是不知道的人所說的話裡面找不到的。它不會如此強而有力，不可能，因為那個強度來自於經驗。

我在看一本有關某個基督教聖人的書。他在裡面寫到：「我經過一個村莊，發生了一件事，一件在耶穌的生命中同樣發生過的事。」

一晚，當耶穌經過一個村莊，一個年輕人碰到他。他的名字是尼哥底母。他問耶穌：「我要怎麼做才能進入你說的神之王國？」

耶穌說：「拋棄一切，跟隨我。來，跟我走。」

那個基督教聖人寫到：「我在那晚遇到一樣的情況。我正經過一個村莊，遇到一個年輕人。他說：我也想要經驗到你所說的。告訴我該怎麼做？」那個基督教聖人說：「我記得耶穌曾經這樣說——來，跟我走——但是我沒有勇氣這樣說。我最多只能說：拋棄一切，跟隨耶穌！」

根據經驗所說的話和沒有經驗所說的話的差別就是如此。克理虛納可以對阿朱那說：「拋棄所有的宗教，尋求我的庇護。」學者無法這樣說。學者只能說：「拋棄所有的宗教，尋求克理虛納的庇護！」要一個學者說：「尋求我的庇護，」恐懼會出現。第一個恐懼是，人們會認為這是一句非常自我的人所說的話。

但是只有自我存在，才會有自我的想法出現。克理虛納從沒有過這個想法，克理虛納不會想到薄迦梵歌這本書會存在數百年，人們將會有證明：「克理虛納一定是最大的自我主義者，他要阿朱那拋棄一切，尋求他的庇護。這是多麼自大的話啊！說這句話的人一定擁有最大的自我。」

當佛陀經驗到自我達成，他說：「我所找到的，是很少人可以找到的。一百萬人裡面只有一個。某件不容易發生的事已經在我身上發生了——我已經證悟了佛性。」看到這段話的人會認為，說這段話的人擁有很大的自我。一個博學多聞的人會這樣說嗎？所謂的知識份子會說：「我們是謙虛的，我們就像你腳下的灰塵。」但是記住，那些話來自於無自我的人。自我已經不在那兒了，所以沒有人留在那兒受它打擾。

學者說的話和知道的人說的話有一個不同。學者說的話是借來的，裡面沒有勇氣，沒有膽量，沒有強度。學者說的話會帶著經典的芬芳。一個知道的人所說的話將會從源頭自發性的直接說出來，新鮮的、全新的。那些話是在那個瞬間才鑄造好的錢幣。它們還沒出現在市集裡，它們還沒有被任何人的手碰過。你看不出新鈔和舊鈔的差別嗎？很難判斷嗎？不，因為你很熟悉鈔票。所以當你被喚醒，你也能判斷這些話是否來自於覺醒的人。

莎訶若說的話是剛在造幣廠鑄造好的。它們是新穎的、單純的、直接的。她完全不是一個學者，也不是一個詩人。這些話是直截了當的，裡面沒有爭議。她說的話是切中要點的、清楚的，沒有隱藏任何東西。它們被說出來的方式，以前從沒有人這樣說過，所以它們不可能是被借來的。

每當神性降臨到某人裡面，它每一次降臨的方式都是全新的，神一點都不喜歡重複。莎訶若說的每句話都是獨一無二的：以前從沒有人這樣說過，以後也不會再發生。所以我稱之為不充分的證明。沒有任何事可以確定，能確定的只有這麼多：有一個可能性。它是一個提示。

那麼我怎麼會說莎訶若已經自我達成了？關於那部份，你必須覺察文字之間的空，你必須察覺話語之間的空。從那些話裡面，你將會找到不充分的證明，從那個空裡面，你將會找到足夠的證明。但是除非你能覺察你裡面的空，你才能覺察莎訶若的話語中的空。所以如同我剛說的，這個問題有點複雜。我的回覆無法解答，只有當答案來自你的生命，才能解答這個問題。

問題有很多種。一種是我回覆了，它被解答了。另一種只有當你成長了，它才能被解答。當一個小孩問：「性是什麼？」他這樣問的原因可能是他看到一本書，裡面提到「性」這個字。所以他問：「性是什麼？」你要如何回答他？你要如何告訴他？他的生命中還未有性的發生。對於性的困惑還沒在他的腦中散播開來。他對於性還沒有任何想法。這個時候對他說的任何話，都會被他的頭腦忽略。當然，等他到了性開始發生的年齡，如果你在那時告訴他，將會觸動他某處的心弦。然後在他的了解和你的話語之間，將會有某種連結、某種和諧、某種溝通。

莎訶若已經自我達成了。只有當你也自我達成了，你才能知道。一個自我達成的人會立刻知道另一個人是否也自我達成了。一點都不困難。關於這個，不用做任何事。這個了解不需要任何努力。這個認出就只是發生了，將會有自發性的證明，這個認出將會發生。

用這個方式來了解。你被送到一個陌生的島嶼，沒有人了解你的語言，在那兒，每個人說的是另一種語言。你是單獨的，你說的是你的語言，但是沒有人了解，沒有人在聽——然後你突然遇到一個了解你的語言的人。你會需要時間來確認嗎？只是說出一個字，那個認出就發生了，他也說著相同的語言。

當兩個自我達成的存在會合了，即使相差數千年，他們說的語言仍是相同的。莎訶若和耶穌，佛陀和馬哈維亞，查拉圖斯特拉和老子，他們說的語言是不同的——那是你們所謂的語言。

老子說中文，耶穌說阿拉姆語，克理虛納說梵文，馬哈維亞說的是古印度方言，佛陀說的是巴利語，莎訶若說的是印度語。每個人說的是不同的語言——你們所謂的語言。但是有一種語言是自我達成的人都在說的。裡面不會有任何差異。他們會立刻認出對方。他們會認出對方的手勢、他們的雙眼、他們坐著和站著的方式、他們生命的芬芳、圍繞著他們的光，因為他們是相同的。

即使相距數千年，仍然可以認出來；時間不會造成任何差別。但那就是為什麼我說這個問題是複雜的：我的回覆無法解答你的問題。當你覺醒的那一天，你將會發現你會認出所有的覺醒者。一個沉睡的人無法認出醒來的人。我們在這兒有這麼多人，如果全部都睡著了，只有一個醒著，那個醒著的人可以看出其他人都睡著了，他也會知道他是醒著的。睡著的人既無法知道誰睡著了，也無法知道誰是醒著的。然後如果有人醒來了，那個一直醒著的人會立刻認出他也醒來了，然後兩個人都會知道其他人還是睡著的。這會有任何困難嗎？生命睡眠中的甦醒都是相同的：兩個覺醒者隨時都能認出對方。

那些沒有覺醒的人，我甚至不會提到他們。這就是我談論莎訶若的原因。莎訶若的詩並沒有什麼特別的。如果我想要談論詩，有很多偉大的詩人可以談論。莎訶若也沒有創造出任何偉大的哲學理論。如果我想要談論哲學家，有很多偉大的哲學家可以談論。莎訶若很平凡，沒有受過教育，既不是詩人，也不是學者，一個非常普通、純真的女人。但是她覺醒了。她的覺醒就是有價值的，其餘一切都不重要。無論你是多麼偉大的學者，只要你是沉睡中的，那就一點用都沒有。如果你什麼都不懂，但卻是覺醒的，那麼你就已經知道了一切。

所以我當然知道莎訶若已經自我達成了，否則我甚至不會提到她的名字。為什麼要談論沉睡中的人？對沉睡中的人談論沉睡中的人是沒有意義的。你已經很熟悉那些沉睡中的人。我必須談論那些覺醒者，這樣你才可能有興趣，你裡面才有可能出現想要覺醒的渴望。也許你裡面因此有一個鬧鐘響起，使你翻了身，使你稍微動了一下，換了睡覺的方向。

第四個問題：

奧修，男人和女人的問題是否不同？他們發問的方式是否有任何不同？

當然不同！一定會這樣，因為問題從你裡面出現。你的問題攜帶著關於你的資訊。你的問題會是你的問題。是你給了它外形和風格。女人會用某個方式發問，男人會用另一種方式發問。

我的第一個觀察是，女人不會發問。那是她們的方式。她們很少發問。她們試著了解更多，但更少去發問。男人試著更常發問，但更少去了解。因為男人更常發問，所以產生了一個錯誤的觀念，認為他們一定了解得更多。因為女人很少發問，所以產生了一個錯誤的觀念，認為她們一點都不了解：「為什麼她們都不發問？」但事實上剛好相反。

男人帶著一堆問題來找我。我常問男人：「你們要問什麼嗎？」他們說：「有太多要問了，我們不知從何問起。我們想問，但是我們要如何問？要從哪兒問起？我們不了解。」當我問女人：「妳們有要問什麼嗎？」她們說：「沒有，我們沒有問題。沒有什麼要問的。我們只是為了你的達顯而來這兒坐在你的旁邊。」

男人無法發問的原因是他有太多問題，由於這堆問題使他無法發問。女人也無法發問，但不是因為有一堆問題，而是因為沒有什麼要問的。

當男人來這兒，坐在我的旁邊，我可以看到他們腦中的一堆問題：一團巨大混亂的思想。如果打開他們的頭腦，會看到一個瘋人院，裡面有很多瘋子跑出來。到處都是思想，就像是鬼魂從監獄逃了出來。男人即使聆聽也是用他們的頭腦聽。要和他們有任何交流，都得透過他們的頭腦。除非他們的頭被砍掉，否則他們的心不會發生任何作用。

當一個女人來這兒，她的頭部不會有這麼多噪音。她的心跳動著、顫動著。女人被感覺征服了。她們比較少聆聽，比較多吸收。她們的雙眼是更活躍的，她們的思想是比較不活躍的。

我的經驗是：如果男人愛上我，他們會對我說：「我們愛你的見解，所以我們愛你。」如果女人愛上我，她們會說：「我們愛上你了，所以我們也愛你的見解。」這就是差別——而且這是很大的不同。男人說：「你的見解對我們而言是珍貴的，所以我們愛你。」見解是主要的，愛則是其次。女人說：「我們愛上你了，所以你的想法也應該是正確的。」愛是主要的，見解則是其次。

他們的人格特質是不同的，截然不同。那就是為什麼女人沒有創造出任何偉大的經典或哲學。男人創造出偉大的經典，偉大的宗派，偉大的哲學。但女人似乎活得比男人還快樂。現在，即使哲學家也認同這個事實。

你可能會驚訝，瘋人院的男人比女人多。監獄中的男人也比女人多。男人比較容易屈服於心理上的疾病，女人則非如此。

女人自殺的頻率低於男人。雖然女人可能有很多次會說她們要自殺，但是她們不會這麼做。女人常常說：「我要自殺！」有時候她甚至會服藥自殺，但是在安全的劑量內——到了早上，她就沒事了。她們並不會真的想死。即使她談到死亡，那也是因為對生命有某種深深的渴望。因為生命沒有像她想的一樣，她想去死。但是她不會真的去死。女人是非常根植於生命的。

男人可以隨時準備為了小事去死。當一個男人做一件事，他是一定要成功的——他就只是死了！他不想要半心半意的；他的計畫是深思熟慮的、科學的。他會做好不會失敗的安排。如果女人說要去死，她並沒有對她說的很在意，沒有什麼好擔心的。當一個男人說要去死，你就得認真了。情況的發生總是，男人直接自殺，什麼都不會說。女人則不停說她要去死，但是會繼續活下去。

從身體上來看，和男人相比，女人也比較不容易生病。因為如果你的頭腦比較寧靜和健康，那身體也會比較寧靜和健康。女人比男人長壽，平均多活五到七年。如果男人可以活到七十歲，女人則可以活到七十五歲。那就是為什麼我說我們應該安排一個不同的婚姻系統。我們現在仍然說在婚姻中，男方應該比女方大上三到四歲。這是完全錯誤的。女方應該比較老，比男方大上四到五歲，這樣雙方死亡的時間才會很接近。否則世界上會充滿寡婦。你會看到比較少的鰥夫，比較多的寡婦。在印度，你到處都可以看到寡婦，坐在廟裡面。原因是她們的壽命比男人多五到七年。如果女方可以大上四到五歲會比較適合，這樣雙方都能在接近的時間去世，相差幾個月。生活會更適合。

但是男人的虛榮心讓他在婚姻中想要是年長的一方，這樣他就可以感覺更高等。他想要在每件事上面都是比較高於對方的，即使年齡也一樣——然而無論他幾歲，他都無法高於對方。因為當他愛上女人，他會開始在那個女人裡面找尋母親。他沒有成長。即使年紀最小的女孩也有在成長，因為一個小女孩要玩的第一個遊戲就是扮演一個母親，她不會少於那個。即使年紀最小的女孩也是一個母親，而即使年紀最大的男人也是一個小孩。男人就是小孩。

但是因為自我和驕傲！他在每件事上都必須是凌駕對方的。如果新娘比新郎高，新郎會感到悲傷。他會非常不自在；男人必須比女人高。無論任何事，他都必須是佔優勢的。自卑感在男人裡面的某處運作著。心理學家說，自卑感的來源是因為女人可以帶來生命，而男人無法做到一樣的事。這就是自卑感：女人可以生小孩；她可以帶來生命。存在直接使用她，她是直接的媒介。男人似乎只是意外。

男人是可以被取代的：只要一根針筒就能做到，他不是必須的。但是母親是無法省略的，因為母親可以用她的身體帶來生命。她的血液、骨髓、骨頭都將會創造出一個新的生命，誕生出一個新的生命。女人似乎是非常滿足的，當她們成為母親，會有一個更大的滿足圍繞著她們，因為某個意義上來看，她們變成了神的媒介。

科學思想家說男人不斷的創造各種成就，只是為了補償這部分的不足。女人不需要繪畫，她們不需要創造雕像或作詩，她們不需要寫故事、小說、戲劇，她們不需要坐火箭上月球。她們什麼事都不用做，因為存在已經給了她們這麼大的創造力，那個創造力會帶給她們足夠的滿足。她們必須創造出某個已經完成的。但是男人必須創造出一千零一種東西。男人說：「不用擔心，如果我們不能生小孩，我們可以做出雕像，我們可以創造出很多東西，我們可以作詩。」但是無論一首詩有多麼美，都不可能勝過小孩雙眼中的詩意。無論一個大理石雕像有多麼美，都比不上一個活生生的小孩。男人可能可以到達火星或月亮，但是他永遠都無法體驗母性。

男人只有讓自己重生才能感到滿足，在他裡面中誕生出生命——如同佛陀、克理虛納、馬哈維亞。所以我們將那些自我達成的人稱為dwij，二次生。他們已經為自己帶來生命，那是重生。第一次出生來自於父母，第二次出生則是他們透過靜心、透過成道，而給了自己生命。然後他們就重生了。你會發現只有一個佛陀可以像一個女人一樣寧靜：你可以在佛陀的雕像中看到一種女性化。女人生命裡的圓滿也同樣出現在佛陀的生命中，相同的滿足，相同的感激，相同的達成。

確實，女人的方式和男人的方式是不同的。如果我們可以正確的了解這些方式，事情將會很容易，旅途將會很輕鬆。將能避開不必要的徘徊和糾纏。

女人不會發問——如果有時候她發問了，她的問題會是務實的，而不是抽象的。

有一個和此相關的問題：

奧修，昨天你講道後，我請很多女桑雅士寫下關於莎訶若的問題，但是她們只是微笑。她們甚至不說話！為什麼女人沒興趣發問，即使問題是關於一個女成道者？

男人的好奇心是發問和知道。女人的好奇心則是成為和經歷。

你甚至可以在小孩裡面看到那個差異。如果女孩在玩耍，她們的遊戲會是創造性的。她們會創造東西。男孩的方式會是破壞性的，在他們的遊戲中將會摧毀東西。如果你把一個玩具車給了一個男孩，他會拆開來，看看裡面有什麼——他的好奇心是知道、發問、去了解它怎麼產生的。如果給了他一隻錶，他會拆開來。你會說他在破壞每樣東西，但是那個可憐的傢伙只是在做一個科學上的探尋！他想了解它是怎麼運作的。一隻螞蟻在移動——他會用拇指壓扁牠。他不是在使用暴力，他沒有暴力傾向。螞蟻不會對他造成任何傷害。他只是想要知道裡面有什麼，是什麼使那隻螞蟻移動。

男人是好奇的。他想要知道，他想要到處尋找。無論哪兒有簾幕，遮著某些東西，他會去翻開它們，看看後面有什麼。女人的好奇心是不同的。她的好奇心不在於知道，而是生活。她的好奇心是非常務實的。女人只會詢問對她的生活有需要的問題。

女人不會來這兒問我神是否存在、天堂和地獄是否存在、或誰創造了宇宙。這些都是男人的問題。如果一個女人有時候問了問題：「當我的頭腦不滿足的時候，要如何讓它滿足？」「當憤怒出現，我要如何平靜下來？」「我過著無意義的生活，我要如何讓它是有意義的？」「我要如何將祈禱和奉獻帶入我的生命？」她的問題會是實際的。長期來看，我認為實際是比較明智的，比較有智慧的。知道誰創造了這個世界，你能得到什麼？在哪一天創造了世界？為什麼創造世界？知道了這些，你能做什麼？

昨晚，我在看一本猶太拉比的自傳。無論他說了什麼話，都會有個男人站起來發問。那個拉比忍無可忍，受夠那個男人！他是一個固執的人，他會問各種奇怪的問題。

有一天，拉比說：「神創造了世界。」那個男人站起來問：「祂何時創造了世界？祂為什麼不在那個時間之前創造？」

這個問題是完全正確的，但是就在拉比回答前，發問者又問：「如果你不知道祂為什麼不在那個時間之前創造，那告訴我們，在創造世界之前，祂在做什麼？」所有問題都是息息相關的，因為如果你同意基督教說的——四千零四年前的某個星期一，神開始創造，直到星期六，祂完成了工作，然後在星期日休息——那麼在四千零四年前，祂在做什麼？祂只是坐著，什麼事都沒做嗎？祂不會厭煩嗎？祂不會發瘋嗎？祂一定有做了什麼事。一個男人即使坐著，放鬆的，他仍然會做某件事——他會看報紙，聽廣播。但是神那兒沒有廣播。那祂在做什麼？

於是，那個男人問：「你可能不會知道，因為這一切都發生在很久以前。但是當祂創造了世界後，祂在做什麼？這個世界在六天內被創造完成，祂在第七天休息，然後呢？」

拉比說：「祂現在正忙著回答你們這種人的蠢問題，以便決定要給予什麼懲罰！」

有很多問題是無意義的，但是無論它們有多麼無意義，對男人而言，它們似乎是有意義的。有很多有意義的問題：無論它們看起來多麼世俗，無論它們對男人多平凡，裡面卻有著巨大的光芒。畢竟，好奇是不夠的。一個探尋是必須的。單靠知道不會使任何事發生，只有成為它，才能使某件事發生。生命必須被轉變。人必須成為全新的、充滿光的。人必須點燃他的蠟燭。那就是為什麼這個問題不是很重要。只有一個問題是重要的：如何點燃內在裡的蠟燭？我的雙眼是閉上的，要如何張開它們？我的睡眠是深沉的，要如何打斷它？我要如何成為我自己的光？

男人的問題和女人的問題是不同的。但是我要告訴你們，當一個男人真的專注於轉變他的生命，他的問題也會像女人的問題一樣實際。有時候，有些女人也會被男人病感染，開始像男人一樣的發問。

我要強調的是，成為實際的。只要問那些可以轉變你的生命的問題。只有一個可以改變你的生命的問題才是有意義的。

最後一個問題：

奧修，由於佛陀同意點化了女人，他的宗教在印度僅持續了五百年，而非五千年。你也點化了女人。是否可以告訴我們，你的宗教會持續多久？

顧慮未來是無知的一部分：明天將發生什麼事，那是明天要顧慮的。

這個故事是佛陀考慮了這點。但是很難確定這個故事是否是真的。我告訴你們很多次，佛陀說：「現在我的宗教將只能持續五百年，因為女人可以被點化。」這只能說明一件事。絕不會是佛陀顧慮到未來。無論他的宗教是否會持續五百年、五千年或五萬年，怎可能會是他的顧慮？所以他這樣說的理由一定有些涵義。

佛陀所給予的方法和生活方式，基本上是為了男人設計的。馬哈維亞所給予的生活方式，基本上是為了男人設計的。兩種方式都是屬於意志的，而不是臣服的。它們是屬於決心和努力的道路，而不是你將神賜給你的恩典當成禮物的道路。他們的道路並沒有容納任何神。不可能有祈禱和奉獻。兩條路都是靜心的道路。靜心的路不適合女人：祈禱和愛的路才適合女人。佛陀和馬哈維亞所設計的方法都是屬於靜心的。

之後，女人也感到興趣，她們說：「點化我們！」所以佛陀一定會憂慮。他不是在憂慮他的宗教能持續多久。即使他這樣說，他也只是在敘述事實，那不是佛陀要表達的。他在意的是他的道路是靜心的道路，所以如果同意點化女人，那將會有兩種結果：女人會改變方法，選擇祈禱的方法，或者靜心的方法將會改變女人，使她們變得像男人。後者是幾乎不可能的。前者才是可能的。當女人來到，她們會把靜心的方法變成祈禱的方法。但是那個方法不是祈禱的方法，它將會被扭曲。

那就是為什麼馬哈維亞說透過女人的身體是無法解脫的。他的意思是：因為馬哈維亞的意思不可能是說女人是無法成道的。那會是一個荒謬的陳述。像馬哈維亞的人不可能會說出這樣的話。馬哈維亞自己就一再的說過：「靈魂不是男性的，也不是女性的。」身體只是形體，而身體和解脫有什麼關係？有男人的身體，也有女人的身體。那就好像說穿女人的衣服會無法解脫，只有穿男人的衣服才能解脫。

馬哈維亞知道身體只是衣服。那他為什麼這麼說？他這樣說是有原因的。馬哈維亞的方法也是靜心的方法。馬哈維亞是在說：「女人的身體無法和我的方法連結。所以，如果女人想要透過我的方法解脫，她必須變得像男人。」那就是他的意思。他說：「除非她變得跟男人一樣，只有那樣，她才能解脫。」

女人無法透過靜心的方法解脫；那不適合她。她只能透過愛的方法而解脫。當她的心充滿了感激，只有那時候，她才會變得狂喜，開始跳著舞。只有那時候，三摩地的狀態才會來到她身上。只有透過舞和唱誦、奉獻的歌、膜拜和祈禱，她的心蓮才能綻放。所以當馬哈維亞和佛陀說「我的宗教」，他們的意思是女人無法透過靜心的方法解脫。而且女人是一個偉大的奇蹟，她可以改變任何方法！

這種情況已經發生了。現在，如果你到耆那教的寺廟，你會看到耆那教徒在膜拜和祈禱。馬哈維亞和祈禱、膜拜沒有關係，但現在耆那教徒卻在膜拜和祈禱！是女人造成的。因為是女人開始膜拜和祈禱。她們只能愛上馬哈維亞。當她們愛上他，她們會想在馬哈維亞面前跳舞，並且膜拜他。慢慢的、慢慢的，她們改變了那條道路。現在，這造成了很大的麻煩。如果你在供奉克理虛納的寺廟裡面跳舞，那會是適合的，因為舞和克理虛納是一致的，他的方法屬於一種舞。當你在供奉馬哈維亞的寺廟裡面跳舞，你會誤入歧途。這就像是去供奉克理虛納的寺廟裡面，做著苦行的練習。那個方法不屬於那兒。就好像你買了一輛福特的車子，卻想在裡面使用勞斯萊斯的零件。

靜心的道路是一種方法，愛的道路又是另一種完全不同的方法。只有這兩種方法。適合愛的道路的，將會是靜心之路的妨礙。適合靜心的道路的，將會是愛之路的妨礙。這些道路應該保持純粹的。

我不堅持一定要走靜心的道路或愛的道路。沒有任何屬於我的道路。當你來找我，我看著你，然後我會指出你的道路。我不會試著使你走我的路。那不是我要做的。我看著你，決定你的道路。我和任何方法都沒有關聯。我不堅持任何事。所以如果一個女人來了，我通常會引導她去祈禱和愛。有時候一個充滿愛心的男人來了，我也會引導他去祈禱。有時候一個女人來了，在她裡面似乎不可能長出愛的幼芽，那我就引導她去靜心。

祈禱的方式有很多種：回教有自己的方式，印度教有自己的方式。靜心的方式也有無數種：耆那教的方式是不同的，佛教的方式是不同的，派坦迦利的方式是不同的，老子的方式是不同的。我會看著你，然後做出選擇。

正確的了解這些事。有兩種可能：一種是，如果我有一個方法，那麼無論你是誰，那不是我在意的。如果有人想使用我的方法，我會挑選適合的人，我不會選到那些會扭曲我的方法的人，我會對他們說：「這個方法不適合你。去看看其他的寺廟。」佛陀有自己的方法，馬哈維亞有自己的方法。我不會堅持要用哪一種方法。

我不會要你走我的路。你可以把我的方法稱為讓你走你的路的方法！我會仔細的觀察你。對我而言，你比任何方法都重要。每個個體都是珍貴的。

在猶太教的塔木德經裡有一句話：「單一的個體比全宇宙更重要。」我同意這句話：每個個體是如此珍貴，如果你把全宇宙放在天秤的一個秤盤上，單一的個體則放在另一個秤盤上，那個個體會是更重的。人是多麼的壯麗！我會看著你，告訴你什麼是適合你的。

所以對我而言，每件事都是可以接受的。你可以跳著舞去到神那兒——帶著我的祝福。你可以閉上雙眼，靜心的去到神那兒——帶著我的祝福。妳以一個女人的外在去到神那兒，你以一個男人的外在去到神那兒——有很多種方式可以到達神——但是它們到達的目的地都是相同的。

神是一，但是祂有很多名字。真理是一，但是領悟真理的方法有很多種。我接受所有的方法，每個方法都是有用的，那依你是否適合那個方法來決定。

所以我會看著你。我不在乎藥，我在乎的是病人。我依據病人選擇藥。有的醫生則是一開始就決定要用什麼藥。他們說只有適合這個藥的人才該來這兒，這個藥對其他人沒有幫助。

馬哈維亞有自己的方法，佛陀有自己的方法。我沒有方法，我是沒有任何方法的。

馬哈維亞是其中一個河岸，他是一個渡津者(tirthankaras)。他用他的船將此岸的人運送到彼岸。我沒有任何河岸。我有一艘船，無論你想要從哪一個河岸出發，要到達哪一個彼岸，這艘船會幫助你。整條恆河都是我的。

第三章 意識的兩種狀態

那些爲愛瘋狂的人，
他們的生命不再是一成不變的。
莎訶若說：對他們而言，沒有誰是皇帝、誰是乞丐的分別。

那些爲愛瘋狂的人，
種姓和膚色對他們而言沒有意義。
莎訶若說：全世界都說他們瘋了，每個人都避開他們。

那些爲愛瘋狂的人，
莎訶若說：他們的身體顫抖著，
他們不由自主的蹣跚行進——神接管了他們。

頭腦充滿了喜樂，
身體則因爲狂喜而酣醉。
莎訶若沒有和任何人在一起，
也沒有任何人和莎訶若在一起。

意識有兩種狀態：一種是愛，另一種則是愛的不在。或者，你可以稱為覺醒的狀態和沉睡的狀態；或者稱為宗教性的狀態和無宗教性的狀態。你怎麼稱呼不會造成任何差別。

意識可以有兩種形態。你所謂的「世界」就是沒有愛的意識形態。沒有任何愛的看著存在，就是世界。當你的雙眼充滿了愛，那麼，那個一直在那之前看起來是世界的，突然間，在一瞬間，變成了神。世界不是實相。但是試著了解，神也不是實相；它們只是兩種看待存在的方式。世界是雙眼在沒有愛的狀態下所看到的，神是雙眼在充滿愛的狀態下所看到的。

問題不在於被觀察的，問題在於觀察的方式。你看到的，是不重要的，你怎麼看到的，才是重要的。因為你看的方式將決定你的存在。如果你無法看到神，不要因此認為神不在那兒，而是要覺知到你的眼裡沒有愛。如果你只有看到世界，不要認為那就是一切。而是了解到你的雙眼沒有愛，它們是沒有愛的。當你的雙眼是沒有愛的，那麼，無論你經驗到什麼，都會是幻象，都是虛假的——因為除了透過愛，沒有別的方式可以知道真理。

就好像某個人在彈奏維納琴，而你試著透過雙眼來聆聽。你無法聽到任何聲音。你的雙眼不是用來聆聽的媒介；你不能用雙眼聽。維納琴被彈奏著，音樂回響著，但是你聽不見，因為你沒有使用可以產生連結的媒介。音樂必須用聽的，不是用看的。聾子可以坐著，看著音樂家的手指彈撥著琴弦，但是琴弦和手指之間所發生的魔法將不會被他聽見。不可能用雙眼去聽。

就好像某個人用耳朵去看花。花會綻放，它們的芬芳會飄散在風中，蜜蜂和蝴蝶會知道，甲蟲會知道那個訊息，但是用耳朵靠近花朵的人什麼都看不見。他不會知道何時發芽，何時變成花朵，花朵何時被芬芳圍繞著，花香何時四溢，花苞何時變成花朵、向宇宙臣服，何時開始綻放，何時停止綻放——透過雙耳，什麼都不會知道。需要的是鼻子和雙眼，需要正確的媒介。

當你說除了世界，你就沒看見別的，那只是表示一直到現在，因為你看的方式使你看不到任何東西。

有一個古老的鮑爾故事：

有個托缽僧在一個花園裡跳舞，和花朵、鳥兒在跳舞。一個學者來找他：「我常聽你在說：愛、愛、愛。這個愛是什麼？」

托缽僧繼續跳著舞，因為除了跳舞，還能有別的答案嗎？

愛灑落在四處。樹木了解它，湖水了解它，天空的浮雲了解它——但學者是盲目的。

托缽僧繼續跳著舞。學者說：「停止跳來跳去！回答我的問題。跳來跳去不是答案。我在問你：什麼是愛？」

托缽僧說：「我就是愛。如果你無法在我的舞裡面看到它，當我停止跳舞，你也無法看到它。如果你無法在我的歌裡面看到它，那麼，當我變得寧靜，它會超越你的了解。我已經回答你了。」

學者開始笑。他說：「你的答案是給蠢人的！我是一個熟悉經典的人，我要正確的答案。我不是一個未受過教育的村民：我知道吠陀、奧義書、我看過薄迦梵歌，給我一個合理的答案。否則就說你不知道答案。」

托缽僧開始唱起歌。他在歌中說：「我聽說曾經發生過：」

「花園的花朵開了，園丁在這些獨一無二的美麗花朵中跳著舞。鎮裡的金匠來找他：你為什麼這麼高興！發生了什麼事？你為什麼要跳舞？」

「園丁說：看看這些花朵！」

「金匠說：「等等，我得先測試它們。」他從袋子裡面拿出一顆試金石。」

有一種石頭可以測試黃金是真的還是假的。

「他在石頭上摩擦那些花朵，但是沒辦法用這樣的方式證明。花朵被輾碎了、死去了。花朵一定在笑，樹木一定在笑，天空的雲朵一定在笑。園丁也在笑。」

托缽僧笑著對學者說：「你的問題也是一樣的：你想要用邏輯的試金石測試愛。」

如果在石頭上摩擦，花朵會死掉。那顆石頭只能被用來測試黃金的原因是，那顆石頭和黃金之間有某種相似性。你曾經看過黃金開花嗎？它是死的。死掉的東西可以用來判斷死掉的東西。花朵是活的：如果你在石頭上面測試它，它會死掉。只會留下死掉的屍體，只有花朵的汁液會留在石頭上，但是無法透過石頭知道花朵是真的還是假的。

試金石是完全不同的東西。但是如果你無法在世界裡面看到神。那你就像徘徊在花園中使用試金石的金匠。透過這個方式，你將永遠不會遇到花朵，你手裡的石頭會讓你遇不到它們。你看的方式是在創造一個阻礙。你採取的方式將使神遠離你。

當你來到這兒，你說你看不見神，我不會試著證明神存在或者證明有神。那會是無意義的。那就像在聾子面前彈奏維納琴，就像在盲人面前點燈，就像在鼻塞的人面前灑香水。不，我不會犯這種錯。

當你問：「神在哪兒？」我知道你實際問的是：「愛在哪兒？」因為除了愛，神還能是什麼？你並非在談論任何關於神的事，你是在說你自己沒有充滿愛的雙眼。我希望你能了解這點，那你就不用尋找神，因為你會了解那個尋找是錯誤的，你會去尋找愛。知道愛的人會知道神。除了愛以外，沒有別的神。

愛比神還要偉大，因為除非你的雙眼充滿愛，否則沒有別的方式可以接觸神。你的耳朵比任何偉大的音樂重要，因為沒有耳朵，音樂就不再存在了。而我要對你們說，你的雙眼比最美麗的燈火還要珍貴。太陽無法和你的雙眼相比。不要用數學來思考，否則你會認為你的雙眼非常渺小，太陽則非常巨大。我要再重複一次，你的雙眼是巨大的，太陽則是渺小的——因為沒有你的雙眼，太陽會在哪兒？你渺小的眼睛可以看見數百萬個太陽。而在你那微弱的愛之脈動中，包含了神的無限。

你的愛是巨大的。你越清楚的了解這個事實，它就會對你越有幫助——因為旅程的第一步走錯了，就會永遠的錯過目的地。如果第一步走對了，那麼旅程就已經完成了一半。如果你開始的方向是正確的，那麼你已經走完了一半的路途；現在，要到達目的地就不會很困難，剩下的只會是時間的問題。

但是如果走錯一步，那麼你將會不斷的走下去，一世又一世。無論你走多遠，無論你跑多快，無論你花了多少功夫，用了多少金錢，都不會有任何事發生。也許反而會帶來反效果：你越努力，你就離它越遠；你跑越快，距離就越遠。朝著錯誤的方向跑，沒有任何人可以到達目的地。相反的，朝著正確方向走的人，即使慢慢的走也能到達。那些知道的人說，如果方向是完全正確的，即使一小步也不需要，目的地就位於你所在的地方。我也要對你們說，甚至動都不用動，因為目的地並不在遠方。它就在你的雙眼中，它就在於你看的方式。

有一種帶著愛的看。它的作用像魔術一樣，它是煉金術。透過這個看的方式，某些以前不明顯的東西，現在變成可以看見的。也有一種沒有愛的看，但是這種看是一種盲目的看。透過帶著愛的看，一個人可以透過愛的雙眼看見以前從未看見的。世界和神無法同步的被經驗。這就是為什麼先知——像商羯羅那樣的先知——說：「世界是一個幻象。」

但是不要認為商羯羅說這個世界是一個幻象，他就不會乞求食物。如果世界是一個幻象，就不用向任何人乞求。不要認為因為世界是一個幻象，所以商羯羅不會感到飢餓，因為如果一切都是虛幻的，那怎麼會有飢餓？不要認為當商羯羅餓了，他吃東西，但是他的飢餓仍是無法滿足的。飢餓發生了，而這個飢餓也被滿足了。他一邊乞求食物，一邊仍然繼續說：「世界是一個幻象。」

有一個故事：

一個瘋狂的皇帝聽到商羯羅的教導，但是那些教導對他沒吸引力。它們不會吸引任何人——它們也不會吸引你。「世界是一個幻象？」你怎麼能相信？試著走過牆壁而到房間外面，你的頭會撞到，開始流血。有什麼能阻止你？虛幻的牆壁能擋住你嗎？而你可以從門口走出去，所以門口和牆壁，兩者一定有一個基本的、實際的差別：你的頭會撞到其中一個，不會撞到另一個。

這個皇帝是瘋狂的。他說：「等等！只是用說的無法使我相信。我是一個務實的人，不是空想家。所以等一下，不要用邏輯來決定。你們很熟練邏輯。我則是透過經驗到什麼是真的來做決定，所以等等。」

他叫管理象群的人帶來一隻瘋狂的大象。那個皇帝有一隻瘋狂的大象，牠的腳被鎖鏈拴住。有一次這隻大象逃走，殺害了一些人。鎖鏈有很多次都被牠弄壞。那隻瘋狂的大象被帶來了。

皇帝站在皇宮的高處看著一切，人們躲在他們的屋子裡面，通往皇宮的路空無一人。商羯羅被放在路中央，然後那隻大象被帶到那兒，解開了鎖鏈。商羯羅一邊奔跑一邊尖叫著！

也許你會好奇，如果世界是一個幻象，為什麼商羯羅要逃離這隻虛幻的大象？一個先知的舉止不應該像這樣——這也是皇帝所想的。

在大象傷害到他之前，商羯羅被救了——因為目的不在於傷害商羯羅，而是為了測試他是否真的相信世界是一個幻象。全身大汗、驚魂未定，他被召喚到皇宮裡面。皇帝開始笑了，他說：「現在告訴我世界是一個幻象。」

商羯羅說：「陛下，世界真的是一個幻象。」

皇帝放聲大笑，他說：「你瘋了！一定是瘋了！你為什麼逃走？你為什麼尖叫？你為什麼哭喊？你為什麼臉上都是汗水？你的心為什麼還是跳的這麼快？這都是因為一隻虛幻的大象嗎？」

商羯羅說：「陛下，這些都跟那隻大象一樣的虛幻。和一隻真實的大象在一起就會有真實的淚水。和一隻虛幻的大象在一起就會有虛幻的淚水。我的逃跑也是虛幻的，我的尖叫也是虛幻的，你聽到我在尖叫，那也是虛幻的。」

皇帝大叫：「停止胡說八道！你瘋了！你甚至比那隻大象還要瘋狂。現在沒有必要再討論了。」

表面上，商羯羅似乎給了一個奇怪的答案，但那個答案是正確的。當商羯羅說：「世界是一個幻象。」那不表示世界並不存在。那只是表示你用錯誤的方式來看著實相，因為事物並非如同我們所看到的。你的認知是不正確的，而這個世界是你的認知，你投射出你以為的真理。你並不知道真理，你只是定義它，而你的定義是不正確的。「世界」是無知者對於梵——最終實相的定義。

當你的雙眼有覺知的睜開，一股愛之流開始從它們裡面流出，然後你將會從不同的角度來看這個世界，以不同的觀點來看這個世界。一個不同的情境將會出現，你所有的定義將會改變。然後你可以說：「我以前看到的一切都是虛幻的，」因為面對這樣浩瀚的實相，你所看到的一切將變得很渺小。你將會說：「我以前所看到的一切都不是正確的，這個新的洞察力抵銷了它。」你的看會決定一切。

這就是為什麼在印度，玄學被稱為達顯，看(seeing)。在西方，他們使用的字是哲學。但是哲學這個字並沒有像達顯這個字一樣重要。哲學的意思是思考、深思熟慮；它不是看。哲學的意思是思考生命，深思熟慮並做出結論。達顯的意思是，無論你想到了什麼，做了什麼結論，都不會是真理，因為在你做出的結論中，在你的思考中，你也被包含在裡面。你的定義會是你自己的定義。只要直接的看，不要帶入任何文字。

最終的看何時才會發生？為什麼愛被稱為「最終的看」？為什麼？因為愛發生的那個瞬間，看者和被看者變成了一。愛的意思就是你和你所看到的一，兩者並不是分開的。你是敞開的，你是接近的，你是隨時可供其取用的。你所看到的一就是你珍貴的一，它不是陌生人。你將它視為你的延伸，而不是某個分開的；你和它是一體的。愛的意思就是你和你所看的人合而為一，你和對方並不是分開的。你的心和她的心一起跳動著，你的呼吸和她的呼吸以同樣的節奏移動著，你的存在和她的存在之間並沒有任何阻礙。這就是愛的真正意義：所有的阻礙都消失了。然後看者變成了被看者。

克理虛納穆提常常說：「看者就是被看者。」他是在定義愛：看者已經變成了被看者，被看者已經變成了看者，兩者融合了——就好像一旦將牛奶和水混在一起，就很難再將它們分離。

有很多種融合的方式。油和水可以混在一起，但是無論你多努力，你還是看得見那個分層——油和水無法融合。沒有任何愛的看就像把油和水混在一起：它是一個沒有看的會合。除非你和你所看的合而為一，否則你要怎麼去看？你要如何進入實相的最深核心？除非你們融合，否則你要如何達到親密的深度？只要和它變成一，就像牛奶和水。

你看著一朵花。花朵在那兒，而你在這兒。慢慢的、慢慢的，兩者都應該消失，只有對那朵花的經驗留下。經驗者和花朵都不該留下，只有在他們之間的經驗之流留下。在那兒，看者和被看者消失了，達顯發生了。

愛是最終的。除了透過愛，沒有別的方式可以知道。你沒想過嗎？你沒觀察過嗎？你沒測試過嗎？你不曾知道嗎？生命中最珍貴的片刻的到來就如同愛的影子。你只知道你愛的人。無論你多麼努力嘗試，你繼續流連在那些你不愛的人的周圍——就如同人們在寺廟裡徘徊。那會是表面上的。你將只能在表面上徘徊，你將無法進入，因為只有當你願意被愛淹沒，在愛裡面融化，你才有可能進入。

當你做好消失的準備，另一半也將會做好消失的準備。你做好的準備會在另一半裡面創造出做好準備的迴音——就像兩滴露珠越來越靠近，準備要消失，它們融入到對方裡面，變成一滴露珠。變成一滴露珠的方式就是透過愛。知道這個愛的人就是知道神。

但是他將會陷入麻煩。當你問：「神在哪兒？」他會問：「世界在哪兒？」這就是幻象的意思。你說：「神是看不見的。」他說：「所有看的見的都是神。其他的都是幻象。只有神存在。」透過愛所知道的世界就是神，不透過愛所知道的神就是世界。這些就是你看的方式。

再多了解一點，然後你就能發現莎訶若單純的話語帶著巨大的光芒。這些話語是非常簡要直接的，不複雜的。但是如果沒有準備好了解這些話語的基礎，那麼你也許可以念誦它們，但是你不會了解它們。如果沒有任何了解的基礎，最簡單的事也可能變成最複雜的事。如果已經有了解的基礎，最複雜的事也會變成最簡單的事。

首先：你有看過小孩看書嗎？即使你給了他一本泰戈爾詩集，他仍然無法看懂那些偉大的文字，他必須拆開它們。如果裡面有「神」這個字，那麼他就得分別的唸出G、O和D，他會把字拆開。當你看到一個小孩在看書，即使是一本偉大的詩集，你會發現那些詩失去了詩意，只有字母留下。聽這個小孩念誦，你甚至無法認出這是泰戈爾的詩集。也許你會對他的念誦感到無聊，並說：「停下來。你在念什麼。」

詩失去了所有的美。為什麼？因為詩的美在於它的完整，而小孩把它拆成碎片——就好像有人擁有一個美麗的大理石雕像，而你用鎚子敲它。它會變成碎片。石頭還是一樣，你沒有加入任何東西，也沒有拿走任何東西，槌子的功能只有破壞。如果你稍後用天秤測量它的重量，它會和原本的重量一樣；然而某個無法透過秤重來了解的東西被摧毀了。原本的雕像要數百萬盧比，現在卻一毛不值。大理石的數量仍是一樣的。如果你到市場上，你也許可以知道大理石的價格，但是雕像已經沒了。

我曾聽說⋯⋯

在一個村子裡，有一個男人，一個農夫，正騎著馬要從森林回家，他看到一個旅人站在一棵樹下。旅人說：「等等！如果你讓我為你的馬畫幅畫，我會給你五盧比！」

那個人感到驚訝。他即使花一整天也無法賺五盧比，而這個人只要求一幅畫。他說：「這是我的榮幸。你可以畫牠。」

那個人是一個畫家。他畫了一幅畫並給了農夫五盧比。然後回到他居住的城市。

幾個月後，那個農夫為了某個工作來到那個城市。他看到市集裡的一個營帳外面擠滿了一群人。門票要五盧比，因為裡面有一幅偉大的作品。雖然他只是一個貧窮的村民，他還持有那個畫家給他的五盧比。他很輕鬆的賺到那些錢，也沒有想過要花掉它們，而且他沒有什麼要花費的，所以那些錢還在他的口袋裡。

他心想：「何不進去瞧瞧？既然我人都來了，而且這裡排了這麼多人。」所以他也加入排隊，付了五盧比後進去裡面。但是當他進去後，他感到驚訝，因為那個作品畫的是他的馬。

他逮到那個畫家說：「就算是搶劫也要有個限制。你在這兒賺數千盧比，而我的馬還活著，站在外面──你只是為牠畫了一幅畫，你只是在一張紙上塗抹一些顏料。沒有任何人付錢來看一隻活生生的馬，否則我就會是百萬富翁。但是人們付五盧比只是為了看你的畫。而且外面排著一大群人，全市的人都想來看。」

「而我來了這兒，付了你付給我的五盧比。這是一個很容易賺錢的生意，我應該把我的馬牽進來，讓牠站在你的畫旁。你也可以為牠收費。」

畫家說：「那是不可能的。」

那個農夫說：「但是那張紙有什麼值錢的？那些顏料有什麼值錢的？那些筆畫有什麼值錢的？那幅畫有什麼值錢的？全部加起來能值多少錢？」

畫家說：「如果你問的是紙和顏料，那它們是非常便宜的。可能不到五盧比。但是透過那些顏料和紙張所傳達的一切是無價的，它是無法被購買的。無論你的馬多麼的有活力，今天或明天，牠遲早會死掉。這幅畫是永恆的，它是永遠不變的。像你的馬一樣的馬，生下來了，又死去了──但是這幅畫會留下。這幅畫裡面不只是你的馬，它畫的是所有馬的精髓。」

那個村民的智力一定無法了解這點。你無法透過你的智力去了解神，因為智力是非常粗糙的。一個小孩可以念出詩的一部份，但是詩將會失去它的美，因為詩的美在於它的完整。

當你透過頭腦來看世界，你就是不完整的看世界，部分的看世界。思考的意思是分析，分成數個部份。這就是科學在做的：它分析，以便了解。如果你說一朵花是非常美麗的，科學家會說：「我們先將它拿到實驗室分析。我們會將它的組成分離，我們會拆開它的構成要件。裡面含有多少水份？我們會仔細研究它，分析它，然後將它的組成詳細的告訴你。」科學家會把它分解成好幾部分，將它們放到瓶子裡，貼上標籤，但是不要問他：「你把它的美放到哪個瓶子裡？」他會說：「我沒有看到美。所有的組成部分都在這些瓶子裡，我沒有遺漏任何東西。一切都在這兒，你可以秤重。美一定只是你的幻象，因為當我分解花朵的時候，我並沒有看到美。而且我沒有拿走任何一部分，重量是相同的。」

當你試著了解人類的時候，同樣的愚蠢也發生過。曾經做過很多實驗。一個人快要死了，他們先為他秤重，然後等他死了，他們又再去秤重。如果靈魂離開了，那麼他的體重應該會變少。但是重量並沒有變少——甚至有好幾次變得更重！

你會驚訝，當靈魂離開時，身體會變重。因為當呼吸停止，身體的維生機能也停止了。所以大量的空氣會進入身體，因此，身體有時候會變得更重。當身體因為空氣而變得腫脹，它並沒有變輕，它變得更重。所以測量身體的重量以確定靈魂是否在死後離開身體，這個方式測量到的只是身體的重量。因為靈魂是身體的完整性，它是生命的詩意。

靈魂無法透過思考的分析而得知，它只能透過生命的經驗而了解。如果你曾經愛過某個人，你就會知道那個人不只是一副軀體。這可以用來作為標準，確認你的愛是否是真的。對於你所愛的、你的愛人、你的孩子、你的妻子或你的朋友，如果你看到的只是他們的外在，那你並不愛他們。如果你了解愛，你會知道你的愛不會只是因為外在。愛是比身體更巨大、更無限的。身體只是一個暫時的現象；在它裡面的才是永恆的、不朽的。在它裡面的是存在的本質。它是意識的頂點。但是要看到它，你需要可以看見全然性的雙眼。

愛看著整體，它是一個俯瞰。就像一隻在天空飛翔的小鳥往下看，它看到每樣東西，完整的看到。當你走在路上，你看到一棵樹，然後是第二棵樹、第三棵樹、第四棵樹：你依序看到它們。一隻在天空中飛翔的小鳥則可以同時看到所有的樹。愛給了你這樣的高度。它使你就像天空中飛翔的小鳥，你可以從那個高度看到生命的完整性、一體性。那就是經驗神。

一個知道全然性的人會知道存在。一個只知道部分的人無法超越世界。雖然所有的部分都是整體的一部分，但是這個整體不只是所有部份的總和。正確的了解這點：所有部份都是屬於整體的，但是整體比所有部份的結合還要多。可以在部分之中看到整體，但是它不會在那兒結束。它在部分裡面，但是部分有其限制。整體是不受限的。

例如，你在庭院中看著天空：天空在那兒，但是你的庭院不會包含整個天空。你在庭院中看到的天空也是天空，但是天空不只是你在庭院所看到的。在你身體裡面的不是全部的神性——它不是全部的天空——雖然它也是神性，這就是靈魂和神性的不同。靈魂是庭院所看到的天空。神性則是當庭院的牆壁被拆掉、庭院不再存在時所看到的天空。要摧毀庭院不需要做任何事，只需要把牆壁拆掉。因為這些牆壁，使得一個幻象被創造出來，拆掉它們，幻象就消失了。

二分性不是愛，非二分性就是愛。它是一個看著整體的問題。要看到一切，你必須去到更高的地方。不要在地上行走，你必須在天空飛翔！要知道整體，你就必須拋棄分別的習慣。知道無念的狀態就是愛，知道無念的狀態就是靜心。處於無念的狀態就是靜心，就是愛。不應該有任何思想留在你裡面。當你深深的愛，你的思想會變少。

有時候坐在你的愛人旁邊，你發現一股寧靜圍繞著你。你變得沉默，沒有什麼要說的。或者，有這麼多話要說，但是要如何說它？很難用文字表達它。用文字表達它似乎會使它變成一個謊言，它會是一個罪。透過說，那個現象的壯麗將會失去，將會被摧毀。文字無法表達那個正要在裡面開始成長的、正在裡面開始結晶的。文字無法傳達它，它們是有限的。它們是用於俗世的，用於交易的，用於工作的——它們不是用於愛的。

所以每當兩個人靜靜的坐在一起，他們知道他們深愛彼此。或者兩個相愛的人，你會發現他們處於一個深沉的寧靜中。愛人是沉默的。如果你學到寧靜的藝術，你也會變成一個愛人。然後，當你靜靜的坐在某個人旁邊，你會感覺和愛連結著。如果你靜靜的坐在樹旁，你會和樹開始交流。如果你靜靜的坐在河邊，你會和河流和諧的在一起，當你靜靜的看著天空的星星，你會突然發現你和星星連結著。某些看不見的門打開了，某些簾子被拉到一旁了。

愛可以看見整體。要看到整體，你就必須是寧靜的，因為只有在寧靜中，你才是完整的。然後，庭院的牆壁將會崩塌，你變成了天空。讓我這樣說：如果你想要知道神，你就必須變成神。在愛裡面，一個人變成了神。在愛裡面，只有神存在——無論內在和外在，上面和下面——四面八方都是。波浪消失了，只有海洋存在。

那些生活中沒有愛的人，他們活在世界裡的俗事中。他們瘋狂的追求金錢、權力、名望、成功、野心和一千零一種愚蠢的事——然而他們的生活中仍然不會有愛。因為沒有愛，他們內在的瘋狂開始出現。

你曾經觀察過嗎？充滿野心的人無法愛。他的野心越多，他就越會說：「明天⋯明天愛就會來到。今天先追求金錢，追求權力。」

或者他會說：「現在選舉要接近了，我怎麼能在今天去愛？我現在必須去德里，我怎麼能去寺廟？」他說：「現在不是唱歌的時候，而是要填滿財庫的時候。」他說：「我還年輕，我為什麼現在要把我的生命能量浪費在愛上面？我現在必須賺錢，當我已經沒有力氣了，無法賺錢，那時我就會去愛、祈禱和尋找神。享受的時間已經很少，而且還有這麼多要做的事。」

了解這點。這是第二件要了解的事。那些生命中沒有愛的人一定有某些野心，需要有那些野心去取代愛。否則那會是全然的空。沒有愛的時候，你是空虛的，必須用一些垃圾來填滿這個空。否則你會無法存活，你將無法生存下去。

我在看一本猶太人的回憶錄。他曾被希特勒囚禁過。在那個監獄裡面，人就像行屍走肉，他在裡面寫了這本回憶錄。他們的生命沒有任何意義。他們生命的意義已經失去了。他們生命中曾經有過的意義是在被囚禁之前。在監獄裡，一切都失去了。這個人是一個醫生，他研究裡面的人。他很驚訝的意識到⋯他曾經認識的那些人，還沒被囚禁時，他們非常的熱情、非常活潑、有活力。在監獄裡面，所有能量突然都失去了。所有生命的能量都失去了——他們像屍體一樣的坐著。人們開始發瘋或自殺。沒發瘋或自殺的人則是開始生病。那些疾病是他們死亡的慾望，彷彿他們想要一死。

他曾經當過醫生，所以他被指派為監獄裡的醫生。他開始治療病人，但是他很驚訝，那些用於治療這些疾病的藥，在這些人身上完全沒有效用。如果失去了想要活下去的慾望，藥還能做什麼？如果你想要活下去，那麼藥會有點幫助，像根枴杖。當你不想要活下去，那麼你的生命能量就不會接受這些藥的幫助：它會進入身體然後被排出，就像尿和排泄物。它無法提供任何助力給你的生命能量。

枴杖無法使瘸子走路。只有當瘸子想要使用枴杖，他才能行走。如果你把枴杖給一個瘸子，而他不想走路，那他會跌倒；沒有那些枴杖，他可能還不會那麼快跌倒，現在有了這多餘的負擔，他很快就跌倒了。藥並不是給了病人就會產生效用。

但是這個醫生很驚訝，他自己的生命沒有任何改變；他的生命能量保持不變。在監獄外面，他為人們看病，在監獄裡面，他仍是為人們看病，試著治好他們。事實上，他的生命比以前更有意義，因為以前他看病是為了賺錢，現在他看病不是因為錢。在外面，他把病人當成顧客，現在，沒有任何人是顧客。沒有人在銷售商品。

當一個醫生在治療病人，一隻手放在病人的脈搏上，另一隻手則是放在病人的口袋裡。如果病人很富有，那麼不管是有意或無意的，醫生不會想很快治好他，他會想要病人再多來幾次。所以富人生病是很危險的。疾病比較適合窮人，因為他很快就會被治好。但是誰會想要治好富人？醫生會給他藥，但是他的內心裡會希望富人再多來幾次。也許他自己並不知道。那個想法可能藏在他的無意識裡面。但即使只是這樣，藥也會因而產生副作用，它會產生影響，它會造成問題。

在監獄裡面，醫生並不是在執業，他是為了愛而幫助人。他生命的意義並沒有失去。所有他在監獄的同伴都慢慢的、慢慢的惡化，開始生病，發瘋，但是出獄以後，他的身體和以前一樣健康。他後來寫下了這本回憶錄，原因只是即使在監獄裡面，他也能為他的生命找到意義。

如果生活感到很孤獨，那麼生命會開始衰弱。如果沒有愛，那就會有孤獨。這個孤獨必須用一千零一種方式填補。你所謂的世界，對世界的渴求，它是什麼？它是一個填滿這個空的手段。你可以透過賺錢填補它。對他們而言，數鈔票和分類錢幣的聲音似乎是唯一甜美的樂曲：管理那些金錢似乎是唯一的喜悅，繼續爬升到更高的地位。如果愛沒有發生在一個人的生命中，那他就得從某處填補他的生命。否則他會死掉，他會自殺。「世界」是用來填補的努力，填補那個原本可以用愛填補的。

一個偉大的英國思想家，阿克頓勳爵，說過一句名言，我曾提過好幾次。阿克頓說：「權力腐敗，絕對的權力是絕對的腐敗。」但是我對你們說過他的話不是正確的。權力不會使任何人腐敗，它只是會吸引那些腐敗的人。金錢不會使任何人貪污，但是它會吸引那些貪污的人。社會地位無法使任何人腐化，權力無法使任何人腐敗——但是腐敗的人會瘋狂的尋找權力，就像飛蛾會飛向火焰。也許飛蛾聽說過——或者牠們沒有聽到其他年長的飛蛾說過，因為那些年長的飛蛾已經撲向某個火焰——但是在飛蛾的世界中，有一句諺語，一句俗話：小心火焰，飛蛾會因它們而死。但是飛蛾不肯聽，它們繼續奔向火焰。你會說是火焰殺死飛蛾嗎？不，是想死的渴望使飛蛾受到火焰所吸引。

所以表面上，阿克頓勳爵的話語似乎是正確的，因為我們看過那些從政的人們，他們都變得腐敗，所以很明顯。似乎不可能有別的解釋，所以阿克頓勳爵似乎是正確的。但是我仍然要說他不是正確的。權力無法使任何人腐敗，它會邀來腐敗的人。權力無法使任何人腐敗，它做不到。權力只是暴露出一直在你裡面的腐敗。

窮人無法腐敗；腐敗需要金錢，它是昂貴的，它是奢侈的。如果窮人腐敗，他會被抓到，他會陷入麻煩。如果要腐敗，你必須先有安全措施。如果要腐敗，你必需先要有權力，以便以後碰到麻煩，才有辦法處理它們，使你全身而退。在腐敗之前，你會需要一副防護的盔甲：你需要社會地位、名望、金錢、財富、成功、聲譽、競爭。它們的功用就像盔甲。

如果你認為窮人看起來沒有腐敗，不要以為他的內在就沒有腐敗。那不是一定的。只有當他有了錢才能知道真相。財富會是一個測試，社會地位會是一個測試：只有那時才能知道哪些人的內在是真的單純、沒有腐敗，才能知道哪些是純淨的人，才能知道哪些是不受污染的人。一百萬人裡面只有一個人是不腐敗的，其他人都是腐敗的。他們將會腐敗，因為他們裡面已經是腐敗的，他們只是在等待機會去腐敗。

就好像你坐在房間，黑暗的，沒有光，一切似乎都沒問題。它是黑暗的，這樣你就看不到裡面的蜘蛛網或藏在角落的蛇，你也不知道有蠍子，你什麼都不知道。在這樣的黑暗中，你安逸的坐著，一切都很好。然後有人點了燈。你能夠說是因為燈光使蛇、蠍子、蜘蛛網和髒東西出現在房間嗎？它們一直都在那兒，光只是暴露出它們。那些躲在黑暗中的、那些原本被黑暗隱藏，然後因為光而顯示出來的一切。

貧窮隱瞞了很多東西。財富會暴露出它們。無權(powerlessness)變成了一副簾子，遮住很多東西，然後權力會拿走那些簾子，它讓人是赤裸的。

不，權力沒有使任何人腐敗。它邀來腐敗的人，然後暴露出他們的腐敗。除非他得到權力，否則你不會知道他是不是腐敗的人。當人們沒有權力的時候，他們都在反對腐敗；沒有權力的情況下，每個人都是人民的公僕。他們只有在取得權力之後才會變成皇帝。還有記住，權力怎麼會是腐敗的？權力本身是中立的。當一個皇帝坐在王座上面，它不會感到高興或不高興。如果乞丐坐在王座上面，也不會使它有任何改變。權力和腐敗會有什麼關係？原因在於人：缺乏愛的人！

如果一個人的生命裡沒有愛，那麼他的生命中將會有某種暴力和掠奪。他要如何填滿生命中沒有愛的部分？他是空虛的。他的心不會響起任何音樂，他將會用錢幣的鏗鏘聲來滿足他的耳朵，他會用這種音樂來安慰他的耳朵。如果他知道愛，他會有一種沒有要佔有任何東西的感覺。如果他愛著某個人，他就會在對方的心中發現一個帝國，一個沒有皇帝的帝國。他會達到一種沒有要成為師父的狀態。他會找到一顆離他很近的心，一顆和他共舞的心，他的生命中曾經有過喜悅，某個人曾經愛過他，某個人曾經接受過他的愛。他的靈魂會是喜悅的。將會有一個感激產生：「我不是不重要的。」

即使只有一個人愛過你，如果你愛過，即使只愛過一個人，你會在你的生命中發現某種重要性，某種芬芳，某種香味。生命將會是滿足的。如果沒有這樣的滿足，你將會試著去奴役人們——透過政治、金錢和權力。你會試著去奴役數以千計的人。奇怪的是，如果你愛過，即使只愛過一個人，你也會了解什麼是滿足，但是如果帶著憎恨，即使你可以控制數百萬人，也不會產生任何滿足。

所以當一個人得到權力，他會了解到，現在他有了權力，但是他無法找到平靜。得到了力量，但卻沒有任何滿足。得到了金錢，但卻無法摧毀內在的貧窮。他必須用髒東西和垃圾填滿那個空，但是他的空比那些用來填塞的東西還要純淨。

現在我們可以來談莎訶若的話語。把每一句話當成一個咒語，一個神聖的字。

那些爲愛瘋狂的人，

他們的生命不再是一成不變的。
莎訶若說：對他們而言，沒有誰是皇帝、誰是乞丐的分別。

那些為愛瘋狂的人…為什麼瘋狂？因為全世界的人說他們是瘋狂的。一個為愛瘋狂的人，對他而言，他已經回到家了；他所有的瘋狂已經消失了。但是全世界的人會說他是瘋狂的，因為全世界都為了金錢瘋狂，為了權力瘋狂，而這個人卻不對金錢或權力有興趣。你自然會說他是瘋狂的。在這群瘋狂的人裡面，這個人是神智清醒的，在這群迷失的人裡面，這個人已經找到家了。即使他停在路上對你說：「我已經找到家了。」你將無法相信他。你會說：「你瘋了。這個世界上有任何人找到平靜嗎？這個世界上有任何人是滿足的嗎？你一定是被催眠了。你一定是在幻想或是迷失了。醒過來！」你會對這個覺醒的人說：「醒過來！」

兩年前，我收到一封朋友寄來的信。他是我大學的同學。我們有二十年沒有聯絡。在大學的時候，他和我很要好。我的桑雅士一定到過他居住的城鎮——他現在在捷布，他是捷布大學的一個教授——遇到我的桑雅士，他一定問起了我，然後他寫了信給我。

他在信中提到：「原諒我，請不要不高興，但是我必須問一個問題：你真的找到平靜了嗎？我無法相信。」然後他說：「請不要不高興，我不是懷疑你。我不是說你並沒有達成。但是我無法相信有任何人可以得到它——即使是佛陀、馬哈維亞或克理虛納。因為我如此痛苦，我試過各種療法，但是我從未找到平靜。而我認識的其他人，他們也沒有找到平靜。」

如果你是寧靜的，人們會以為出了什麼問題。如果你是喜悅的，人們會以為你瘋了。

悲傷似乎是正常的，喜悅似乎是瘋狂的。這是什麼瘋狂的世界，健康的被認為是有病的，而有病的卻被認為是健康的。

那些在愛裡面發瘋的人……這就是為什麼莎訶若說：「沒有關係，我們使用你們的字，那些在愛裡面「變瘋」的人。」……**他們的生命不再是一成不變的。**「你一直說他們瘋了，但是對他們而言，一切都轉變了。」

莎訶若說：對他們而言，沒有誰是皇帝、誰是乞丐的分別。

現在，莎訶若不再有任何分別心：誰是富有的，誰是貧窮的，誰是乞丐，誰是皇帝？你根據財富來評斷人們，因為你裡面沒有愛。所以當富人來了，你充滿敬意的起身迎接。當窮人來了，你會繼續看報紙，好像沒有人經過，好像經過的是一隻狗或貓——好像他不是人一樣。

迦利伯是一個偉大的烏都語詩人。巴哈杜爾莎曾經邀請他到皇宮；那是他的登基大典。迦利伯的朋友說：「不要穿這樣的衣服過去。你以為那兒的人會認出你嗎？那兒的人會認出你的詩嗎？那兒的人會擁有可以測試你的心的天秤嗎？誰會深入看著你的內在？誰會有時間這樣做？穿著得體的去參加，因為你那身乞丐似的衣服不會適合那兒，你可能會被擋在門口。」

他是一個窮詩人，他只有老舊破爛的衣服，舊鞋子和一頂舊帽子。但是迦利伯說：「我沒有別的衣服。」

他的朋友說：「我們會幫你借一些衣服。」

迦利伯說：「那是不對的。我沒有興趣去借任何東西。不是我的東西就不是我的。我的東西才是我的。不，那樣會使我很不自在、不舒服。我會感覺受限於那些衣服，我不會感到自在。我為什麼要穿別人的衣服去？我要穿我的衣服過去，無論會發生什麼事，讓它發生。」

迦利伯去了，當他到了皇宮門口，警衛對每個人鞠躬歡迎，但是卻把迦利伯推到一邊說：「等一下！」當其他人都進去了，警衛立刻對迦利伯說：「一個人應該要知道自己的身分。這兒是皇宮！你為什麼還想要闖入？」

迦利伯說：「我並沒有要試著闖入，我收到邀請函。」他從口袋拿出邀請函給警衛。警衛看了邀請函說：「你一定是從別人那兒偷來的。走開，不要來這兒。你瘋了嗎？明明是乞丐還想要裝成是皇帝！」

迦利伯非常悲傷的回家。他的朋友說：「早就告訴你了！我們知道一定會發生這種情況，所以我們已經借來了衣服。」

這時迦利伯不再拒絕：他換上借來的鞋子，借來的帽子，借來的大衣，換上所有借來的一切。當他到了皇宮門口，警衛對他鞠躬。沒有人在認靈魂，每個人只認衣服。迦利伯很驚訝。剛對他大喊、要他離開的警衛，準備要打他一頓的警衛，現在甚至連邀請函都不用看。但是迦利伯有點害怕。剛剛的經驗讓他很難受，所以他又拿出邀請函給警衛。警衛仔細的看了邀請函說：「現在沒事了。稍早之前，有一個乞丐拿著同一張邀請函，上面有著同樣的名字。我好不容易才把他趕走。」

迦利伯進去了，巴哈杜爾莎讓他坐在他旁邊。巴哈杜爾沙也是一個詩人；他對詩有點研究。但是開始用餐的時候，他有點驚訝：迦利伯坐在他旁邊，做著一些愚蠢的動作。迦利伯拿了一些點心，碰了他的帽子說：「帽子啊，拿去吃吧！」他拿了一些點心，碰了大衣說：「大衣啊，拿去吃吧！」

「詩人有點瘋狂。」巴哈杜爾莎心想：「真奇怪，但是我不該介意。」文明人的方式就是，他不該理會這樣的瘋狂，那可能會碰到別人的傷口。巴哈杜爾莎開始看著四周，不去注意迦利伯。過了一會兒，迦利伯什麼都沒吃——他把所有食物給了他的衣服和鞋子。最後巴哈杜爾莎忍不住了。禮貌是有底限的。他說：「原諒我，這和我無關，我不該干涉你的個人習慣。可能有的風俗不是我了解的。有可能是你的宗教儀式。但是出於好奇，我想要問你，你在做什麼？你穿的大衣、帽子、鞋子，你為什麼要給它們食物？」

迦利伯說：「迦利伯稍早來過這兒，但是被擋在門外；所以他沒有過來。現在來到這兒的是這些衣服——這些都是借來的。是這些衣服被允許進來，所以我在餵它們。我沒有被允許進來，所以我不太適合用餐。」

然後迦利伯把整件事告訴了巴哈杜爾莎。

在生活中，你依據自己的慾望來評斷別人。如果你想要有錢，你就會尊敬富人。你會嫉妒富人，你也會尊敬他們。從你所尊敬的和所嫉妒的一切，可以看出你的慾望。你會嫉妒你所尊敬的。如果你想要有一棟大房子，對那些大房子，你會是嫉妒的，你會對那些擁有大房子的人鞠躬。你的嫉妒就是你尊敬的原因。你所尊敬的人暗示出你的野心。你會在意富人嗎？你在意的是人嗎？你所在意的東西會顯示出藏在你裡面的慾望。

莎訶若說：對他們而言，沒有誰是皇帝、誰是乞丐的分別。

現在，莎訶若說：「當你為愛瘋狂，然後你就會了解，無論誰富有或者誰貧窮，都不會有差別——那是無關緊要的。」現在，你不會再做出這些區別。愛之眼會直接深入看著你的雙眼，它顧慮的是你。野心之眼則是看著你擁有什麼，而不是顧慮你。愛會顧慮你——直接的。野心、社會地位、沒有愛的狀態只會在意你擁有什麼。

那些爲愛瘋狂的人，
種姓和膚色對他們而言沒有意義。

屬於某個宗教、某個種姓的自傲，是那些不知道自己的人所擁有的。什麼樣的瘋子，已經了解梵，最終的實相，卻還會說：「我是一個婆羅門，一個高等的種姓。」只有一個從不知道最終實相的人才會聲稱他是一個婆羅門。一個已經知道最終實相的人能從成為一個婆羅門之中得到什麼滿足？當你知道你就是最終的實相，成為一個高等種姓的意義在哪兒？

那些爲愛瘋狂的人，種姓和膚色對他們而言沒有意義：現在不會再聲稱屬於任何宗教，因為當你知道了最終的實相，那為什麼還要談論你的身世？當你已經知道你是從這個神性的存在中誕生，那你的父親是印度教徒或回教徒能有什麼差別、你的父親是婆羅門或首陀羅能有什麼差別、你的父親是一個戰士或一個商人能有什麼差別——一旦知道了最初的源頭，還會有什麼差別？最初的源頭是超越一切種姓的。神沒有種姓：祂不是吠舍，一個商人，也不是剎帝利，一個戰士；祂也不是一個印度教徒、回教徒或首陀羅。神就只是神，沒有任何種族、種姓的分別。**那些爲愛瘋狂的人，種姓和膚色對他們而

言沒有意義。那些已經認出愛的人，就是認出了他們真正的種姓、經驗的種姓。

莎訶若說：全世界都說他們瘋了，每個人都避開他們。

然後莎訶若說：「全世界的人開始說你發瘋了。」莎訶若說：全世界的人都說他們瘋了——你已經失去你的理智，你已經神智不清了。他們說：「你在胡說八道。你是無意識的嗎？你在說什麼？」每個人都拋棄了這些瘋子。那些在他們週遭的人都離開了，那些親近他們的人變成了陌生人，如果他們在路上遇到他，他們不會打招呼。誰想要和瘋子扯上關係？誰想要說這些瘋子是「我們的朋友？」

你知道如果你是貧窮的，那麼就不會有很多人去聲稱是你的親戚。如果你富有了，你會突然發現你有了很多沒看過的親戚、不認識的親戚，而且那些親戚的親戚會開始來到。每個人都會變成親戚！沒有人和你有關係——他們在乎的是你擁有什麼。如果你瘋了，即使你最親近的親戚在路上看到你，也會改走其他的街道。誰想要在路上遇到一個瘋子？和一個瘋子做朋友表示你也是一個瘋子。如果這件事傳開來，你會失去收入！

那些爲愛瘋狂的人，種姓和膚色對他們而言沒有意義：每個人都避開他們。現在他們被單獨留下，沒有人和他們在一起。只要你能支持人們的慾望，他們就會和你待在一起。他們不會是你的朋友或親近的人，是因為他們的慾望而使他們成為你的朋友或親近的人。只要你的作用就像掛勾一樣，讓他們吊掛著他們的慾望，他們就是你的朋友。

那些爲愛瘋狂的人，

莎訶若說：他們的身體顫抖著⋯

莎訶若說那些為愛瘋狂的人，他們體內的每個細胞都喜悅的顫抖著。自然的，當靈魂變得是喜樂的，它的喜樂會透過身體散發出他的成道。成道者的身體是成道者的存在裡的每個細胞，某些成道的芬芳開始散發出來。那個情況會變得很明顯，因為身體是非常靠近靈魂的。而你的情況剛好相反：你的靈魂散發出你的體味。當你談論靈魂，一百次有九十九次都是在談論身體。已經成道的存在，他的身體散發出靈魂的芬芳。即使當他們在談論身體，一百次有九十九次都是在談論靈魂。

那些爲愛瘋狂的人，
莎訶若說：他們的身體顫抖著⋯

靈魂已經在跳著舞，因此身體也跟著跳起舞——就像跳舞的舞者，腳踝的鈴鐺也開始鏗鏘的跳起舞。

當她的腳碰到地面，灰塵也揚起，跟著她跳舞，然後一個旋轉的氣旋圍繞著她出現。同樣的，**莎訶若說：他們的身體顫抖著，他們不由自主的蹣跚行進⋯**

現在那個舞和技巧是無關的——只是做著某些步伐，某些動作，某些旋律，某些練習。這不是一個專業舞者的舞。這是一個瘋子和神性之愛的舞。

⋯他們不由自主的蹣跚行進⋯

現在已經不再有任何次序了。現在他們不再跟著某個人的曲調跳舞。現在不能再說他們是在跳舞；現在只能說他們已經變成了舞。裡面沒有任何人，只有舞在跳著⋯**他們不由自主的蹣跚行進**。現在雙腳隨意的移動著，誰還在乎？在愛裡面的瘋子還會擔心他們的步伐嗎？他們已經經驗到一個更高層次的和諧，現在誰還會在乎這些小事？這些技巧的細節？

⋯他們不由自主的蹣跚行進——神接管了他們。

現在一個新的事件正在發生：你允許你的腳移動到任何地方。現在裡面已經沒有人在注意，現在已經沒有任何自我去擔心一切應該跟著旋律、跟著節拍。現在，生命是一個自發性的旋律，一個自由的旋律。現在已經不用擔心技巧了。但是一個新的經驗正在發生——**神接管了他們**。

無論你的雙腳要在哪兒跌倒，存在會照料一切。以前你可以控制；現在你已經停止控制了——存在會照料一切。當你將一切交給神的那一天，無論你的雙腳要在哪兒跌倒，它們都是跟著旋律的。

稍微了解這點。你的情況是，儘管你努力創造出旋律，但是沒有什麼事發生。仍然少了某些東西，因為想要嘗試創造的人本身是無意識的。例如：你喝醉了，而你試著跟著塔布拉鼓的節拍舞動。你已經喝了酒，所以你必須做更多努力——但是你仍然和節拍對不上。

你以為在路上走的醉漢沒有在看路嗎？他非常小心的走路。你從沒有像醉漢一樣小心的走路過，因為醉漢隨時害怕會跌倒，他在發抖。醉漢心想：「我會掉到水溝裡面。」他控制自己，在他的努力中，他帶著自己過馬路。醉漢從路的這一邊到了路的另一邊。他不會走在路中間，那是不可能的。他要如何在路中間走？他不是有意識的。在他的無意識中，他會斜向一邊。然後為了保護自己，他會斜向另一邊。他避開這個錯誤，然後造成了另一個錯誤。他爬過牆，然後掉到水溝。如果沒有任何覺知，無論你多麼小心謹慎的走路，你都找不到平衡。

我曾聽說……

某天晚上，穆拉那斯魯丁喝醉了，當他到了房子前面，一個警察在路邊站了很久。看著他如何試著把鑰匙插入鎖孔。他的手劇烈的顫抖著，以致於無法將鑰匙插入。他的手如此劇烈的顫抖著，以致於一隻手晃動著鑰匙，另一隻手晃動著摸著鎖，所以一直無法連接兩者。最後，警察為他感到遺憾——警察也是人。

他走近說：「那斯魯丁，能讓我幫你嗎？把鑰匙給我，讓我開門。」

那斯魯丁說：「我可以打開門——你只要把房子扶好，不要讓它一直晃動。」

他沒想到是他在晃動——因為他，整間房子都在晃動！那就是為什麼他說：「你扶著屋子，我可以控制鑰匙。」當醉漢試著小心走路，他所有的小心都是白費力氣的。

⋯他們不由自主的蹣跚行進——神接管了他們。

一旦有了覺知，會有一個片刻來到——愛的意思是覺知——當你內在的燈被點亮了。

然後突然間，無論你把腳放在那兒，無論你如何走路，都會是正確的。現在你可以無憂無慮的跳舞。現在你不需要小心翼翼了，因為現在那個最終的，將會接管你。

一個放開來的人，一個已經停止控制他自己的人將會得到支持，那個支持是來自於最終的——因為這個「我可以控制自己」的想法也是自我，也是「我」的感覺。當一個人說：「我會依照祢為我選擇的生活方式而活，如果祢要我走，我就走。如果祢要讓我跌倒，我就跌倒。我甚至會因此感謝祢。如果祢要我站起來，我就站起來。不會有我自己的選擇，」存在會照料一切。

頭腦充滿了喜樂，
身體則因爲狂喜而酣醉。
莎訶若沒有和任何人在一起，
也沒有任何人和莎訶若在一起。

頭腦充滿了喜樂…現在你的頭腦裡面只有思想，完全沒有喜樂。當思想消失了，喜樂就會降臨。喜樂就是思想的不在。而頭腦會死在愛裡面；愛就是頭腦的死亡。你完全的消失了，沒有留下任何痕跡。你是誰，你想要達成什麼——所有的認同都抹除了。

頭腦充滿了喜樂…現在頭腦裡面沒有任何思想，現在頭腦裡面只有歡悅和喜樂。要了解這個差異。我們不是在談論你所謂的愉悅：愉悅和痛苦是頭腦的兩個部分。喜樂是當頭腦裡面不再有愉悅，也不再有痛苦——當愉悅和痛苦都消失了，當你不再有好或壞的概念。

頭腦充滿了喜樂，身體則因爲狂喜而酣醉。現在，喜樂填滿了你所有內在的天空，連身體也是喜樂的。身體的每個部分都醉了。你裡面有著覺知，你身體的每個部分都裝滿了覺知的酒。

有無意識的酒和有意識的酒。在無意識中，一個人蹣跚行進，但是在他的蹣跚中，沒有任何舞。在覺知中，一個人蹣跚行進，但那會是最終的舞。

……他們不由自主的蹣跚行進——神接管了他們。

頭腦充滿了喜樂，
身體則因爲狂喜而酣醉。
莎訶若沒有和任何人在一起，
也沒有任何人和莎訶若在一起。

現在最終的單獨發生了：沒有任何人和她在一起，她也沒有和任何人在一起。在一起也是一個牴觸，一個二分性。一個奉獻者不會認為神在他裡面；而是只有神存在。奉獻者不會認為：「我和神在一起。」奉獻者會這樣想：「我不存在，只有神存在。」

莎訶若沒有和任何人在一起，也沒有任何人和莎訶若在一起。「現在，沒有任何人和我在一起，我也沒有和任何人在一起。現在只有一存在。」看者和被看者，觀察者和被觀察者都消失了。只有一繼續存在；看，達顯發生了。愛人和被愛的人都消失了，只有愛繼續存在。河岸都消失了，河流也消失在海洋裡。

我要再重複這些話語。讓它們在你的每個細胞裡面回響著，讓它們變成你的心跳。我抱著這個希望：

那些爲愛瘋狂的人，
他們的生命不再是一成不變的。
莎訶若說：對他們而言，沒有誰是皇帝、誰是乞丐的分別。

那些爲愛瘋狂的人，
種姓和膚色對他們而言沒有意義。
莎訶若說：全世界都說他們瘋了，每個人都避開他們。

那些爲愛瘋狂的人，
莎訶若說：他們的身體顫抖著，
他們不由自主的蹣跚行進——神接管了他們。

頭腦充滿了喜樂，
身體則因爲狂喜而酣醉。
莎訶若沒有和任何人在一起，
也沒有任何人和莎訶若在一起。

第四章 在愛裡面成長

第一個問題：

奧修，爲什麼莎訶若的語言和你的語言中的甜美與和諧似乎有一種相似性？

因為我們都是喝同一個井的水。

文字來自於內在的經驗，或是來自於塞滿頭腦的借來的語言。學者的語言中總是會有一種相似性。聖人的語言中也會有一種相似性。在學者的語言中，相似性會是屬於邏輯的、那個相似性會是屬於遣辭用字的、那個相似性會是屬於吹毛求疵的。

聖人的語言中也會有一種相似性——屬於文字來源的深處。那個相似性不是屬於經典的：它會是屬於空(emptiness)的、屬於經驗的：會有某種甜美。邏輯不會是他們話語的基礎，愛才是基礎。他們的話語不是因為他們被迫說出來，而是因為他們的慈悲心。他們有一些可以分享的東西。那不只是談話，而是給予。如果是聖人掌控一切，他會是保持沉默的；如果是學者掌控一切，他永遠不會安靜下來。

所以兩個聖人的話語中，那個相似性就是他們的沉默，他們的空。如果你聚精會神的聽，你會聽到同樣的沉默在他們的聲音中出現。如果你不注意聽，你會錯過，沒注意到那個相似性。如果你全然的聽，如果你透過空去聽，那麼你不會只聽到那些話語，你還會聽到那些話語來源的心跳。

學者的語言會是複雜的。學者的語言不會是單純的。因為他必須用複雜的語言掩飾那些談話內容的貧乏和不重要。他在說些他不知道的東西。如果學者使用簡單的語言，那對你將會是顯而易見的，他講的話並沒什麼。如果語言是簡單的，那文字將會被了解，那麼裡面就不會有任何深度。所以他所說的話在表面上必須是複雜的，使你永遠無法深入了解。當你越無法進入到表面下，你就越會認為他說的話一定藏著一些偉大的秘密。

學者的語言一定是艱深的，因為裡面只有文字，沒別的了。學者的語言就像一個醜陋的女人穿著貴重的衣服，戴著貴重的首飾，用化妝掩蓋住她的醜陋。聖人的語言就像一個美麗的女人，沒有任何打扮的站在那兒。

就如同樹是赤裸的，月亮和星星是赤裸的，聖人赤裸的語言也是如此。它沒有任何修飾，因為修飾會讓它變醜。沒有任何修飾可以讓聖人的語言變得更美，它本質上就是美麗的。現在沒有必要去做任何裝飾；那個美是不言自明的。醜陋是令人不舒服的：令人想掩蓋、令人想隱藏、令人想壓抑。令人想顯示出不在那兒的東西，隱藏住原本在那兒的東西。

學者使用文字的方式會有一種相似性——透過複雜的方式。如果你被他們影響，那只是表示你的雙眼沒有洞察力。如果你的雙眼擁有洞察力，那麼隱藏在美麗裝飾後面的醜陋對你而言會是顯而易見的。這就是為什麼學者從來就無法造成永久的影響。

黑格爾曾經寫過很多令人驚歎的書。但只有當那些書是非常複雜的時候，才會是令人驚歎的。當黑格爾在世時，人們為之著迷，因為要通過他的語言叢林到達其核心是非常困難的。黑格爾死後，人們深入的研究、漸漸的、漸漸的，黑格爾造成的影響開始衰退。還沒經過一百年，人們已經遺忘了黑格爾，因為隨著越來越多人了解他，他們發現裡面其實沒什麼東西。就像是洋蔥的皮：他們不斷剝開洋蔥的皮，最後發現裡面什麼都沒有。他們什麼東西都沒得到；他們只發現到裡面是空無一物的。

學者只有在世時才會具有影響力，因為需要時間去了解他。通常聖人在世時，是沒有影響力的，因為他談論的方式是如此簡要，除非你是靜心的，那對你而言才會是顯而易見的。透過思考是完全無法了解的。除非你也是寧靜的，只有那時，你的心才會和聖人的心一起跳動著。你呼吸的節拍會跟他呼吸的節拍一致，然後一個不可避免的甜美會圍繞著你。會產生一個美妙的感受，你會嚐到裡面的甘露。

當你喝的水都是來自同樣的井，你的聲音將會產生類似的共鳴和旋律。你會發現所有的聖人都在談論同樣的事情，無論他們說話的方式多麼不同，無論他們使用的文字多麼不同，那個旋律仍是相同的。如果你聽不見這個旋律，你就會創造出以這個聖人為主的宗教，如果你可以聽見這個旋律，你將會在宗教性裡面成長。學者創造宗教，聖人創造宗教性。

印度歷史上曾發生過一件令人驚奇的事件。宗教性降臨到馬哈維亞身上，但是那些收集馬哈維亞說過的話的人都是婆羅門和學者。馬哈維亞是一個戰士，然而他主要的十一個弟子都是婆羅門和偉大的學者。我的觀察是，無論馬哈維亞說了什麼，都被那十一個學者立刻就抹滅了。透過馬哈維亞降臨到這個世界的一切，當那個降臨一發生，這十一個學者立刻就用經典覆蓋它，他們抹除了它。佛陀也遇過同樣的情況。

就這方面而言，莎訶若、卡比兒和達杜是幸運的。他們都是單純的人，來自非常貧窮的家庭，所以他們無法吸引學者成為他們的門徒。馬哈維亞和佛陀會吸引這些學者成為他們的弟子，因為他們是王室的成員，他們出生在統治者的家中。站在他們旁邊將會讓學者的自我有一個很大的滿足感。這變成了一個災難，因為學者圍繞著他們，他們聚集在馬哈維亞和佛陀週遭。他們比一般人更關注，因為只是待在佛陀身邊，就能提供養分給他們的自我。

誰會想站在莎訶若旁邊？她只是一個單純的村婦。學者會說：「她懂什麼？我們知道的比她還要多。」也許對於馬哈維亞和佛陀，他們心裡也是這麼想：「我們知道的比他還要多。」但是他們不能說出來，因為他們是王子。他們的名聲已經傳播到遠方。站在他們旁邊，學者也能沾到一點光。學者怎麼會讚揚莎訶若？卡比兒住在卡西，從來沒有學者欣賞他。誰會讚美他？他不懂梵語或古印度方言，他不知道薄迦梵歌，也不知道法句經。誰會讚美他？他使用的是織布工的語言，不是學者的語言。卡比兒說：「我織出多麼好的布。」佛陀不會這樣說話，馬哈維亞不會說出這樣的話；他們沒織過任何布。只有一個織布工會這樣說話，他不知道別的語言。

但是我要對你們說，相比之下，馬哈維亞和佛陀的語言顯得遜色。那是皇宮的語言，比較沒有活力的。像是被過度保護的植物，不是廣闊天空下的植物，而是溫室裡的植物。沒有在野外生長過，沒有在太陽的照射下、風的吹拂下、暴風雨下待過。它是非常美麗的，但卻是非常脆弱的。這樣的美沒有力量。

當卡比兒說話，會有一種獨特性。那些話語來自於真實的生活，所以它們對你而言似乎很簡單。因為它們看起來似乎很簡單，所以你想：「這有什麼特別？」因為你以為你了解它，所以你認為已經沒有什麼需要去了解。

這就是我為你們所做的努力：我為你們帶來莎訶若、卡比兒和達杜，只是為了讓你們了解到，當你認為你已經知道一切，實際上還有很多需要去了解的。

商羯羅為薄迦梵歌寫了一本評注。他為奧義書寫了一本評注。他為梵天聖典寫了一本評注。在印度總是拿這三本經典來評論。沒有人評論莎訶若、卡比兒、達杜。似乎沒有什麼可以評注的。一切已經很清楚，還有什麼要解釋的？

看起來單純的事才是需要了解的。奧秘就藏在那個單純裡。無論任何複雜的東西，你會發現裡面只有文字。你想要多複雜就可以多複雜，你可以創造出來，但是最後你會發現，你空著手而來，也空著手而去。記住這點：無論遇到任何似乎很單純的東西，你就停在那兒。單純本身就是一個偉大的奧秘。單純表示裡面是有些可以談論的。複雜表示裡面沒有什麼好說的：它是用一堆文字掩飾內容的貧乏。

當內容是豐富的，當你想說的話就像鑽石一樣，那麼就沒有必要再用任何東西裝飾它。一顆科依諾鑽石可以單獨放在那兒，它自己就足夠了。還需要添加什麼？如果你加了任何東西，將會破壞它的美。莎訶諾的話語就像科依諾鑽石。它們的美是無與倫比的，那是單純的美。所以你如果想試著透過理智了解，你將無法了解它，因為理智喜歡複雜，它喜歡解謎。如果你用你的心去看，那麼在這樣的單純裡面，你會發現到這樣的奧秘是永遠無法被解答的。深入它，在它裡面淹沒——你將會消失。但是你能夠說你知道的那個片刻永遠不會來到。

任何可以知道的，都和神無關。儘管你感覺你是博學多聞的，祂對你而言仍然是不可知的，儘管你一直嘗試，你仍然對祂一無所知——你越試著去捉住祂，祂就越會溜走，你越是追著祂，祂就變得越神秘——那個未知的，就是神。

第二個問題：

奧修，昨天你說有野心的人無法愛。然而除了少數成道的人，我們每個人或多或少都有些野心。那麼，我們對父母的愛、對子女的愛、對丈夫和妻子的愛、對愛人和被愛的人的愛、對宗教和教派的愛，是否都被污染了？是否都是沒有意義的？是否都是錯誤的？

你的愛裡面有多少野心，就有同樣比例錯誤的愛。野心越少，愛就越真實。當你愛某個人，你是因為愛而愛，還是為了其他目的？如果你的目的越多，愛就會越少。當某人問你：「你為什麼愛這個人？」你是無話可說的，因為你沒有任何原因。你會說：「沒有任何原因，它只是發生了。就算我尋找，也仍然找不到任何原因。我不知道為什麼。」記住，愛只會沒有原因的出現。如果有任何原因，那是屬於世界的；那個沒有原因的，屬於神。

神的存在有任何原因嗎？你說得出來嗎？想一想。世界的存在可能有原因：我們可以說神創造了世界，祂就是源頭。但是問：「誰創造了神？」那事情會變得很荒謬。這不會有任何原因。世界的存在有其原因，但是神的存在是沒有原因的。

你經營一間商店，這個行為是有動機的：為了你的生活所需；你必須填飽肚子。你工作，你賺錢是有原因的，因為如果沒有錢，你要怎麼生存？你蓋房子是有原因的：你需要一個遮風避雨的地方，否則會很難活下去。

但是你的愛有什麼原因？你不能過著沒有愛的生活嗎？你不能沒有愛的死去嗎？你不能沒有麵包而生存下去，你會死掉。所以，過著沒有愛的生活有什麼困難？事實是，你看到數百萬人過著沒有愛的生活。愛可能會帶來一些麻煩，但是過著沒有愛的生活似乎不會很困難。你不能沒有錢而生存，但是人可以過著沒有愛的生活——他正過著這樣的生活。

那些生命中很成功的人正是過著沒有愛的生活。愛和成功無法並存。因為要成功，冷酷是必須的，而愛不會讓你如此冷酷。愛和金錢無法同時得到，因為要累積金錢，暴力是必須的，而愛不會同意這樣的暴力。愛和權力不會有任何關聯，因為要獲得權力，瘋狂的追逐和割喉式競爭是需要的，而愛是不會同意的。

那那克的父親很擔心，因為不能讓那那克做任何工作。無論他要那那克做什麼，他都會製造麻煩。有一天，那那克被要求帶著一些錢去附近的村莊買一些貨物。他被告知要賺到錢，因為「做生意是為了利潤。」

那那克說：「不用擔心。我會賺到錢。」

買到貨物後，他從別的村莊返回，在路上遇到一群已經三天沒吃東西的聖人。他把食物和毯子分給他們。他給了一切，所有他買的貨物，然後非常快樂的跳著舞回到家。他的父親看到他跳著舞回到家。一定發生了什麼問題。有任何店主人會跳著舞回到家嗎？而且他沒有帶回任何貨物。他獨自回來，如此的喜悅。所以一定發生了什麼問題。

父親問：「怎麼回事？那些賺到的利潤呢？」

那那克說：「我做了你交待我的事，我們賺了一筆很大的利潤。我在路上遇到已經三天沒吃東西的聖人們，就好像是神要我經過那個特別的森林，否則誰會給他們食物？誰會給他們毯子？那真的是一筆很大的利潤。我們是被祝福的！當我將毯子蓋在他們身上，我可以看到他們臉上的滿足。這個工作帶來多麼大的利潤啊！它賺到了最終的利潤。」

那那克的父親變得很生氣，因為那那克所謂的利潤似乎是別的東西。把那個行為稱為「利潤」是不正確的。他的父親並沒有看到那裡面有任何利潤。

了解到沒有別的辦法，那那克在軍隊裡找到工作，他負責管理上校的倉庫。他的工作就是一整天為人秤東西，然後再分配給每個人。但是在二、三天後，事情就開始出錯。當愛來到一個人的生命裡，他的生活變成顛倒的，雙腳是蹣跚的。他會變得像是一個醉漢，因為愛之酒而醉。

在第四天、第五天的時候，當那那克在為人秤重時，他被卡在十三這個數字。在旁遮普語裡，十三是tera，意思是「屬於你的。」他數著：十一、十二、十三，然後他停在十三，「屬於你的。」當他數到十三，tera，他想起了神——你和屬於你的。然後他無法繼續數，十四和十五沒有出現。於是他持續的給予，他持續的秤重然後說：「屬於你的。現在除了十三，還有別的號碼嗎？最後的號碼已經來到了，神已經來到了。在那之後還能有什麼？不會有任何東西排在祂前面，也不會有任何東西超越祂。」最終的可能性已經來到了：tera。

消息傳遍全鎮，他們說那那克發瘋了，人們說他一直是發瘋的。他持續秤重，然後無論誰為了什麼東西來到，他會把東西給他，並說：「tera——屬於你的。」他持續的給予，他也沒有收錢，因為如果東西是屬於你的，怎麼還能要任何東西？

上校急忙趕來。他說：「你會讓我破產！你和這個數字怎麼回事？你忘記十三之後還有別的數字嗎？」

那那克放下磅秤說：「十三之後不會有任何數字。現在我必須離開了，祂已經在召喚我。現在我了解了，是因為祂的召喚。否則，我每天都會數著十三、然後十四、十五，但是今天祂的恩典已經降臨了。現在一切都是屬於祂的——這些穀物和金錢，我和你，都是屬於祂的。現在我無法再秤任何東西。現在我已經落入祂的掌控，落入那個無法被秤重的掌控。這就是我停在十三的原因。」

愛的世界是一個不同的世界——裡面沒有任何算計。當你帶著野心或利潤的想法去愛，當你帶著想要達成目的的慾望或任何動機去愛，你的愛也會受到相同比例的毒害。這就是為什麼你的愛不會帶來快樂，只有痛苦在發生。你的愛裡面的快樂在哪兒？一個丈夫從妻子的愛裡面得到什麼快樂？他認為應該是快樂的，或者我們應該說，他一直以為——現在他甚至不會認為——他一直以為應該是快樂的。妻子也期望會是快樂的。他們都陷在那個幻象中；他們都陷在那個期望中。他們開始追逐著那個海市蜃樓。

你的愛情關係中會有一個不斷的衝突。那個衝突是文明的方式或不文明的方式有什麼差別？無論它是世故的、鄉村的或文明的，有什麼差別？衝突就在那兒，愛會奉獻一切的夢想永遠不會實現。即使你沒有逃離一段愛情關係，那不表示你找到了某個東西。如果你沒有逃離，那個原因也是一樣的。在某一天，我對你們談到薩繆爾貝克特的故事：「如果我們離開，我們要去哪兒？」如果你沒有離開，那不表示你達成了什麼東西。你沒有逃走是因為你能去那兒？無論你去了哪兒，同樣的事情還是會發生，所以與其染上新的疾病，原本的病還比較好點——至少你已經熟悉它了，你了解它。

你們會為了小事爭吵⋯⋯

就在昨天，我在看一個新聞。某個人請朋友來家裡午餐，一如往常的，當你邀請某人來吃飯，家裡會發生衝突，妻子會生氣。所以原本應該在十一點準備好的午飯，到了十二點卻仍未準備好。因為朋友在那兒，所以她不能說什麼，但是她的內心充滿憤怒，所以她在拖延烹煮的時間。鍋子翻倒了，有人敲門，她在教訓小孩——那是一團混亂。

丈夫也很惱怒，但是他不能說什麼。現在他能說什麼？在朋友面前，不太適合講什麼，所以最好還是等著。他肚子很餓，朋友也坐在那兒等著。朋友也在看發生了什麼事。

最後他的妻子出現了，她說：「聽著，甜米粥已經快好了，但是沒有糖。」

丈夫心想：「現在又來了一個新問題。十一點的時候她沒說沒有糖，而現在已經一點了。現在我如果去排隊買糖會花掉一整天，整天都被她搞砸了。而我朋友還坐在那兒。」看著他的朋友，丈夫變得很憤怒，他對妻子說：「如果沒有糖，就把我帽子放進去！」

朋友心想，現在爭吵開始了。「我被困在這兒，現在我又不能離開。如果我離開，那是不禮貌的。而待在這兒，事情又真的很糟。」

但是妻子什麼都沒說，靜靜的走開，那是一個奇蹟。但是在十五或二十分鐘後，她又出現了，她說：「沒有糖要怎麼泡茶？」

現在她的丈夫比之前更生氣。他說：「我已經告訴你把我的帽子放進去！」他的妻子說：「我已經把你的帽子放到甜米粥裡面，我現在要把什麼放到茶裡面？」

你所有的教養只是表面上的，內心裡面充滿了衝突和深切的恨。除了恨以外，還有挫折感：「你已經欺騙了我，你給了我對於愛的夢想卻從未實現。你對我承諾會有一條鋪滿花朵的路，但是現在只有荊棘，沒別的了。」

父親對小孩不滿，小孩對父親不滿。母親對小孩不滿，小孩對母親不滿。沒有誰對誰是滿意的，因為沒有愛。所謂的愛帶有別的動機，那些動機都是痛苦的基礎。

母親心裡會想，當兒子長大，他將會實現她未完成的野心。小孩是因為他自己的慾望而來到這個世界，他不是為了滿足妳的野心而來。父親心裡會想：「我已經無法變成一個非常富有的人，我的小孩將會為我做到。」但是小孩想要成為一個音樂家。小孩對錢沒興趣，他說他想要當一個音樂家。小孩因為他自己的慾望而來到。而父親並沒有在他出生之前就問他：「如果我把你帶到這個世界，你會實現我的野心嗎？」而小孩也沒有問父親：

「我帶著自己的野心和慾望而來。你能夠幫忙我嗎？我該來嗎？否則，我們現在就停止這段關係。」

這個關係是在無意識的狀態下創造出來的，雙方都充滿了期待。他們的野心將會牴觸，因為沒有人是為了實現別人的野心而來到這個世界。每個人都有他自己的野心，他自己的業的束縛。每個人生下來都是為了成為他自己。如果你對某個人有任何一點期待，它會產生毒藥般的效果。

對父親而言，孩子似乎騙了他：「我想成為富人，我為他用了一輩子的時間，希望在我死前，我的渴望能被實現，而他卻在彈西塔琴！他會變成乞丐。我們不會變成有錢人，我們會變成乞丐。當我們年紀大了，我們可能無法得到足夠的食物來滿足我們的飢餓。」

母親心裡會想，當她的孩子長大，他將會實現她未完成的夢想，那個她的丈夫沒有實現的夢想。但是孩子會娶別的女人——那時他會實現那個女人的期望還是母親的期望？誰能實現別人的期望？一個人的慾望是永遠無法滿足的，更別說要滿足別人的慾望。每當你的愛裡面帶有野心，要了解到這會是一個問題。這個問題不是稍後才來到，它的種子已經在野心中出現。

想想看：如果父親愛他的孩子，沒有任何期望的愛著他，對他說：「我是快樂的。無論你想要做什麼，就去做。如果你想要彈奏西塔琴，那就是我的快樂。如果你要賺錢，那就是我的快樂。如果你變成一個乞丐，但是你樂在你的行乞中，那就是我的快樂。無論你想要做什麼，我都是快樂的。我會支持你。」那麼父親和孩子之間將會有一個純粹的愛。

除了愛以外，如果你還要求別的東西，那愛就消失了。愛是非常脆弱的。當愛的經驗發生在一個人的生命中，它是如此喜樂的經驗，以致於你不會再要求任何東西。你要求別的東西是因為愛的經驗並未發生。一旦愛的經驗發生了，一旦你嘗到它，你將會移向祈禱。祈禱就是和存在之間的一段無欲的關係。

但是即使你在祈禱，你的祈禱仍然帶著期望。即使在祈禱中，你仍在要求某些東西。你對神說：「做這個。如果祢這樣做，那我們就會供奉祢。如果祢做這個，我們會舉辦一個宗教朝聖之旅。」你甚至對小孩說：「如果你不聽話，那神就會生氣。如果你聽話，那祂就會高興。」

我聽說有個母親對她的小孩很生氣——一個小男孩，也許五或六歲大——因為他吃太多巧克力，醫生告訴他不能再吃了：「巧克力會造成很多疾病。」所以她責罵他，並說：「神會非常憤怒。你會被懲罰。」

嚇唬他之後，母親要孩子去睡覺。當他正要上床——那時候是雨季——外面有暴風雨和響亮的雷聲。小男孩醒了。他的母親來看他是否被嚇醒了，因為雷聲轟隆，整間房子都在晃動——無法想像的雷聲！她往房間看。小男孩站在窗邊，他對神說：「不要因為一點巧克力就這麼生氣。為了什麼？難道這是一個很嚴重的罪，以致於祢準備要摧毀全世界？」

我們甚至把懲罰和獎賞的毒填入小孩的頭腦裡。你的地獄和天堂是什麼？那就是你的懲罰和獎賞：如果你是善良的，就會上天堂；如果你是邪惡的，就會下地獄。所以，一個想要上天堂的人應該要做一些好事。這就是你的聖人與修士在做的事。你所謂的聖人和修士是非常幼稚的。我做了很多觀察才這樣說。他們的智力就像故事裡的小孩。可憐的傢伙在禁食、靜心和膜拜，但是他們內心則是充滿幼稚的慾望，如果他們這樣做，神會很高興——然後就能上天堂、解脫。如果他們不做好事，他們會在地獄中被火燒。他們會被丟到裝滿油的大鍋子。他們不會死，他們也不會活著。他們會永遠的受苦。為了避免承受這樣的苦，他們在這兒折磨自己，這樣神就會注意到他們：「我們已經在折磨自己，我們已經為了我們犯的罪懲罰自己。現在祢不用再把我們丟到地獄。」這是他們的期望。那和宗教無關。宗教是一段無欲的關係，沒有對天堂的貪求，也沒有對地獄的恐懼。天堂和地獄是蠢人所相信的。

祈禱不會要求任何東西，要求不會是它的一部分。祈禱會是全然的感激。祈禱會說：「祢給予的已經超過我所需要的，我似乎不可能享受到祢給我的這麼多東西。祢所給我的是如此多，我要如何用這個小小的身體容納它？整個地球的所有海洋和湖泊都被包含在這個祢灑落在我身上的甘露中。」

祈禱就是感激。但是感激只有在你可以看見實相時才會出現。如果你繼續帶著期待，並把你的注意力放在它應該是怎麼樣而不是怎麼樣，你將會要求更多。

所以我對你們說，你們所有的關係都是有毒的，無論是一個母親、一個父親、一個弟弟、一個姐姐、一個丈夫或一個妻子、一個朋友、一個國家……一切都是有毒的。那就是為什麼你的愛都以爭鬥收尾。對國家的愛則以戰爭收尾。兄弟之間的愛則在法院收尾。你知道沒有任何爭鬥方式像兄弟一樣：兩個敵人不會像兄弟一樣激烈的爭鬥。沒有誰會像丈夫和妻子一樣，持續處於一個衝突的狀態——即使是敵人也不會有這麼多問題！沒有誰可以比一個妻子更能創造一整天的麻煩。

你的愛是什麼樣的愛，以致於地球因為這樣的愛變成了一個地獄？當你愛寺廟，你就燒了清真寺。當你愛清真寺，你就燒了寺廟。如果你愛印度，那你就會摧毀巴基斯坦；如果你愛巴基斯坦，那你就會摧毀印度。透過你的愛，似乎只有這樣的事情發生。你的愛無法幫助強化生命，它在幫忙摧毀生命。

正確的了解這點：你所謂的對家庭的愛，如果你仔細的觀察，它就是對其他家庭的恨。你在使用錯誤的字。當你說：「我愛我的家庭。」它就是恨你的鄰居——沒別的了。在這樣的恨裡面，你是完全認同的。你有觀察過嗎？

在我的故鄉，我家前面住著另一個家庭，總是在爭吵著。童年時期，我一直在觀察他們。我發現他們有一個特別的現象，然後我發現每個家庭也有這樣特別的現象，但是是這個特別的家庭給出的提示。他們總是爭吵著。他們是一種爭吵型家庭。父親會開始打小孩，小孩會開始打父親。那是一個大家族。有兄弟、叔叔、姪子。如果所有人聚在一起，整條街會塞住。因為那是一條小街道，所以它會被塞住，牛車會無法經過。一個大混亂！

但是每當家族中有人出來干涉：「停下來，這樣打架是為了什麼？」那他們都會撲向他。他們會停止他們之間的爭鬥，然後全都去打那個人：「你憑什麼管我們的事？這是我們的爭鬥，兄弟之間的爭鬥。父子之間的爭鬥。」

然後我觀察到所有的家庭，他們在一起不是為了愛。而是因為對其他家庭的恨。你們在一起是因為你們擁有共同的敵人。如果你想要不受到這些敵人的傷害，你們就必須在一起。

如果你仔細的研究，你會發現國家之間也是如此。如果印度和巴基斯坦在戰鬥，那全印度都會團結起來。那麼吉拉特邦不會再和馬拉地邦爭鬥，印度教徒不會再和非印度教的人爭鬥。那個爭鬥會突然停止，因為現在爭鬥的目標會是鄰居。現在我們是同心協力的，現在我們都是純粹的一。每當和巴基斯坦有了戰爭，印度就團結了起來。泰米爾邦和旁遮普邦不再有任何問題，邁索爾和吉拉特邦不再有任何問題，馬拉地邦和吉拉特邦不再有任何問題——所有的爭鬥都會停止。

然後所有的印度人都會像兄弟一樣團結。一旦和巴基斯坦的戰爭結束，你們又會開始內鬥。你們會為小事爭鬥——納馬達河的水或是某些地區或是邊界——你會忘記那個團結。然後吉拉特邦是吉拉特邦，馬拉地邦是馬拉地邦，他們是敵人。

你的愛只是掩飾你的恨的手段。你把你的「恨」稱為愛。你已經習慣使用美麗的文字，然後你把醜陋的事實藏在它們下面。

當某人死了，你說他去了天堂。使用這些字已經成了習慣。只是說他死了似乎不太對：「他已經去了天堂」——好像每個人都會上天堂！當你們的政客死了，他們也去了天堂！漸漸的，每個人死了，然後他們都「上了天堂。」那誰會下地獄？每個人死了都上天堂。當一個人死了，你就會停止說他的壞話。他在死後突然變成了聖人。現在沒有人可以取代他，然後你們去向他表示敬意。

你使用美麗的文字隱藏死亡。你不想要遇到死亡，你不想要直接的說這個人死了，因為這樣說會讓你害怕：「我也會死。」你說：「他上了天堂。」這樣你就會感到很大的滿足，有一天當你死了，你也會上天堂。

有個人在路上遇到穆拉那斯魯丁，他說：「那斯魯丁，你還活著啊？」

那斯魯丁說：「誰說我死了？」

他說：「沒有人這樣說，但是我昨天在村裡聽到有人在稱讚你，所以我想你一定是死了。因為沒有人會稱讚一個活人，我想你一定已經死了，去了天堂。」

你知道這個，你很清楚。

某個村子有個人死了。那個村子的習俗是一旦有人死了，在他被火化之前，村裡的某個人應該要念誦一段悼詞讚美他。

然而那個人非常邪惡，他折磨了全村的人。他已經死了，村民聚在一起要火化他，但是誰要去說幾句話來讚美他？他們想了很久，人們努力的嘗試想起某些事。即使偉大的演說家也能用他們的演講去杜撰一切，但是他們無法想起這個人做過任何好事。什麼都沒有。已經很晚了，但是他們卻還不能火化他。這個習俗必須完成。

這只是在隱藏死亡的事實：每當有人死了，說一些他們的好話。

最後，一個男人站了起來。人們很好奇他想到什麼樣的好話。他說：「這位已經辭世並到了天堂的紳士還有五個兄弟，和他們相比，他是一個天使。和那五個兄弟相比，和那幾個還活著的人相比，他是一個天使。」

然後他可以被火化了。因為某個人已經說了好話。

你隱藏死亡。你用愛隱藏恨。你已經很熟練，懂得用好話去掩飾一切。現在揭露這些文字，看清事情的真相，因為透過看清真相，生命會開始轉變。如果你不用愛掩飾你的恨，那你將無法恨，因為恨只會帶來痛苦：它確實為別人帶來痛苦，但是它也為你帶來痛苦。在你讓某人受苦之前，你必須給出那些你受的苦。在你開始摧毀別人的生命之前，你必須先摧毀你自己。當你在別人的路上放上荊棘前，它們會先刺到你的手。

人們不會這樣對你說。你一直被告知，如果你在別人的路上放上荊棘，那麼將來你也必須走過一條充滿荊棘的路。而我要對你說的有點不同：我說如果你在別人的路上放上荊棘，在那之前你的手已經被刺傷。我不談論未來，因為未來你會找到一條路避開，去賄賂某個人、去膜拜神、去祈禱。我說如果你恨某個人，那麼在未來，你將不會從中得到任何東西：這個恨就是你受苦的結果，你已經在受苦了。你對某人生氣，你已經在你的憤怒中燃燒自己。你已經用憤怒在你的心裡面創造出傷痛，不需要再期待任何未來。

有一句古老的諺語：播下什麼樣的種子，就有什麼樣的收成。讓我對你說，你已經收割了你所種下的作物。

如果你看清生命的真正實相，你會發現如果你想要某人受苦，你就得先受苦。要下毒，你就得先喝下它。要殺某個人，兇手必須先殺了自己。他已經死了。所以你的愛一定是錯誤的，否則這個世界會是一個天堂。

透過果實可以知道它們來自哪種樹。全世界的人都說他們彼此相愛。全世界有多少人？有六十億人。如果我們計算他們的愛的連結，那麼他們的相愛關係將會是愛的連結的好幾倍。某人是某人的父親，然後同一個人又會是某人的兒子，又會是某人的丈夫，又會是某人的兄弟，又會是某人的叔叔，又會是某人的舅舅，一個人至少會擁有二十到二十五個相愛的關係。而世界上有六十億人。如果你再乘以二十五，那這個世界會擁有一千五百億個相愛的關係——這個地球會是個天堂！在那兒，會有一千五百億棵愛的植物，到處將會開滿了花，芬芳飄散在每個地方。但是情況似乎剛好相反——這個世界是個地獄。

我聽過一個故事……

一個人死了，被帶到地獄。但是魔鬼看到他的身體狀況是如此惡劣，以致於魔鬼認為很難再對他施以酷刑。他已經被折磨得很慘。

魔鬼問他：「弟兄，你從哪兒來的？」

那個人說：「我來自於地球。」

於是魔鬼下了命令：「把他帶到天堂。他已經待過地獄，現在再把他丟到地獄有什麼意義？何必殺死已經死掉的人？把他帶到天堂。讓他享受一點平靜和安寧。」

古代的經典說生前犯罪的人將會下地獄。現在應該要有人寫出一本新的經典，裡面應該提到下地獄是把那些犯罪的人送回地球。現在全世界到處充滿了痛苦，但是你看不出來，因為你已經戴上巨大的玫瑰色眼鏡。你透過愛的眼鏡看著恨，你透過愛國心的眼鏡看著嫉妒。你將負面的部分隱藏在正面的文字背後。

拋棄野心，即使只剩下一小部分的愛是沒有野心的，它也能拯救你。野心會害你淹死，無論野心的船有多大艘，它到處都是破洞。愛會拯救你；即使它只是一艘小獨木舟，它仍是安全的。

愛是唯一的保障，因為漸漸的，愛會引領你見到神，那個所有保障的源頭。

第三個問題：

奧修，你昨天說嫉妒是尊敬的一部分。我非常的尊敬你，但是我的嫉妒已經毒化它了。我正在處於自我譴責和痛苦之中。敬愛會超越這個被毒化的尊敬嗎？

有些事必須了解。它是一個微妙的現象。每當你尊敬一個人，你尊敬他是因為那個人有些你沒有的東西。你尊敬他是因為你在那個人裡面看到某些東西，你也想要成為那個人。

乞丐尊敬皇帝是因為他想要成為皇帝。所以一方面他會尊敬，另一方面他是嫉妒的，因為他還不是一個皇帝。他想要成為一個皇帝。皇帝已經達到乞丐想要達到的。所以乞丐尊敬皇帝是因為皇帝已經成功了：「我排在隊伍的很後面。而你已經到達那個我想要到達的地方。你是強大的、有智慧的、聰明的、強壯的，所以我尊敬你。」但是嫉妒之火也在心裡燃燒著：「如果我有機會，我也想要你的位置，我想要讓你離開。」一旦乞丐有了機會，他就會把皇帝推下去，把他扔出去，自己坐上王座。

所以嫉妒就隱藏在你的尊敬裡。你可能從未這樣想過。你以為尊敬是一個偉大的美德。尊敬不是偉大的美德，它是嫉妒的另一個面向。你將嫉妒隱藏在尊敬裡面。

敬愛和尊敬是完全不同的。要了解這個不同：尊敬就是敬愛裡面摻雜著嫉妒。敬愛就是沒有嫉妒在裡面的尊敬。那什麼是敬愛？你敬愛那個人是因為在那個人裡面，你感受到自性的共鳴；而你尊敬那個人是因為在那個人裡面，你看到野心的達成。讓我重複一遍：你尊敬那個人，因為在那個人裡面，你看到你的慾望被實現了；那無法發生在你身上，但是已經發生在他身上了。而你敬愛那個人是因為在那個人裡面，你看到你自性的映像，不是野心，而是你的自性，某個人已經變成了一面鏡子，讓你看到你已經是的，使你熟悉你的自性。

野心可以在未來被實現。你尊敬那個人，在那個人裡面，你看到你的未來在現在發生了。它還沒有發生在你身上，所以也會有痛苦：它已經發生在他身上。所以同時會有嫉妒和尊敬。

如果你去見一個成道的人，敬愛會從你裡面出現。敬愛的意思是成道的人已經為你指出你已經是的。現在沒有要達成什麼的問題，所以也不會有嫉妒的問題。尊敬的意思是某個人的東西是可以被取得的。敬愛的發生是某個人的東西是可以被學習的，不是可以被取得的。

如果我有錢，你會尊敬我。如果我擁有重要的地位，你會尊敬我，因為你可以奪走我的地位。我現在擁有的，明天就可以是你的。那也表示只要它一直是我的，那就不可能是你的。所以在尊敬中，會有一個深深的敵意：你也想要達到我已經達到的。那個我已經達到的，表示我從你那兒奪走，或者我使你無法得到它。如果你想要得到它，你必須從我這兒奪走，你必須使我無法得到它。政客彼此尊敬——他們非常尊敬彼此——但是心裡燃燒著嫉妒之火。富人彼此尊敬，但是內心燃燒著嫉妒之火。

敬愛的意思是什麼？敬愛的意思是我擁有某些不是從你那兒奪走的東西。我並沒有從任何人身上奪走它。而且無論你多麼努力，你都無法從我身上奪走。但是如果你願意，你可以從我這兒學習它。

如果我有錢，表示我是從某個人那兒拿走的。如果我擁有錢，表示某個人變窮了，因為錢被我拿走了——無論我是否認識他。但是如果我有錢，那麼在某處，會有某個人的口袋變空了。如果我的錢被拿走了，那麼某個人的口袋會放著那些錢。在金錢的世界中充滿了爭鬥。金錢的數量是固定的，但是有這麼多想要得到它的人。錢被越多人拿走，它被分到的數量就變得越少。如果只有少數人拿到錢，它被分到的數量就會比較多。所以那些有錢的人並未準備要分享它，那些沒有錢的人將會製造混亂以便能分到錢。

那些有錢的人並未準備要分享它，所以共產主義在美國沒有任何影響力。它應該要造成很大的影響，因為馬克思說革命會發生在那些重視資本主義的國家。但發生的卻是相反的情況：革命並沒有發生在那些重視資本主義的國家，它發生在那些貧窮的國家。俄羅斯的革命證明馬克思是完全錯誤的。馬克思是錯誤的，它不了解革命的數學。如果美國發生革命，那就證明馬克思是對的——但是美國不會發生革命，因為每個人都有些東西，所以他們害怕去分享那些東西。恐懼會出現：「我的東西也會被分享。」

我曾聽說：

某一天，穆拉那斯魯丁變成一個共產主義者，所以我有點擔心這個老傢伙會做出什麼事。我去看了他，我說：「你知道成為共產主義者的意義嗎？如果你有兩輛車子，你必須把其中一輛給那些沒有車的人。」

他說：「完全沒錯。」

「如果你有兩間房子，你必須把其中一間給那些沒有房子的人。」

他說：「我完全同意，這就是共產主義的意義。」

我說：「如果你有兩隻雞，你必須把其中一隻給那些沒有雞的人。」

他說：「絕對不行！我絕不會這樣做。」

我說：「你又突然改變主意了。」

他說：「我沒有改變主意，但是我有雞。我沒有車子。只要是關於分享房子和車子的部分，那就分享。我不擔心我沒有的東西。但是我有兩隻雞，我不會分享牠們！」

當你擁有某些東西，你就不會想分享。當你沒有任何東西，那你就會很想分享。你說吠陀裡面提到過共產主義，你說那是所有宗教的本質。但是當你擁有某些東西，你就不會談論共產主義：你會說個人的自由才是吠陀的本質；你會說每個人都應該擁有賺錢的自由、花錢的自由，擁有自己的財富是每個人與生俱來的權利。你會視情況改變你的宗教和語言。

美國不會發生革命，因為每個人都有些東西。中國會發生革命，因為沒有人擁有任何東西。俄羅斯會發生革命，然後某一天，印度也會發生革命，因為非常貧窮的階級正在崛起，他們將會同意分配財富，因為他們沒有任何東西可以分享。如果某個東西被分出去了，那它就是別人的：「如果我們可以得到任何東西，那很好，如果我們得不到任何東西，那也沒問題，我們沒有損失。」如果有可能得到任何東西，一個絕望的人會做出任何事。

記住，你尊敬的人也會是你嫉妒的人。而嫉妒的意思是造成嫉妒的客體是可以被拿走的。但是如果你是因為我的靜心而尊敬我，它就是敬愛，因為靜心無法被拿走。即使我想要把靜心給你也做不到；即使你想要偷走它也做不到；即使你想要從我這兒搶走它也做不到。你可以殺了我，但是你無法觸碰到我的靜心。你可以囚禁我，但是你無法拴住我的靜心。我的靜心在監牢裡面或枷鎖中，都會像是在廣闊天空下的自由。不會有任何差別。

如果你的尊敬是因為我的靜心，那麼就不可能會有任何嫉妒。沒有嫉妒的理由。沒有競爭，所以怎麼會有嫉妒？相反的，愛和敬愛會在你裡面出現，待在我旁邊會讓你瞥見到可能性。那個已經發生在我身上的，它是每個人的本性。

如果你能正確的了解我，如果你的敬愛不是表面上的——如果它是深入的，變成一個心靈上的修養——你會發現到你也擁有我所擁有的。你只要把它掀開，不是達成它。它和未來無關。它是你內在的寶藏。處於此時此地，當下就在那兒。

敬愛顯示出一個人的存在，尊敬顯示出一個人的財富。尊敬是針對那些我擁有的，敬愛是針對我所是的。但是你對這兩個字感到很大的困惑。人們來找我：「我們非常尊敬你。」但是也許他們的意思是敬愛。無論你說敬愛或尊敬，一百次裡面有九十九次是尊敬，只有一次是敬愛。

如果是尊敬，那麼你就創造了一個錯誤的關係。你無法透過它得到喜樂。如果是敬愛，那麼你就走了正確的一步：離廟宇已經不遠了，你已經在廟宇裡面了。敬愛會在當下給出它的果實；尊敬則是對未來的欲求。

避免尊敬。不敬是敬愛的相反，但是尊敬也是敬愛的相反。尊敬是頭腦的策略；敬愛是心的經驗。

第四個問題：
奧修，愛和慈悲的差別在哪兒？

要了解這三個字：性、愛和慈悲。性是愛之階梯的起頭，它是第一根梯階。慈悲是梯子的最後一根梯階。愛是整支梯子的名字。

性是愛最墮落的狀態，最低的狀態。性的意思是：我想要從某個人那兒得到東西，沒有對方，我是不完整的；沒有對方，我是空虛的，我必須利用對方填塞我自己。性是剝削。性的意思是：我想要把別人當成工具。丈夫使用妻子；妻子使用丈夫。他們將彼此當成工具。那就是為什麼有這麼多憤怒、因為沒有人想要成為工具。每個人的靈魂是它自己的目標。

一個偉大的德國哲學家康德，也用了同樣的方式定義道德觀：「利用別人，把他當成工具，就是不道德；利用別人，把他當成目標，就是道德。」

這是一個非常重要的論點。為了你自己而利用別人就是慾望。你只是談論愛；你說：「我愛妳。」但是內心裡，你想要對方也愛你。所以當人們來找我——數千人來找過我——他們說：「我並沒有從我愛的人那兒得到愛。」

我從沒遇過任何人對我說：「我並沒有真的愛著我的愛人。」這是一個有趣的現象。

無論誰來了這兒並說：「我確實愛著我的愛人。」他從沒懷疑過。他說：「我沒有得到對方的愛。」然後他的伴侶來找我，說了同樣的話：「我的愛人——我給了我的愛，但是卻沒有得到愛。我看錯人了。我感覺被騙了、被背叛了。」然後雙方常常同時來找我——丈夫和妻子，父親和孩子，兩個朋友——他們都會說同樣的話：「我已經愛過了。」

事實是，他們都沒有愛過。我要對你們說，當一個人真正的愛，同樣的回應是無法避免的——它是回音，它會回來。無論你給了什麼，它會回來。

在這個世界，有一句古老的諺語：「可能會需要點時間，但是絕不會有任何不公平。」我要對你們說，不會有任何耽擱，也不會有任何不公平——為什麼會有耽擱？如果有任何耽擱，那也是一種不公平。那個耽擱可能很久。如果你今天愛，然後數百萬世後才得到回應，那也是一種不公平。

所以我說不會有任何耽擱，也不會有任何不公平。如果你愛，你會立刻得到回應；你在愛的當下就得到了回應。不是依賴別人得到回應，它是你的愛的回音。它是你的愛的共鳴。你所給予的，也會同樣回到你身上。

所以人們說：「我們愛過，但卻沒有得到任何愛。」事實是你沒有愛過；你的愛只是偽裝和欺騙。事實是你在期待愛。你沒有真的去愛，你只是談論愛，你想要得到愛。你想要對方用她的心、她的臣服、她的所有存在來報答你——但是你不會得到。因為對方也做著同樣的事，所以會繼續談論愛，寫情書⋯但是沒有任何形式的分享。雙方都想要免費的佔有對方，雙方都想要不用任何付出而得到；因此會有衝突。

這就是為什麼所謂的愛人會持續的爭鬥。這個衝突的原因是相同的：雙方都想要將對方當成工具。然而一個人的靈魂是他自己的目標，不是工具。每個人都是他自己的目標，所以如果有人利用他、把他當成梯子踩著，他會感到痛苦、被奴役。

性是愛最低的形式：你要求一切，但是卻什麼都不付出。慈悲是愛最高的形式：你給出一切，但是不要求任何東西當作回報。那是愛的最終高度，你給出一切，不要求任何東西。你把對方當成目標，你自己變成工具。你說：「我是幸運的，因為我可以臣服。無論為你而生或為你而死，我都是幸運的。我在各種情況下都是快樂的，沒有任何期待。我會感激你接受我的臣服。我給予了，而你沒有拒絕，這樣就足以感激了。」

這是一件有趣的事：在性裡面，你要求，但是你得不到；在慈悲裡面，你不要求，但是你得到了。這就是生命的奧秘。這就是生命的矛盾。一個有期望的人會死於不滿足，而一個慈悲的人隨時都是滿足的，每個片刻都是滿足的，因為生命回應了你，你得到你所給予的。你在這個世界所得到的，並非取決某個人，只有當你給予，你才會得到。

昨天我在看一些佛陀說過的話。每當說了幾句話後，他總會說：**Aes dhammo sanantano**，「這就是永恆的法則。你得到你所給予的。」如果你想要除掉有敵意的敵人，他是無法被除掉的。如果你以愛回應，他就已經被除掉了。這就是永恆的法則，這就是永恆的宗教，這就是古老的、永恆的法則。只有這個方式，沒有別的方式。

性是對愛的期待，慈悲是給予愛。愛介於兩者之間，在愛裡面，給予和接受是對等的。從沒有人透過性而得到滿足，但透過慈悲，一個人隨時都是滿足的。愛介於性和慈悲之間，就在中間。有點滿足，也會有些不滿足逗留著，因為在愛裡面，有一半是慈悲，有一半是慾望。愛是一半一半——這就是為什麼會有很多喜悅的片刻和痛苦的片刻。

不幸的是百分之九十九的人從未經驗過愛。慈悲是不可能的——它是一個遙遠的夢想，它是幻象。一百個人裡面有九十九個人在慾望中死去。他們的幻想是什麼？他們的幻想就是他們認為他們愛過。

所以再想一想：在你問你是否有得到愛之前，仔細的觀察你是否給過愛。因為我說過，如果你給過愛，那麼愛一定會回到你身上。這是永恆不變的法則。如果你沒有得到愛，那麼你就是沒有給過愛。看著你自己，只要看著你自己。如同法里德說的：「如果你是有智慧的，那就深入尋找你的內心。你會發現它就在那兒。」

你會得到你給予的一切，你不會得到你沒有給過的東西。如果你沒有得到，那就表示你沒有給予；如果你得到了，那就表示你給予了。

性是最低的梯階。大部分的人仍停留在那兒。但是記住，我不是在譴責性，因為它是愛的梯階。它可能是第一根梯階，但是它仍然是愛。如果一個人不爬上第一根梯階，他要如何到達最後一根梯階？所以我不是要你們離開那支梯子。我是要你們不要停在梯子上：前進，還有很多梯階。你站在第一根梯階上，你在那兒創造出你的家和你的廟宇。前進！第一步是好的，因為透過它才是第二步。如果沒有透過它而走到第二步，那是不好的。

所以我對性沒有任何譴責。這就是為什麼我一直說性和超意識是相關的。性會帶著你到達超意識，但是如果你仍然停留在性，那麼三摩地、超意識，永遠不會來到。

也要記住另外一件事，因為有很多人也犯了這個錯。在印度，這個錯誤已經變得非常古老。這個錯誤就是，當我說不要停留在性的梯階，會有兩種移動的方式：你從性裡面，朝著愛成長，或者你離開梯子——那就是你所謂的禁欲。我不會把它稱為禁欲。

那些你說在禁欲的人比你還糟糕，因為他們拋棄了梯子。慈悲永遠不會來到他們的生命中，因為沒有性，怎麼會有慈悲？如同俗話說的：「毀了竹子，就不會有笛子。」我不會叫你繼續抓著竹子不放。用它做出笛子，這根竹子可以做出笛子。

慈悲是性的開花。同樣平凡的竹子，你認為沒有任何用處的——最多，你可以用它打某個人的頭——它可以變成一隻笛子，進入某個人的靈魂。從它裡面產生出甜美的旋律——超越俗世的、天堂般的；它們帶來其他世界的訊息。透過這隻竹子的聲音，其他世界的花朵開始在這個世界綻放。

誰會相信？如果你從不知道竹子，如果你以前從未看過竹子，如果你突然看到一隻笛子，然後某個人告訴你，它是用竹子做成的，你不會相信他。如果我告訴你，佛陀和馬哈維亞的慈悲是從性裡面產生的，你不會相信。你會感到困惑，因為你看過竹子，你也看過笛子，但是你不知道中間的製造過程。你無法將它們聯想起來。你會說：「佛陀的慈悲和我們的慾望怎麼能相比？不，不！在這兒，我們活在地獄中，在那兒，他們在天空中升起。不，不會有相關性。」

但是稍微想想：如果沒有任何關聯，那你就永遠無法變成佛陀。怎麼可能會有那個旅程？你要從哪兒開始？在你和佛陀之間一定有座橋。在性和神之間一定有一支梯子。那支梯子就是愛。

莎訶若在談論的是同樣的梯子。純化你的性能量。卡比兒說：「鑽石已經墜落，在泥巴中消失無蹤。」所以不要避開泥巴，否則鑽石會被留在泥巴裡面。在泥巴中尋找，裡面藏著蓮花。清洗一下鑽石。當泥巴被清洗掉，它就變成純淨的。事實上，鑽石從不是不純淨的。它掉在泥巴裡面，但是鑽石仍舊是鑽石，它永遠不會變成泥巴。而蓮花藏在泥巴裡面，無論它們怎麼被隱藏：你可能永遠看不到它們，但是蓮花仍舊是蓮花，它不是泥巴。一旦它有機會成長，它就會開花。

不要避開性，否則你的禁欲最多只是陽萎，不會比那更多。或者是壓抑，一個強迫。

在那樣的方式下，你的生命之花將永遠不會綻放；相反地，成長中的嫩芽也會退縮到泥巴裡面。

我還沒有在你們所謂的修士和聖人中看過慈悲之蓮的綻放。相反的，我看到的是不可能有慈悲之蓮的綻放。他們已經摔下來了，從梯子上掉下來了。對你而言，他們似乎是正確的，因為你停留在性的梯階，而他們並沒有停留在性的梯階。你認為也許沒有站在性的梯階的人，一定會到達慈悲的梯階。不一定是這樣。那是很容易摔下來的；那是很難往上走的。掉下來還會需要什麼努力？離開家，逃到森林，只穿著你的腰布，人們開始讚美你。他們開始彎下身觸摸你的腳，說你是被祝福的，說你已經得到那個偉大的——但是內心裡，你可能仍然充滿著性欲。

和尚來找我——年老的和尚，七十歲了——但是他們的腦中仍然充滿了性欲。他們私底下問我：「我要如何擺脫性欲？現在我已經不再有體力了，我已經失去我的活力，但是我仍然無法擺脫性。它何時會被放下？死亡越來越近，我快要死了，但是性欲仍然跟著我。」

永遠不要放棄梯子，即使不是有意的。逃避現實的人無法見到神。爬上去：讓生命成為一個旅程，不是一種逃避。一根根的往上走。從性移向愛，然後會有一些天堂的微風開始吹拂著你。地獄也在那兒，但是在你的地獄中，小小的天堂之島會開始出現。看到它們會使你充滿希望，然後還會有更多可能發生。今天是一個小島，明天可能就是一個偌大的島嶼。再往上走，持續往前移動。慢慢的、慢慢的，你不再要求，你會更注意去給予。分享，不要求。成為一個皇帝，不是一個乞丐。

性是乞丐，慈悲是皇帝。當你能夠沒有任何保留的給予，無條件的給予而不討價還價，甚至沒有停下來說謝謝……當你只是給予，然後前進；你給予，也感謝對方接受，感謝對方收下——本來是可能被拒絕的——當你來到這樣的存在狀態，那一天，你就會知道慈悲。

這就是愛的過程：性、愛和慈悲。它們都是生命中不同層次的愛。因此我說愛比神還偉大，因為在愛裡面上升，你就會碰到神。當你不再是給予者，而是給予，當你的慈悲來到這樣的狀態——當沒有任何人留在那兒，沒有給予者，沒有做者的感受——在那一天，只有在那一天，你才會變成神。當你放下你的自我的那一天，你變成了神。然後不會再有任何界線。然後你進入那個無限的，那個無限的進入了你。

但是不要一直想著神。這是生命的梯子：從性到愛，從愛到慈悲。在慈悲之後，那個跳躍會自行發生，因為在那之後就沒有梯階了。

記住，拋棄梯子的方式有兩種：你可以從第一根梯階走下來，或者你從最後一根梯階一跳。如果你從第一根梯階走下來，你一定不會碰到神，你也會失去世界。如果你從最後一根梯階一跳，你會找到全部。你會碰到神，你也不會失去世界，因為世界就是神的一部分。當你看到整體，你也會看見世界就在它裡面。然後它就不只是世界，它是神的創作。

第五個問題：

奧修，你說寧靜是和存在溝通的方式。請對我們解釋，外在的寧靜如何幫助內在的寧靜？

不要太在意去區分外在和內在。那都沒有差別。你所謂的外在，就是來到外在的內在。你所謂的內在，就是進入內在的外在。

內在感到飢餓，所以你從外在進食，而你從不會好奇，外在的食物如何滿足內在的飢餓。它確實被滿足了，每天都被滿足了，但是你仍然從未好奇外在的食物如何滿足內在的飢餓。

外在和內在的分界線並不存在。你在什麼時候才能說外在的食物滿足了內在的飢餓？當它在嘴裡面？當它進入喉嚨？當它在胃裡面消化？當它變成血液？當它變成器官？還是當血液的循環使頭腦開始運作？還是當思想出現時？還是當思想的純粹變成了寧靜？還是當完全沒有思想變成了靜心？還是當靜心的最後經驗變成了神的經驗？什麼時候？

某個人說過：「飢餓的人不會記得神。」這表示神和飢餓是相關的。稍微想想——食物一定在某個地方變成了神。一定是這樣，否則神和食物是不會有關聯的。一定在某個情況下，神變成了食物，食物變成了神。奧義書說：「食物就是神。」兩個極端被連接了。

你為什麼如此在意內在和外在的差別？當你講了太多話，頭腦就會過度運作。如果你停止說話，那你已經拿掉一半對頭腦的支持。這樣來了解：如果你兩年不走路，如果你不使用你的雙腳，你採取蓮花座的姿勢，你的雙腳將無法行走。然後如果你突然想要走路，你會跌倒。怎麼回事？走路是外在的，但是走路的力氣是內在的。你本來是用內在的力氣走路，但現在你想要用外在的力氣走路。那是你的雙翼。如果你不說話，那麼慢慢的、慢慢的，內在的喋喋不休會越來越少。為什麼？因為內在的談話只是外在談話的預演。你可以在內在中準備，然後在外在中說出來，它是一個訓練。

就好像你必須去某間公司面試，你在兩天前開始準備。對方會問什麼？你要怎麼回答？這個答案是否適合？「什麼情況下我要回答？什麼情況下我不要回答？」當你越來越接近那間公司，內在的混亂越來越嚴重。當你敲了辦公室的門，你心裡有數千個想法，納悶要從哪兒開始。你在預演；在真正的面試前，你已經做了數千次面試。如果你不用去面試，你會在乎是否要準備嗎？誰會瘋狂到去準備？誰在乎？

無論你心裡想什麼，都是因為一個原因。你需要不停的進行這個過程：你看、你分析、你分類你的想法。大部分的想法會是你未來需要的，所以頭腦在準備。其他有些思想只是個意外，是過去所留下的、不完整的。想一下，面試後你從辦公室回家。你被詢問一個關於天空的問題，但是你的回答是關於地面的。現在你在懊悔。現在你說你應該給出什麼答案，但是你卻沒這樣回答。在事情發生後，每個人都變聰明了。你錯過重點了。

我曾聽說⋯⋯

一個醫學院正在考試。主考官問了學生：「有一個特殊的病人，必須給他一種特別的藥。你會給他多少劑量？」

他回答了某個劑量。

主考官說：「好，你可以離開了。」

當這個學生走到門口，他想起來他回答的劑量有點多。他回去說：「對不起，我給的劑量太多。」

醫生說：「病人已經死了！現在出去！你能開了藥後再說：抱歉，劑量有點多嗎？它是一種毒藥，它會殺死病人。明年再來，等你想清楚正確的劑量才回答。」

你在過去說過的很多事，都無法正確的說出來。很少有人能夠正確的說出每件事。只有帶著覺知所說的話才會是正確的。然後他們不會再往回看：事情已經結束了，現在心裡已經沒有任何罣礙。但是你並不是在無念的狀態下說話，所以你會事先在內心裡做好準備再回答。只有在事情過後，你才會發現你的答案有些錯誤，因為答案不可能是剛好符合問題的。你做的準備不一定是會被問的問題。曾經發生過⋯⋯

在一個精神病院，他們正在檢查病人以便決定是否釋放他們。只有當他們通過測試才能釋放他們。測試進行著，而那是年度最後一天。一個病人進來——他是頭號瘋子。每個人問他：「你必須把他們問你的問題告訴我們，你很可能會回答錯誤。」

瘋子進去了。他被問到：「如果你的耳朵都被切下，會發生什麼事？」

他說：「我就會看不見。」

醫生有點驚訝。他問：「你是什麼意思？」

他說：「我的意思很清楚：我的眼鏡會掉下來！」

瘋子有他的邏輯。那是正確的，因為眼鏡要戴在哪兒？

醫生說：「好，你可以走了。我們會考慮。你的答案不是正確的，也不是錯誤的。所以我們必須考慮看看。就某種程度而言，你說的是正確的。」

當頭號瘋子出來，其他瘋子聚在他身邊問：「他們問了什麼？」

他說：「不用管他講什麼。無論他問了什麼，你們都得說：我會看不見。我的答案已經讓他感到為難。」

然後無論醫生問他們什麼，其他的瘋子都說：「我會看不見。」

醫生走出來說：「怎麼回事？這兒怎麼了？」

他們說：「我們第一個進去的朋友把答案告訴了我們。」

醫生說：「你們的朋友的回答沒有錯，那只是碰巧。但是任何給你現成答案的人一定仍然是發瘋的。」

生命中沒有現成的問題或現成的答案。有時候只是湊巧，你事先準備好的答案可能是對的，但是不會總是如此。你先給出不適合的答案，之後你才變聰明並開始思考那些答案。

所以你不是思考過去就是思考未來，在這兩者之間，當你整天忙著內在的談話時，當下已經逝去。當下是非常微小的：未來是巨大的，過去也是巨大的，而這個混亂正在你的當下中發生。

但是如果慢慢的、慢慢的，你停止外在的談話，內在的談話也會漸漸變少。它不會在今天就發生，那需要好幾年的時間；但是如果你停止說話，或者你只說必須的——一天幾句話——那還有什麼必要在心裡準備要說什麼？漸漸的、漸漸的，頭腦會同意沒有必要準備。現在沒有任何測試，那個準備會中止。當你沒有要被測試，當你不需要準備任何事。事後你也不會感到有任何錯誤。你將不會有任何懊悔，那部份也會中止。

如果一個人保持三年完全的寧靜，那麼他裡面不會再有任何想做的事：內在的思想過程將會自行中止。但是要保持三年的寧靜是很困難的。有很多次會感覺快要瘋了，因為思考會在頭腦裡面非常快速的運行——因為之前你給了它疏通的管道。當你和某個人說完話，你放鬆了，但是現在它只會持續在你裡面運行著。有很多次，很多時候，你會感覺到你快要爆炸，你感覺到如果你不說話，你會發瘋；如果你現在不說話，瘋狂會控制住你。

如果某個人保持三年的寧靜——那可能是外在的寧靜——即使只是外在的寧靜，也會有很大的幫助。但是人並非只有說話。我現在對你說話，我也用手做出手勢：這也是一種說話。人也可以用他的眼睛說話。你站在路中間，你看著某個人做出手勢：「你好嗎？」你報以微笑，你已經說了話。

外在完全的寧靜的意思是，就好像這個世界只有你一個人，沒有別人存在。如果雙眼可以完全的寧靜，情感可以完全的寧靜，表情可以完全的寧靜，嘴唇可以完全的寧靜，身體動作可以完全的寧靜，走路、坐下和站著可以完全的寧靜——如果沒有用任何方式去表達，那三個月就夠了，不需要三年。三個月內，頭腦裡面的談話將會自動保持安靜，不再有任何目的。然後一旦內在是安靜的，你的雙眼將會是清澈的，不再有任何堆砌的文字，你將能夠看。這就是我所說的達顯，看。你將能夠看。

思考使你矇蔽。思考使你盲目。清楚的看著你的思想，讓你的雙眼張開。透過思考所看到的，就是世界；沒有透過思考所看到的，就是神。

這就是為什麼我說那不是屬於世界或屬於神的問題。問題在於你的洞察力。清澈的雙眼——沒有思想的，沒有外形的——將能連結那個無形的。充滿思想的頭腦，攜帶著辯論和限制，它只能看到世界的事物。

如果你的頭腦變得沒有任何思想，那麼外在的世界將會消失。外在的世界只是你思想的投射。如果你裡面的影片停止播放，在你面前的螢幕將會空無一物。你在電影院看過。你看著螢幕，你看著螢幕上的電影，有很多次，你哭泣、你笑、你高興、喜悅和悲傷——但是螢幕是空的。那只是光與影的效果，而光與影的來源就在你背後，一架投影機。它藏在牆壁後面。如果某個人把投影機關掉，那前面的螢幕就變成空的。你會站起來說電影結束了。同樣的情況，你所看到的外在世界並不是你所看到的，它是你的投射。

你看到一個女人。你不知道那個女人怎麼在她裡面的。你甚至不知道你是怎麼在你裡面的。然後你的思想和頭腦的投影機會丟出一個影像，它會在那個女人身上散播開來。那個女人是一個空的螢幕。你昨天已經看過她很多次，她並沒有在你裡面創造出任何音樂，沒有鈴鐺在響，但是今天，那個女人突然使你害上相思病。今天，這個女人在你面前出現，有一瞬間，你裡面的思想運作著，這些思想會連結到這個女人，並且散播在她全身上下。現在這個你看到的女人不會是真正的女人，她是你對女人的夢想；她是一個幻象。

你娶了一個女人。漸漸的、漸漸的，每天，那個影像會開始褪色。如果你一再又一再的使用同樣的思想，你會很習慣它。有一天，你會突然再次發現，就好像你的雙眼突然張開，這只是一個非常平凡的女人。你寫了很多詩給她，你有過這麼多夢想。但這是一個平凡的女人，就像其他的女人一樣。她沒有什麼特別的。螢幕變成空無一物的，思想的運作突然消失了。

如果你一直注意錢的價值，你就只會在意錢。當你了解的那一天，它會變成一堆垃圾。鑽石之所以是鑽石，那是因為你在投射鑽石的思想；否則它只是一粒石頭。當投射消失的那一天，你會發現那只是一粒石頭。慢慢的、慢慢的，當內在的思想結束，投影機不再運作，投射也停止了。世界的螢幕變成空無一物的。這個空無一物的螢幕就是神。

莎訶若的意思是一樣的。她是在說：「我可以拋棄神，但是我不會離開我的師父，因為神使我被這部影片欺騙。祂在螢幕上創造出光與影的效果。而師父喚醒了我。我可以拋棄祢，因為祢給我的感官造成了很多麻煩，祢把世界給了我；而師父將我拉出了世界。祢給了我痛苦，而師父使我瞥見到喜樂。祢把我留在路上，使我遠離自己，而師父帶我回到家。」莎訶若說：「我可以拋棄神，但是我不會離開我的師父——因為沒有師父，對我而言，祢就不是存在的，我不會知道祢。所以我要說是師父給了我寧靜和空無的內在天空。」

當你透過那個空無的內在天空看，全世界都充滿了神性的光輝。

第五章
學習單獨

沒有二分性，就沒有敵意。
莎訶若說：一個人會是沒有慾望的。
處於純粹滿足的狀態下，沒有依賴別人的需要。

睡著時，一個人處於神的空無天空；
醒來時，一個人惦記著神。
一個人無論說了什麼，那都是神的話語。
一個人學著無欲的奉獻。

一個人沐浴在愛裡面，
陶醉在自己的存在裡。
莎訶若說：一個人沒有任何分別的看待一切。
沒有人是乞丐或皇帝。

聖人是單獨的，不需要任何同伴。
她唯一的同伴就是她自己的存在。

她活在覺醒的喜樂中，
她喝著自性的汁液。
亡者是不快樂的，生者是不快樂的，
挨餓的人是不快樂的，吃飽的人是不快樂的，
莎訶若說：單獨的聖人是喜樂的，
她已經找到永恆的喜悅。

讓我們從一個小故事開始，那是一個哈西德派的故事。

有個皇帝只有一個兒子。他是一個酒鬼，也是一個賭徒，而且也會嫖妓。皇帝很擔心。他每天試著勸說他，但是沒有用。絕望之下，作為最後的努力，皇帝將他驅逐出境，也許這能讓他恢復理智。皇帝以為他會懊悔，他會回來道歉，但是情況並未如此。他的兒子離開了，沒有再回來。他在國界附近徘徊。最後，他住在一間酒吧裡。

他是皇帝的兒子，他有領導的潛力，所以他不是酒吧裡面一般的常客。他很快就變成領導人物。整天賭博、喝酒和嫖妓。

老皇帝等了好幾年，但是他的兒子並未回來。直到皇帝剩下的日子已經不多了，他變得很憂慮和煩惱，於是他派了一個大臣去把他兒子帶回來。他說：「無論他情況如何，最好還是讓他待在這兒。當我死後，他將會繼承一切。他是一個酒鬼，就讓他繼續是酒鬼。也許我死後他會了解。也許在他成為帝國的領導者之後，他會稍微有點清醒。」

大臣穿上他的官服，坐在黃金馬車上：他是皇帝的信使。但是皇帝的兒子完全不理會

他。他努力的嘗試，但是甚至無法引起他的注意。他垂頭喪氣的返回。

皇帝接著派了第二個大臣前往。

第二個大臣心想，第一個大臣的方式使他和皇帝的兒子產生很大的距離，這是錯誤的。他坐著黃金馬車去勸說一個乞丐！那個距離太大，溝通是不可能的。

於是他裝扮成乞丐進入酒吧。他開始愛上皇帝的兒子：他喝酒、他賭博。他和皇帝的兒子做朋友，但是事情出錯了。大臣自己迷失在酒精和妓女裡面，他忘記要把皇帝的兒子帶回去。他變成他們的一員。

王子並未回去，他甚至引誘大臣墮落。

幾個月過去了。皇帝說：「現在事情變得越來越棘手了。第一個大臣至少還有回來，即使他沒帶回我的兒子。現在第二個大臣迷失了自己。」開始流傳著第二個大臣已經變成其中一個酒鬼的消息。他甚至不記得他是大臣了，他整天都是醉醺醺的。

這發生過很多次。只是站在河岸邊是沒有辦法救一個溺水的人的。如果你想要一直站在岸邊，如果你想要保全你的衣服，如果你不想弄濕，不想冒任何風險，那就不可能拯救一個溺水的人。無論你多聰明，只是站在河岸邊要怎麼救人？你需要進入河裡面的勇氣。但是接著就會有一個危險：一個溺水的人也可能使你溺水。

第一個大臣一直站在河岸邊，第二個大臣進入了河裡面。第一個人回來了，救了自己，但是第二個人迷失了自己。

皇帝對他的首席大臣說：「現在你是唯一的希望。」這個大臣很老了，所以沒被派去。皇帝對他說：「現在你去吧，你是我最後的希望。如果還不行，我就沒辦法了。」

這個大臣去了。他像第二個大臣一樣，打扮成乞丐。他假裝喝酒，但是沒有喝下去。

他對跳著舞的妓女表現出很有興趣的樣子，但事實上，他沒有興趣。他賭博、和人對賭，但是內心裡，他如同水中的蓮花，保持覺知的，不受碰觸的。他人在那兒，但是他的心不在那兒。他進入河裡面，但是也留在岸邊。他進去拯救了溺水的人，但是他也沒有離開河岸。

有一天，他帶著王子返回皇宮。

哈西德派的神秘家說，這就是師父的品質。如果師父站得離你太遠，他就沒辦法救你，雖然他可以使自己安全。如果師父離你溺水的地方太近，如果他去救你，那就會有風險：你可能會使他溺水。

只有靠近你同時又離你很遠的師父可以拯救你。表面上，他很接近你，但是事實上，他從未靠近你。這種師父會站在岸邊，但是同時也會進入河流。他的一隻手會救你，另一隻手則從未離開過岸邊。某方面而言，他會完全和你一樣，但是另一方面而言，卻是截然不同；他看起來像是個普通人，但同時又是神聖的。表面上他會是你的朋友，但內在裡，他則是處於一個有一天你會達到的狀態。內在裡，他是從未失去中心的，但是表面上，他讓你覺得他跟你一樣。

這就是為什麼很難去認出一個師父。

你也可以認出那些站在岸邊的人，但是他們沒辦法救你。你會認出他們是師父，但是你跟他們的距離是如此巨大——你要如何接近他們？如何取得聯繫、取得連結？他們可能是神聖的，他們可能坐在黃金的王座上，他們可能在天堂的微風中呼吸，他們可能陶醉於無法形容的花香，但是他們離你很遙遠。最多，他們拯救了自己。

但是我要對你們說，如果一個拯救了自己的人卻無法救你，那就很令人懷疑他是否真的拯救了自己。你會懷疑一個害怕離開彼岸的人是否真的到了彼岸。一個到了彼岸的人是不會害怕離開它的；他知道如何回來。他不害怕失去他所得到的。只有當他並非真的擁有才會害怕，因為如果他失去了，他可能無法再得到它。只有一個真的拯救了自己的人才敢冒著失去它的風險。但是不要認為某個人冒了險，就能拯救你——因為蠢人也會冒險。這發生過很多次。

曾經在我面前發生過⋯⋯

我坐在河岸邊，有個紳士坐在我附近。我沒注意到他。然後突然有人溺水了，我跑過去，他也跑過去，他比我先跳入河裡面。當我看到他跳進去，於是我就停在那兒。但是我接著看到他也溺水了。他完全忘記他不會游泳！

當某個人溺水了，那個情況如此突然的發生，那個想要救他的慾望如此強烈，以致於你也許會忘記你不會游泳。

他們造成我雙倍的困難：現在我必須將兩個溺水的人從河裡面拖出來。我對他說：「先生，如果你沒有跳進去會比較好！」

他說：「我完全忘了！」一個高貴的人、心地仁慈的、帶著想要救人的強烈慾望，但是只有救人的慾望是沒有辦法救人的；你也必須知道救人的技巧。想要救人的慾望可能非常強烈的佔據著你，以致於你忘記你從未學過游泳。那麼不但無法救人，你也會溺水。你要拯救的人會使你溺水。

蠢人也會冒險。他們通常會立刻冒險。有智慧的人只有在做好打算之後才會冒險。一個蠢人只會直接跳進去。有智慧的人會猶豫，蠢人會倉促行事。但只是冒險能有什麼事發生？冒險並無法救任何人。冒險是需要的，但只有冒險是不夠的。

對一個知道的人而言。救人和冒險完全無關，對你而言，它可能是冒險。一個知道如何救人的人甚至不會把它當成冒險。一個已經找到覺知的彼岸的人，即使在深水中也不再會失去它。

第三個大臣救了王子。他賭博，但只是表面上的。他變成賭徒，但他只是在演戲。裡面只是一場戲，他保持覺知的。他假裝在喝酒，但是沒有喝下去。而且在酒吧裡的人，誰會如此警覺的注意到你有沒有喝酒？所以即使他事實上是在喝水，並在他面前放了一瓶酒，那些酒鬼會注意到嗎？如果他們發現了，你能說他們是真的酒鬼嗎？妓女跳著舞，所有目光都放在妓女身上，但是他的心思放在別的地方。

一個站在生命的岸邊的人，他觸碰了，但是完全沒有涉入的，救了溺水的人。莎訶若找到了這樣的師父，查藍達。

查藍達是一個非常單純的人。他如此的單純，以致於一般人不會認為自己和查藍達有什麼不同。他是完全平凡的。記住，當你遇到某個超凡卻又平凡的人，只有那時你才能被拯救。你應該要知道，只有那時才會有一個靠近你但同時很遙遠的人。但是他和你很相似，以致於你會好奇你和他之間會有什麼不同：「這個人是否跟我一樣也會溺水？」一個來救你的人必須接近你，進入到你所在的河水深度。但是一個溺水的人可能會認為靠過來的這個人也溺水了。

一個溺水的人會擺動他的雙手和雙腳，游泳的人也是一樣，並沒有不同。游泳是什麼？你有規律的擺動你的雙手和雙腳。溺水的人會踢著週遭的水，游泳的人也會踢著週遭的水。溺水的人可能也會以為游泳的人快要溺水了，但是兩者有一個很大的不同：溺水的人在恐懼中擺動著手腳，而來救他的人則是有覺知的做著一樣的事。兩者都擺動著他們的雙手，一個是無意識的，一個是有意識的。只有覺知能救人。

查藍達是一個非常單純的人。他拯救了莎訶若，所以莎訶若不斷唱著關於他的歌。她說：「如果要我選擇，我會拋棄神，但是我不會拋棄師父。因為神把我丟到河裡，使我溺水，而師父救了我，使我解脫：**我可以拋棄神，但是我不會拋棄我的師父。**」

沒有人聽說過查藍達。是因為莎訶若的歌才使他的事蹟廣為流傳。他有兩個門徒，莎訶若和達雅。她們就像他的雙眼，或者像是一隻小鳥的雙翼。兩者都唱著關於查藍達的歌；是因為她們使人們知道查藍達。

我們很快就會談論達雅。她們兩個人的芬芳是如此的相似——一定會這樣，因為她們被同一個師父拯救了。她們都擁有同一個師父的優雅，同一個師父的心都在她們裡面跳動著。她們的歌來自同一個源頭。所以這個談論莎訶若的系列，我稱為沒有雲的雨。那是達雅說過的話語。當我談論達雅，那個系列會稱為最後的晨星——彷彿晨星在曙光中消失，就像這個世界。她們的心用同樣的旋律跳動著，所以對於莎訶若，我會用達雅的話語，對於達雅，我則會使用莎訶若的話語。

發生在莎訶若身上的是，她被拯救了，免於溺死在世界的河流裡：她有了溺水的經驗，也有了被拯救的經驗。她有了處於河流中的經驗，也有了待在河岸邊的經驗。她經驗到溺水的痛苦，也經驗到被拯救的喜悅。所以她非常接近你們的心。你會立刻了解那一半，因為你也在溺水中；你知道溺水的恐懼。如果你了解了那一半；那麼你的雙眼將會對另一半敞開。你也會了解另一半，你將會知道被拯救的喜悅。現在試著了解這些話語：

沒有二分性，就沒有敵意。

莎訶若說：一個人會是沒有慾望的。
處於純粹滿足的狀態下，沒有依賴別人的需要。

三句話：沒有二分性、沒有敵意、沒有慾望。只要你活在二分性中，你就會溺水。把別人當成「別人」就是溺水的原因。當你知道沒有二分性的那一天，只有一，你將會被拯救。最大的幻象就是將別人當成「別人」，而最大的革命就是在別人裡面認出你自己。

坐在你旁邊的人不是你的鄰居，那是你。外形可能不同，但是內在裡跳動的是同樣的心。內在裡，意識的本質是相同的。你和其他人的不同在哪兒？有一千零一個不同，如果你計算這些不同，你會錯過那個相同的。不同的地方很多，但是隱藏在這些不同後面的，是那個相同的。如果你只看著不同的地方，那你會看到世界，而不是神。如果你看著那個超越所有不同的，那麼世界會消失，神會出現。

在不同裡面看到一致就是抵達了神的殿堂。

樹木、岩石和山峰，它們對彼此而言，似乎是非常不同的。但是有一件事仍然是一樣的：岩石存在，你也存在。你們存在的事實是相同的。花朵綻放，你也有過美好的時光；花朵凋謝，你也有過失意的時光，小溪跳著舞、一邊唱著歌一邊朝向海洋流動，有時候你也會唱歌和跳舞。有時侯一條小溪變得很悲傷，就好像它哪兒都不去，它幾乎不動了。同樣的情況下，你有時候也變得很悲傷，哪兒都不想去，就好像不再有任何生命的沙漠。

每當你在生命中看到某個東西，就去尋找非二分性。然後慢慢的、慢慢的，你會發現不同的地方有很多，但是它們只是表面上的，在那裡面則是一。在二分性裡面，人迷失了，在一裡面，他被拯救了。一就是河岸，二分性就是河流的中間。即使看著你的敵人，你也會發現在某個地方，你們是一致的——也許是你們的敵意，也許是你們的對抗——某些方面而言，你們是相同的。一旦認出了那個一致，敵人會是表面上的，內在裡面會有一個友誼。

只有你？沒有你的敵人？你會感覺不完整的。當這個敵人死了，你的內在裡面也會有某些東西死掉。你不再如你所是的。雖然你想過一千次要殺死他，當那個敵人真的死掉，你會感覺：「我的天！我內心的某些地方變成空虛的。」敵人佔據了你裡面的某些空間，他在你的生命中佔有部分空間。

無論什麼情況下，一旦存在著對立，就尋找那個連接的環節；無論什麼情況下，存在著不同，就尋找那個一致。無論什麼情況下，存在著二分性，就尋找裡面那條單一的溪流。河流是多，海洋是一。外形是多，藏在外形中的無形是一。只要你看到的是多，那你就知道你還待在世界，當差異突然消失了，你清楚的看到一，在那個片刻中，你會發現你已經進入神。有時候那個經驗會突然發生，了解它是有幫助的。

有時候也許你感覺到它。走在路上或是獨自安靜的坐著，突然間，你會感覺到世界像是一個夢——彷彿一切都是沒有意義的，彷彿有一瞬間，簾子被掀開了，或是天空的雲朵不見了，而你可以看見太陽。有時候，某個人死了，你坐在墓地裡，彷彿你眼前的面紗被拿走了，你感覺到一切都是沒有意義的，微不足道的，所有這些都只是一個幻象，一個夢。你很快就會回到你的正常世界中，因為這個狀態是非常駭人的。你會立刻開始講話、討論，也許這個經驗——你經驗過這樣的狀態——在你的閒聊中，這個感覺會被忘掉。心理學家說這種情況有時候會發生：你裡面連續的思想運作過程突然停止了。

當一個小孩出生，他不懂任何語言。然後他會慢慢的學習語言。小孩出生在寧靜中，他們沒有語言——而在寧靜中，不可能做出區別。當一個小孩首次睜開雙眼，他看東西並不像你看到他一樣——這是一棵樹、這是一粒石頭、這是一棟房子、一個女人、一個男人；他不會這樣看。他無法這樣看的原因是他不知道什麼是房子，什麼是樹——什麼是綠色的樹，什麼是紅色的花。小孩不知道紅色或綠色。想像一下，當小孩睜開雙眼，他如何看待一切⋯⋯你甚至無法想像。

對一個小孩而言，一切都合併成一個整體，它們看起來是一體的。這也是我們如何談論小孩的。小孩沒有分別的概念，他也不知道一，他只是看。一切是一。紅色還不是紅色的，綠色也還不是綠色的。沒有界線。一切都相連在一起，彼此融合。

然後語言誕生了。語言創造出差異。然後，狗是不同的，貓是不同的，房子是不同的，樹是不同的；分別的世界開始了。小孩學習越多、了解越多、越常使用語言，更多的不同就會出現。

你把那些拘泥於細節上的不同的人稱為偉大的思想家。但是存在是非二分性的；是語言創造出所有的分別。這就是為什麼所有的宗教都承認寧靜的重要性。在寧靜中，你開始不透過語言的看，你開始不透過層層思想的看。寧靜的意思只是沒有思想的看著存在。立刻地，差異會消失，一會出現。那就是為什麼寧靜是偉大的煉金術。

一個還不知道寧靜的人就是什麼都不知道的人。把它稱為寧靜、把它稱為靜心、把它稱為愛——那是同樣的東西。即使在愛裡面，寧靜也會發生，文字會消失。當文字消失了，靜心發生了。如果你是全然靜心的，愛會開始流動。靜心和愛是同一枚硬幣的兩面。靜心的意思是你已經變成寧靜的。當你變成寧靜的，你會發現只有一，不存在「其他」。當你發現只有一，而不存在其他，然後愛會開始流動。你避免去愛是因為「其他」在那兒。當你在每顆心中發現只有「是我」悸動著，在每棵樹中只有「是我」綻放著，在星星和月亮裡面只有「是我」閃耀著，那怎麼可能會沒有愛？你怎麼可能恨？怎麼會存在著恨和敵意？所以莎訶若說：

沒有二分性，就沒有敵意。

所以第一件事是超越二分性。讓「其他」不存在。當「二」不存在，敵意會自行消失，愛會自行升起。然後沒有人是敵人；沒有人可以成為敵人。要有敵人，其他人是需要的，某個人是需要的。

沒有二分性，就沒有敵意。也許沒有人像莎訶若說過如此微妙的經文：「沒有敵意」。

她說首先，沒有二分性：沒有二，沒有二分性，沒有分別。然後敵意會自行消失。**沒有二分性，就沒有敵意**——「沒有敵意」的狀態會從「沒有二分性」的狀態中出現。

莎訶若說：一個人會是沒有慾望的。

當敵意不存在，無欲就發生了。這是一句非常重要的經文。當二不存在，那麼敵意會自行消失。你就只是沒有敵意。一旦沒有二分性，那還要達成什麼？那慾望要如何倖存？一個達成的頭腦就是在和別人競爭：「別人會比我達成更多，我會被拋在後面。」——這就是為什麼會有野心——「那麼，即使我得砍下別人的頭也沒有問題，我必須得到最高的地位。如果我同情別人，那我要如何到達頂端？我必須把別人的頭當成墊腳石。我必須利用他們，我必須像瘋子一樣追逐，像個瘋狂的人。」

這就是希特勒成功的秘密。有很多比希特勒聰明的人在爭奪權力，但是他們都失敗了。甚至沒有人會想到希特勒在德國的影響力會這麼大。有很多聰明的人和他一同從政，但是他將他們拋到後面。唯一的原因是沒有人像他一樣瘋狂，他們都有一點智慧，那是他們失敗的原因。希特勒是完全瘋狂的。如果你和瘋子競爭，你可以確信你將無法勝利。如果瘋子不與你競爭，那是另一回事；但是如果他與你競爭，那麼你的失敗是可以確定的。無論你投入多少能量到你的努力中，你都無法和一個瘋子競爭。

你有觀察過嗎，如果你是憤怒的，你甚至可以搬起一顆大石頭？沒有那個憤怒，你甚至無法移動那顆石頭。在憤怒中，你是失去理智的，你是瘋狂的。瘋子甚至可以弄斷連捽角手在正常狀態下都無法弄斷的鎖鏈。瘋子可以弄斷它們，因為瘋子是沒有極限的；瘋子沒有任何覺知。

二次世界大戰中，希特勒統治全世界的慾望幾乎就要成功。原因是什麼？那個原因是很特別的。軍事家說像希特勒這樣的現象，在人類歷史上從未出現過。英國、美國、俄國和法國的軍隊司令都遇到了困難。為什麼？——因為那是一場和瘋子的戰爭。

如果希特勒是一個擅長軍事策略的軍隊領導人，那事情就很容易。那麼所有的盟軍司令都會說希特勒將會攻打一個特別的地方，因為那是他們最弱的地方。但是希特勒並沒有攻打那兒。在那兒的人已經準備迎擊，因為攻擊總是從最弱的地方開始，但是希特勒會攻打那些司令認為最強大，沒有必要防守的地方。希特勒的將軍會說：「你在做什麼？這將會造成我們的失敗！」希特勒會說：「閉嘴！我從神那兒得到指示。」這些神的指示讓他連續五年打勝仗！

然後慢慢的、慢慢的，變得越來越複雜，變得越來越難了解他的策略。就好像你在和某個不遵循任何規則的瘋子玩西洋棋一樣。他移動的方式亂七八糟。即使最有智慧的棋手也會感到麻煩。

希特勒持續讓他們困惑五年。花了五年的時間才讓敵方的將軍了解他的方式，他頭腦運作的方式——直到那時，他們才開始打勝仗。他們花了五年的時間研究他。他讓所有人的軍事策略被淘汰。他是完全瘋狂的。他會做出沒有人可以想像到的事。他會做出沒有人可以察覺到的事，並因此打了勝仗。

他會指派一些占星家，在進攻之前，他會諮詢他們的意見，要向東方還是西方進攻。他的將軍會說：「戰爭怎麼可以用占星學來進行？你應該要諮詢我們！」但是他已經任命這些占星家。

當英國發現他會根據占星家的指引來決定如何進攻時，然後即使像一個像邱吉爾這樣完全不相信占星術的人，也必須任用一些占星家。能怎麼辦？如果你想要和希特勒戰鬥，你也必須任用占星家！這個占星家必須告訴邱吉爾，希特勒的占星家會給他什麼建議。這個戰爭不能由將軍決定如何進行。

沒有二分性，就沒有敵意。
莎訶若說：一個人會是沒有慾望的。

瘋子領先其他人——但是其他人是需要的，這樣才會有領先。如果沒有其他人，那你要把誰拋在後面？那麼，還能欲求什麼？野心——為了什麼？

所以基本的是，沒有二分性。然後一個沒有敵意的狀態會因此出現。然後無欲的狀態會因為這個無敵意的狀態而出現。就不會有要和誰爭鬥的問題。

當你知道沒有二分性，那麼爭鬥的語言會變成沒有意義的。只會有一：然後只有臣服的語言變成有意義的。然後你要和誰爭鬥？當你消失了，你還會想征服誰？然後失敗就是勝利：「如果我是這個巨大存在的一部分，那麼就沒有理由和它爭鬥。一個人只能隨著它流動，向它臣服。」

然後你就不會想要逆流而上，你會隨著它流動。然後河流會帶著你一起流動。拉瑪克理虛納曾經說過：「有兩種過河的方式，一個是你坐上船，划船越過它。那你就得和河流對抗，和風對抗。另一個方式就是等待正確的時機，當風朝著正確的方向吹著，河流會準備好帶著你過去。然後你升上你的帆，風和河流將會帶著你，它們會變成你的槳。」

一個充滿慾望的人就是努力用槳划船的人。一個沒有慾望的人會向存在的意志臣服。現在存在的風會帶著他，他只需要升起帆。無論存在帶著他去哪兒，那兒就是他的目的地。

沒有二分性，就沒有敵意。

莎訶若說：一個人會是沒有慾望的。

就是這三個部分：你沒有二分性、沒有敵意、沒有慾望。

處於純粹滿足的狀態下……

這三個部分帶來的結果就是純粹滿足的狀態。

處於純粹滿足的狀態下，沒有依賴別人的需要。

別人不存在，所以不會有渴望別人的問題。

處於純粹滿足的狀態下……滿足有兩種形式；因此莎訶若加入了純粹。聖人必須謹慎的說出每個字，因為這些話是對你們說的。

滿足可以是不純粹的。你會說：「滿足怎麼會是不純粹的？」當你強迫自己滿足，那它就不是純粹的滿足。你失敗了，你安慰你的頭腦，你說：「好吧，沒有關係。注定的事已經發生了。也許神會因此讓某些好事出現。也許這是一個偽裝的祝福。」這不是滿足，這是安慰。

你用這樣的方式安慰自己，因為生活已經很艱難，如果你還一直不滿足，你會被灼傷。你存在裡面的每根纖維將會產生毒，你會因為痛苦而受傷。所以你必須安慰自己，也許會因而遇到某些好事：「無論發生了什麼事，沒有關係。無論神做了什麼都是對的。」你被「不對的」的荊棘刺傷，現在你試著藉由說那是「對的」來包紮傷口。當你說那一定是偽裝的詛咒裡的祝福，你已經認為這是個不幸，現在你試著辯解這是神的意志。

記住，如果你的滿足是純粹的，那你就不會感到任何不幸。你會感到祝福，而且只會感到祝福。如果滿足是不純粹的，那麼不幸會很快讓它自己被發現，然後背負著那個不幸，你會希望得到祝福。因為這個不幸如此巨大，你要如何背負它？你需要一些安慰，於是你說那是你過去的業，也許你受苦是因為過去的業——但是你在受苦。你知道你在受苦，所以現在你試著透過某些方式安慰你自己。房子的每面牆都已經塌陷了，而你還試著撐著它——但是對房子而言，這是一個不健康的狀態。就像伊索寓言：葡萄在那兒，但是你採不到它們，所以你說它們是酸的，它們還沒有成熟。你想騙誰？

在這個國家裡，你會發現很多這種滿足的人，一直在譴責全世界。他們說：「這個世界的其他人都是無宗教性的。如果你想要學習滿足，就向我們學習。印度是非常滿足的。」

我很少遇到真的滿足的人。你的滿足只是一個虛假的滿足。你的滿足是虛弱的。當我說「虛弱的滿足」，意思是你是無法和人競爭的，你是害怕戰鬥的，所以你用滿足的美麗名字掩飾它。你也想要競爭，但是你想要某個人為你做到。你也想要坐上王座，但是你想要神舉起你，把你放到王座上。然後你就不用做任何事，因為做任何事就有可能會失敗。如果你競爭，你會害怕。如果你被拋到後面，那你的自我將會受傷。

世界上有兩種自我主義者：第一種就像瘋子一樣追逐一切，另一種則是站在一旁，假裝是滿足的人。像瘋子一樣的自我主義者會把別人推到一邊。站在一旁並像個滿足的人的自我主義者可能會使你上當；你可能會想：「他是多麼滿足啊！他只是站在一旁。」但是如果你深入的看著他，你會發現他站在一旁是因為他害怕輸了比賽。也許他是比瘋子還要自我的自我主義者。他根本不會競爭，因為參加比賽表示勝利是不確定的，一個人可能會失敗。

人們來找我：「我們想要愛，但是我們無法接近任何人，因為我們害怕被拒絕。對方可能會拒絕我們，所以我們無法奉獻我們的愛。」這就是自我。確實，如果你想對某個人奉獻你的愛，你會害怕被拒絕。對方是自由的。你想要愛，但是對方不一定會準備去愛你。

你必須先從友情開始，但是不可避免的，對方也可能基於友誼而回應。你可能一點都不吸引她！情況常常是這樣，對於你愛的人，你是沒有吸引力的。這背後藏著一個巨大的自我，因為從沒有人想過他自己是討人喜歡的。所以每當某個人愛上你，你會說：「無論誰愛上我，她一定是不值得愛的。」你沒有覺知到你的自尊。好幾世紀以來，你一直被教導的只有譴責自己。你內心裡是如此自責，以致於你被說服你是不值得被愛的，無論誰愛上你，她一定是瘋了。

有一個美國喜劇演員，格勞喬馬克思。在好萊塢有一個著名的俱樂部，只有最偉大的會員、醫生和上流人士可以成為會員。人們瘋狂的試著要成為那個俱樂部的會員，只有總統和州長那樣的人可以得到會員。這個俱樂部邀請格勞喬馬克思成為會員。格勞喬馬克思回信中寫到：「我不能接受一個已經準備要讓我成為俱樂部會員的會員身分。那一定不值得我參加，否則它為什麼要讓我成為會員？我想要成為一個沒有準備要讓我成為會員的俱樂部會員！」

這就是自我。

蕭伯納獲得了諾貝爾獎，但是他拒絕接受。他說：「它現在已經配不上我的身分，它是不值得我接受的。把它頒給那些年輕人、資淺的人。我現在已經成了老人。那個適合的時刻已經過去了——如果你在二十年前頒發給我，也許我會接受它。」

賈亞普拉卡什有很多次被要求擔任印度總理，但是他說那個職位現在已經不適合他的身分了。

自我有很多非凡的品質！人們認為賈亞普拉卡什放棄了一切，因為他拒絕總理的職位，但要了解那個人心裡一定有這樣的感受。他的意思是：「這個職位不值得我接受」——不是放棄的問題——「那完全不值得我接受！」

很多時候，你所謂的捨棄一切的人，其實是比你更嚴重的自我主義者。有很多次，那些站在一旁，外表看起來滿足的人，其實是比你更不滿足的人。但是他們外在的行為是沒有任何意義的，要發生的應該是內在的轉變。

莎訶若說：**處於純粹滿足的狀態下⋯**這個滿足的狀態是非常純粹的。如果讓我說，我會說只有當你甚至不知道你是滿足的，只有那樣才是真正純粹滿足的狀態。一旦你察覺到，不滿足也同時出現了。只要你感覺自己是滿足的，你可以確信，你其實是不滿足的。只有當你不知道你是滿足的——甚至沒有察覺到你的滿足——你才是真的滿足。

處於純粹滿足的狀態下，沒有依賴別人的需要。

這是非常微妙且複雜的。自我主義者也可能不會向別人要求任何東西，但這是因為他的自我——他的自我還沒準備好向別人要求任何東西。一個滿足的人也不會要求。從外在來看，他們都是相同的，但是實際上，他們的不同就像天堂與地獄。一個滿足的人不會依賴別人，因為對他而言，不再有任何「別人」。

沒有二分性，就沒有敵意。

莎訶若說：一個人會是沒有慾望的。
處於純粹滿足的狀態下，沒有依賴別人的需要。

不再有「別人」，所以自然的，就不會有依賴。一個自我主義者也不依賴，因為他說：「我怎麼能依賴別人？不可能！我不會向任何人低頭。」一個滿足的人也不會向別人低頭，因為他說：「我要向誰低頭？已經沒有別人，所以有什麼必要？這沒有任何意義。」一個自我主義者不會向別人低頭，因為他不能要求。一個無自我的人不會向別人低頭，因為沒有人可以讓他低頭。如果我開始膜拜自己的肖像，那只會證明我瘋了。對著鏡子，向鏡中的自己低頭的意義在哪兒？

一個自我主義者不會低頭，一個無自我的人也不會低頭——但是他們的理由是非常不同的。自我主義者不低頭的理由是錯誤的，無自我的人則沒有低頭的理由，沒有任何理由。

處於純粹滿足的狀態下，沒有依賴別人的需要。你會發現這句經文可以用在生命中的各個面向。一個宗教性的人不會知道他是宗教性的；只有無宗教性的人才會認為他是宗教性的。一個健康的人不會認為他是健康的，只有一個生病的人會分別健康和疾病。一個有智慧的人不會認為他是有智慧的，只有一個蠢人才會這麼想。

只要你注意到你自己的某些事，可以確信相反的一面也藏在某處。它就在那兒，像根刺一樣，仍然刺痛著你。你可能會灑滿花朵覆蓋它——那是另一回事——但是傷口仍在那兒。它已經被包紮好了，但是裡面仍流著膿。當傷口已經完全的痊癒，你將不會察覺到它；你不會察覺到曾經有一個傷口或察覺到它已經痊癒了。它已經不見了，事情結束了。

下一段要談的經文，即使你找遍奧義書，即使你找遍所有的吠陀，你也找不到這樣的經文。

睡著時，一個人處於神的空無天空；
醒來時，一個人惦記著神。
一個人無論說了什麼話，都是神的話語。
一個人學著無欲的奉獻。

睡著時，一個人處於神的空無天空……莎訶若說：「現在我的睡眠處於空之中，不再有任何夢想。現在當我睡著，我進入空。」

醒來時，一個人惦記著神。「現在，當我醒來，我一邊惦記著神，一邊醒來。我在空裡面睡覺，而我的甦醒狀態是充滿的。」這是唯一的兩種狀態：空和充滿。

佛陀把空稱為涅槃，商羯羅則把充滿稱為涅槃。莎訶若將兩者都包含進來；莎訶若變成了一座橋。佛陀堅持最終存在的本質是空。莎訶若會說佛陀以他寧靜的雙眼看著存在，所以他經驗到的存在是空。商羯羅沒有用寧靜的雙眼看著存在，不是處於熟睡的狀態，而是睜開雙眼，覺醒的，活躍的：所以他經驗到的存在是充滿。

醒來時，一個人惦記著神——睡著時變成空無的天空，醒著時變成充滿的。存在是一。我們處於兩種狀態：睡眠和清醒。在睡眠中經驗到存在的人會發現它是最終的寧靜，清醒時經驗到存在的人會發現它是最終的喜樂。在睡眠中，喜樂變成了寧靜，清醒時，寧靜變成了喜樂。

所以佛陀靜靜的坐在樹下，菩提樹下。他經驗到的存在是空。柴坦亞在存在中跳著舞：「Hari bol，Hari bol！」柴坦亞跳著舞；他是在清醒時看到存在。兩者都經驗到相同的，但是它們是兩個不同的面向。如果你是閉著雙眼的，你經驗到的存在是空，如果你是睜開雙眼的，你會發現這個存在的巨大遊戲是充滿。

商羯羅駁斥佛陀，商羯羅裡面還存在著哲學家的特質，它還未消失。即使在消失之後，他仍然殘留著少許的人格特質，就好像繩子燒掉之後，還是會殘留著繩子的痕跡。商羯羅的人格是屬於哲學家的特質，屬於思想家的特質。當他獲得了最終的知識，他仍然保有深思熟慮的作風。佛陀的人格也是屬於哲學家的特質，他也獲得了最終的知道。但是一個思想家總是持有著某方面的思想，因為不可能沒有任何思想而深思熟慮。所以佛陀經驗到的神性是空，而商羯羅經驗到的神性是充滿。而莎訶若將兩者都加入——一個女人應該將兩個對立的男人加入，這是好的！

莎訶若的話語是美麗的。

睡著時，一個人處於神的空無天空；
醒來時，一個人惦記著神。

所以她說佛陀是對的，商羯羅也是對的。「我已經透過這兩種方式經驗到神，我了解到它不是二。實際上這兩個二是一。它們是我們的兩面。如果我們閉上雙眼，那麼內在裡面會是空；如果我們睜開雙眼，那麼會是充滿的，它到處灑落著。」

睡著時，一個人處於神的空無天空；
醒來時，一個人惦記著神。

你可以把這個當成一個靜心來練習。如果清醒的時候，你是有意識的，警覺到神性的，在你睡著時，你會融化在空無的天空。但是如果上床後，你持續記著自己和唱誦，你將無法入睡。你自己不能休息，你也不讓神休息！

我聽說有個人死了。他是一個偉大的牧師和學者。他家前面住著一個妓女，也剛好死了。當死亡天使要帶走他的時候，學者說：「這樣不對：你要把我帶到地獄，而那個妓女卻能上天堂。有些地方搞錯了。你應該再確認一下。」他是一個學者，非常固執。他變得很頑固。他說：「我不同意你，你再去問一次。」

天使說：「我們從來不會出錯。」

學者說：「你要帶我去地獄，然而我每天早晚都在念誦神的名字，隨時隨地念著：羅摩、羅摩。而這個妓女從未提到羅摩的名字……」

天使說：「我們會帶你去神那兒，你可以自己和祂爭辯。」

這個人去到神那兒說：「怎麼會有這樣的不公平？一個妓女卻可以上天堂！所以即使在天堂，一切都跟活著的時候一樣。她活著的時候有些社會地位，所以她在這兒也會享有同樣的地位。而我兩者都失去了。我死時還在念誦祢的名字，現在我卻得去地獄？我一輩子都在念誦祢的名字。祢知道我從未有任何片刻忘掉祢。」

神說：「那就是為什麼你要被送到地獄。你不睡覺，也不讓我睡覺。這個妓女可能沒提過我的名字，確實如此，但是她沒有為我帶來任何麻煩。你讓我很煩躁，你不斷的打擾我。」

不要整天都抓著同一件事不放。

生命有兩個岸邊，生命之河有兩個岸邊。有努力也有休息；有清醒也有睡眠。那就是為什麼眼皮可以打開和閉上。那就是為什麼呼吸進入又出去。那就是為什麼有生也有死。那就是為什麼有女人也有男人。生命有兩個岸邊，一個平衡兩邊的人也同時經驗到他的真正本性。不要抓著一個岸邊不放。如果你抓著其中一個，你就做出了選擇。你抓著其中一半，而遺漏了另一半——另一半也是神。

人們來找我……

幾年前，有個男人來找我。他是一個好人。壞人會惹到不好的麻煩，好人會惹到好的麻煩——但是人們無法避開麻煩。他們的善良也支持著他們的自我。

這個人來見我。我問：「發生什麼事？」他的狀況很差。他妻子陪他一起來，他的父親也在場。我問他們：「發生了什麼事？」因為他狀況很差，甚至無法說話。

他們說當他開始看希瓦南達的書，原本每天睡八小時，然後他開始只睡五小時，然後是三小時。「他現在已經神智不清了，無論我們怎麼勸他，他會說：無論如何，一個人必須超越睡眠，成道的人完全不用睡覺。然後他隨時帶著那本書。首先他拋棄睡眠，後來他整天都感覺想睡，於是他問了一些導師。一個導師告訴他：如果你想要降低睡眠，就減少你的飲食。如果你吃得很飽，你會整天感覺想睡——你吃太多了。於是他減少飲食，現在他只喝牛奶。他的身體變得很乾瘦，他變得很虛弱。他整晚都沒睡覺。他害怕睡覺，因為當他睡覺，他會做夢，而做夢是一個罪：必須停止做夢。於是他現在變得越來越神智不清。他不聽任何人的，因為他是博學的，他的辯論可以駁倒我們；他贏了一切的辯論。」

他的妻子開始哭泣，她說：「現在因為這樣，整個家庭都破碎了。讓他不要再接觸希瓦南達！」

我問他：「你的書在哪兒？」他把書放在他的袋子裡。我說：「至少看一下希瓦南達的照片！你在全印度找不到跟他一樣胖的人了——他的重量一定超過四輛汽車！你真的吃太多嗎？你瘦得只剩下骨頭了，你甚至無法走路。當希瓦南達走路，他會需要二個人扶著他，因為他甚至無法靠自己走路。要兩個人扶著他，他才能走路。在你看過他的書之後，你至少應該看一下他的照片，他的書放滿了他的照片。」

但是好人會得到高貴的疾病，有時候那些疾病比不好的疾病還要危險。

生命需要一個巨大的平衡。我把這個平衡稱為自律。這個自律，我的意思不是指棄世。我的定義是，自律是一個介於棄世和放縱的平衡。我對於自律的定義是，過著一個自然和放鬆的生活。身體需要休息，它也需要食物，它也需要工作。在夜晚入睡，在白天則保持清醒。

所以一個宗教性的人該做什麼？**睡著時，一個人處於神的空無天空；醒來時，一個人惦記著神**。

當你是清醒的，看著神性。當你入睡了，進入空。讓這成為你靈修的一部分：當你清醒的時候，不要忘記神，當你入睡了，不要記住一切，甚至不要記住神，因為即使你記著神，那個空也會是不完整的。

當你開始在空和充滿之間移動，你就是處於酣醉的狀態，但那個狀態是有意識的，不是無意識的。這就是為什麼莎訶若說：……**他們不由自主的蹣跚行進……**所以他們蹣跚行進，但是……**神接管了他們**。現在沒有需要去照顧這個人了，存在會照顧那個在生命中達到平衡的人。**睡著時，一個人處於神的空無天空；醒來時，一個人惦記著神。**

無論你要說什麼，那個方式要和你說出神的名字的方式一樣。只用那個方式說。只說那個與神有關的，否則什麼都不要說。你可以不用說話，但如果你要說話，讓那些話是和神相關的。

在印度有一個古老的傳統，我們已經忘記它的意義：在路上，即使遇到一個陌生人，你也會對他說：「Ram-Ram，」神的名字，並且合上雙手，微微點頭。那意思是你透過打招呼而記住神。現在，你即使打招呼也是有目的的。但是在村莊裡面，如果你在路上經過某人，即使那個人不認識你，和你沒有任何關係，他仍會對你說：「Jai Ram Ji」——勝利屬於神，神就在你裡面。你可能以為這是沒有意義的話。你不認識他，你和他沒有關係，然而他會向你打招呼說：「Jai Ram Ji」；感覺它是無關緊要的。

但是村民是在遵從一個過去的傳統。他不是向你打招呼，他是在透過打招呼記住神。**一個人無論說了什麼，那都是神的話語。**你在那兒，所以你變成了藉口。他利用這個機會記住神。

那就是為什麼全世界沒有任何打招呼的方式會像印度一樣。「早安」是不錯的，但是它沒有那麼豐富的意義。它只是勉強可以。但是「Jai Ram Ji」是獨一無二的。當一個人可以談論神，為什麼還要談論早晨？神裡面也包含早晨！「早安」無法記住神，但是「Jai Ram Ji」確實包含了早晨。早晨並不一定都是好的，傍晚並不一定都是好的。而神一直都是好的。早晨和傍晚是會改變的：今天天氣很好，明天天氣可能就不好了。而神一直都是好的。如果你想要記得某些東西，那就記住神。

一個人無論說了什麼，那都是神的話語。
一個人學著無欲的奉獻。

讓你的奉獻是無欲的。讓奉獻裡面沒有任何期望。這就是愛的判斷標準。你要求的那一瞬間，它就變成了慾望，它開始往下掉。當你什麼都不要求，愛會變成奉獻，它上升的更高。你要求的那一瞬間，那就像是在愛的脖子綁上一顆石頭。當你不要求，你的愛有了雙翼，它開始在天空中飛翔。**一個人學著無欲的奉獻。**

一個人沐浴在愛裡面，
陶醉在自己的存在裡。
莎訶若說：一個人沒有任何分別的看待一切。
沒有人是乞丐或皇帝。

莎訶若說：「這已經變成我的狀態；一個純粹的滿足已經裡裡外外包圍著我。」一個純粹的滿足。一個人甚至沒有察覺到這個滿足。沒有期望，沒有依賴別人的需要。現在已經沒有「別人」，所以怎麼會有任何期望？沒有什麼要達成的，因為一切都是一。沒有什麼地方要去，沒有未來，當下就是完整的。一個人睡在神的空無天空，並在神裡面醒來；一個人無論說了什麼，都是和神相關的。當一個人不說話，那是寧靜的奉獻，寧靜而且沒有要求的。當你沒有任何要求，還有什麼必要說話？

所以一個人無論說了什麼，都是和神相關的，都是讚美神的。即使一個人不說話，他就是淹沒在奉獻裡，淹沒在愛裡面。

一個人沐浴在愛裡面，

現在一個人二十四小時都沐浴在愛裡面。

…陶醉在自己的存在裡。

心是滿足的，沒有任何未實現的。一個人和自己在一起就是滿足的，因為神不是和我分開的，祂就是我的形象。

陶醉在自己的存在裡。

莎訶若說：一個人沒有任何分別的看待一切。

現在一個人已經變成無分別的。一旦一個人是滿足的，他就不再有任何分別。在空和充滿之間有一個平衡，沒有分別。

莎訶若說：一個人沒有任何分別的看待一切。

沒有人是乞丐或皇帝。

現在一個人不再分別，現在沒有人是富有的或貧窮的，美麗的或醜陋的，女人或男人，沒有世界或解脫。**莎訶若說：一個人沒有任何分別的看待一切。沒有人是乞丐或皇帝。**

聖人是單獨的，不需要任何同伴。
她唯一的同伴就是她自己的存在。
她活在覺醒的喜樂中，
她喝著自性的汁液。

聖人是單獨的，不需要任何同伴：如果你想要學習某些事，那就學習單獨，學習自己一個人，因為你只會在你的單獨中找到神。只要你尋找別人，你會遇到很多人，但是你不會找到祂。只要你尋找別人，你就是在逃離自己。

尋找別人就是逃離你自己。

你在自己的單獨中感到不自在。你說：「要做什麼？要去哪兒？要去找誰？」你去找一個朋友，你去一個俱樂部，你去一間餐廳，你去看電影，你去寺廟——但是你的尋找是在尋找別人。如果和別人有一個會合，你就能逃離自己，否則你和自己在一起會變得不自在。你和自己在一起感到無聊。你無法忍受自己。你受到自己的打擾。所以你尋找一個妻子，一個丈夫，妳生孩子——你持續聚集越來越多人，然後你迷失在裡面。

人們來找我。如果他們是單獨的，他們會是悲傷的，他們說：「我們是單獨的。」如果他們待在一個家庭，他們是悲傷的，他們會抱怨：「我們待在一個家庭裡。」為了逃離他們的單獨，他們尋找人群，但是稍後，人群造成了打擾。然後他們說：「我們快被壓扁了，我們要死於這無意義的一切了。我們背著一個重擔，我們變成馱重的牲口了。現在我們必須照顧妻子和小孩，我們必須教育他們，讓他們結婚，現在我們落入陷阱了。」在他們落入陷阱之前，他們一直在想：「自己一個人要做什麼？我們要做什麼？」他們想不到任何事。單獨的時候，他們感覺無聊，他們想要做點事。

聖人是單獨的，不需要任何同伴⋯

聖人是一個重視他的單獨性的人，他是一個試著保持處於單獨狀態的人。聖人是一個會說：「在我的單獨裡面，我仍是喜樂的。」的人，然後漸漸的、漸漸的進入他的自性。聖人是一個會持續深入挖掘他自己、並淹沒在這個深度下的人。當你到達你的中心，會有一個片刻來到：然後就沒有必要再和誰在一起。

但這不表示你要逃到森林。只有在人群中迷失自己、逃離自己的人才會逃到森林裡。現在，你逃離人群，你跑到森林裡。你會在森林裡面再度感到孤獨，然後逃離森林。

幾天前，有一對年輕男女從西方來找我。他們結婚了。兩年前，他們來找過我，當時他們還沒結婚。後來他們來找我，說他們想結婚，要求我的祝福。

我告訴他們：「不要這麼急，和對方待在一起幾天，熟悉對方，然後再結婚。」

但是他們很著急。通常愛就像一種瘋狂。他們說：「我們會永遠在一起。我們為什麼要等？我們為什麼要明天才走？」

他們結婚了，之後兩年的時間，他們對彼此感到厭煩。現在他們又來這兒了；現在他們說：「請讓我們自由。」

我告訴他們：「你們之前不聽我的話，你們急忙的結婚。現在這一次，不要急。為何急著分開？先做一件事：分開幾個月。」我叫丈夫去果阿。幾週後他回來了，他說他很孤獨，他的生活不能沒有他的妻子。

我說：「你以前犯了錯。現在如果我讓你們分開呢？」他們再次住在一起。但是三天後他們又來找我，說他們無法住在一起！

你無法和自己生活在一起，你也無法和別人生活在一起。你對自己感到無聊，所以你緊抓著對方，當你抓住對方了，你又對她感到無聊。你和自己在一起都會感到無聊，那麼和別人在一起又怎麼可能不會感到無聊？想想看：當你對自己感到不滿足，那麼和別人在一起又怎麼能讓你滿足？當你對自己的愛不足以讓你和自己待在一起，那你對對方的愛又如何能夠足以讓你和她待在一起？

聖人是單獨的，不需要任何同伴⋯所以聖人是一個如此沉醉在愛裡面的人、如此沉醉在自性的人、和自己在一起是如此自在，以致於她不需要任何人的陪伴。

⋯陶醉在自己的存在裡。

那麼她就是她自己的同伴。有趣的是，秘密在於，如果她這樣的人是你的同伴，那麼你的快樂會是無止盡的。當某人和自己的存在在一起，她不會尋求你的陪伴，但是如果你遇到她，她也不會逃離你。她一點都不在意你，不會和你在一起，也不會離開你。她仍然處於她的喜悅中。如果你想的話，你可以分享她的喜悅，她會分享。當一盞燈被點燃了，然後有一盞沒被點燃的燈靠近它，它會擔心分享火焰會使它變暗嗎？你可以用一盞點燃的燈點燃一千盞燈，而那一盞燈的火焰仍會保持一樣；它不會變少，但是有一千盞燈被點燃了。

一個已經學習到和她自己在一起的人，她的火焰燃燒著。現在她不會再尋找別人。如果某個人來到，她是快樂的，如果沒有人來，她也是快樂的。她單獨時的快樂就像待在市集一樣的快樂。喜馬拉亞山和市集都是一樣的美。如果某個人想要來接近她，她會分享她的火焰。火焰可以從這一盞燈傳遞給下一盞燈，而她的火焰不會有絲毫減少，她是快樂的，因為別人也是燃燒著火焰的，然後世界上的光就會變得更亮。火焰可能是不同的，但是光是一。

聖人是單獨的，不需要任何同伴。
她唯一的同伴就是她自己的存在。
她活在覺醒的喜樂中，
她喝著自性的汁液。

這個世界只會有一種喜樂：覺醒的喜樂。它是意識的喜悅、覺醒的喜悅、免於無意識的喜悅。那個尋找的人仍然和她自己在一起，並在她自己裡面覺醒。她喚醒了自己，將她自己從無意識中拉了出來，並取出那個被藏起來的火焰。她抖落了覆蓋的灰塵。

……在覺醒的喜樂中……意識出現了。內在的雙眼睜開了。她開始活在最終的喜樂中。

⋯在覺醒的喜樂中，她喝著自性的汁液。

然後聖人喝著她自性的汁液。只要你從未飲用過自己，你就無法解你的渴。這個世界上沒有任何井可以解你的渴。這個世界上沒有任何井可以滿足你的渴，除非你飲用你自己。只有在喝過這樣的酒之後，你才會停止尋找，不再有任何飢渴。

耶穌曾經站在一口井旁邊。一個女人正在從井裡面取水，所以他向她要水喝。她說：「我屬於比較低賤的階級，高等階級的人不能喝我碰過的水。從你的穿著來看，你屬於一個更高的階級。」

耶穌說：「如果你讓我喝妳井裡的水，我承諾妳，我會把我井裡的水給妳。而且我要告訴妳，喝了妳給我的井水，我還是會口渴。但如果喝了我給妳的水，妳永遠不再會口渴。」

一個已經喝了自性之水的人，他已經解了渴。他也能解別人的渴，因為他可以傳達相同的神性，可以飲用某個人的喜樂。

宗教是有傳染性的。當它在某個人身上出現，如果你靠近他，如果你進入到他的震動中，如果你進入他的氛圍，那麼你也會被傳染。你裡面的某些東西會開始出現。

⋯在覺醒的喜樂中，她喝著自性的汁液。那是很容易飲用的，很容易沉醉在這樣的氛圍下，很容易把你自己浸沒在裡面。它是自然的。不需要做任何事。它是沒有任何原因就出現的雨，它是沒有雲就出現的陣雨。即使雲不在那兒，那麼這些陣雨是哪來的？天空是晴朗的，沒有任何雲，但卻在下雨——沒有雲的雨。你的內在裡面不需要做任何事；不需要尋找任何原因。Sahaj的意思是沒有任何原因。

Sahaj是一個重要的字。它的意思是，沒有做任何事而發生的。只是進入裡面——沒有雲的雨。完全沒有原因：你來到了內在，你解了渴。甘露開始流向你的喉嚨…**她喝著自性的汁液。**

亡者是不快樂的，生者是不快樂的，
挨餓的人是不快樂的，吃飽的人是不快樂的，
莎訶若說：單獨的聖人是喜樂的，
她已經找到永恆的喜悅。

莎訶若說：**亡者是不快樂的**…那些已經死去的人是不快樂的…**生者是不快樂的**…那些活著的人是不快樂的…**挨餓的人是不快樂的**…那些挨餓的人是不快樂的，還有…**吃飽的人是不快樂的**。窮人是不快樂的，富人是不快樂的。成功的人是不快樂的，失敗的人是不快樂的。似乎不快樂是這個世界的狀態。無論你贏了或輸了，無論你活著還是死了，你都會感到不快樂。似乎沒有辦法可以離開這個不快樂。

亡者是不快樂的，生者是不快樂的，
挨餓的人是不快樂的，吃飽的人是不快樂的，
莎訶若說：單獨的聖人是喜樂的，

為什麼只有聖人是快樂的？

⋯她已經找到永恆的喜悅。

因為她已經獲得了成道——而且它是永遠不會結束的。只有獲得超越原因的某個東西的人是快樂的。

稍微了解這點：如果你的快樂是有原因的，那麼你遲早會變得不快樂，因為你的快樂依賴某個東西。一個朋友來訪，已經好幾年沒見到他，你變得很快樂，你很愉快。你快樂的原因是什麼？如果你昨天才見過這個朋友，那你還會這麼快樂嗎？不，是因為過了好幾年他才回來。原因是有一個空無的洞被放了好幾年，現在他回來了，那個洞被填補了，所以你是快樂的。但是幾天後，你還會快樂嗎？那個洞不再是空無的。你是快樂的：你已經有五年沒見到他，所以有一個空無的空間；然後突然間他來了，於是會有一個完整。但是五天後，你不再是空虛的。現在你會想：「這個人何時會離開？」

人們歡迎客人的到來。但是當客人離開後，他們會更快樂——原因是你在思考如何擺脫他們，現在他們自己離開了，所以問題不再存在了。當你是飢餓的，你會對食物有興趣，但是當你的胃是飽的，你就不再對食物有興趣。你會有興趣是因為你的飢餓。一旦你的飢餓被滿足了，那個興趣會消失。對性的渴望出現了，所以會對一個男人或女人有興趣。但是一旦渴望被滿足了，然後會怎麼樣？然後就不會再有興趣。那就是為什麼人們對她們的丈夫感到無趣，對他們的妻子感到無趣。當你們第一次相遇，你說：「生命缺少了妳是沒有意義的。妳是一切，妳是我的夢，妳是我的天堂。」現在丈夫逃離他的妻子，妻子逃離她的丈夫。當他們在一起，只會有對抗和衝突。

為什麼會這樣？很明顯，你不了解生命的法則。有一個性的飢餓，然後它被滿足了。就如同一個胃很飽的人就不會再注意食物。當性慾被滿足了，就不再對丈夫或妻子有興趣。一旦你又空虛了，那個興趣又會出現。無論什麼情況下，有一個原因在那兒，你的快樂也會在那兒，但是它是暫時的，你很快又會不快樂。

每當有一個原因在那兒，你就不是你快樂的主人。主人是一個可以掌控自己的快樂源頭的人。

如果丈夫快樂是因為妻子滿足他的慾望，那他的內心會是不快樂的，因為妻子變成了他的主人。每當她想讓你不快樂，她就不滿足你的慾望；然後你會是悲傷的。所以你快樂的原因也會是你痛苦的原因。如果某個人讚美你，在你的脖子上放上一個花環，你感到快樂，然後如果他辱罵你，他會使你感到悲傷。要注意，當某人讚美你，是因為你給了他權力。如果你變快樂了，那你如同放一隻鑰匙在他手上：他可以隨時讓你不快樂。如果他沒有送花環給你，你會感到悲傷；如果他想要讓你更不快樂，他會送你一個掛滿鞋子的花環來侮辱你！

有原因的地方就有依賴。然後你失去了自由，失去了解脫。

莎訶若說：單獨的聖人是喜樂的⋯⋯

除非快樂的原因來自於內在，他才會是快樂的，一個不依賴外在的某個東西的人才會是快樂的，一個不向任何人伸手要求快樂的人才會是快樂的，一個找到他裡面的井、裡面的水沒有任何堵塞、並且不斷流動的人才會是快樂的。

你的快樂就藏在你裡面。只要你向外尋找它，你會同時感到快樂和痛苦。最後，你會發現你只有感到一點點快樂，但卻有很多痛苦。你已經收到過很多痛苦的荊棘，偶爾才收到一點快樂的花朵。當你回顧你的生命，你會感覺到只是為了一點點花朵就得承受這麼多荊棘的痛苦，似乎沒有道理。似乎整個旅程都是白費的。你所承受的都是荊棘，而花朵是唯一的希望。你希望有一天你可以收到很多花朵，那只是一個安慰，但是你只會得到荊棘。無論你得到了什麼，都會是荊棘。無論你期望了什麼，都會是花朵。

亡者是不快樂的，生者是不快樂的。你的生命是不快樂的。人們是非常不快樂的。很多時候，你會聽到人們說不如死掉算了。

有一個古代的故事：

一個伐木工人從森林回來。他感到疲累，他越來越老了，對生命感到厭倦——總是背著木頭，日復一日。很多次，他心想不如死掉算了。

有一天他的內心出現一個強烈的感受：「生命裡還有什麼？我沒有得到任何東西，每天我都背著木頭回家，吃飯，睡覺，早上又醒來。我的手越來越沒有力氣，不斷發抖，我甚至無法正常走路，我的視力變差了。繼續活下去有什麼意義？我在生命中沒有發現到任何東西。年輕時我什麼都沒得到，現在我能得到什麼？」

他嘆了口氣說：「死亡！你來到每個人身上。你已經帶走那些比我早出生的人。你也帶走了那些年輕人。你為什麼把我留在這兒？你為什麼要折磨我？帶我跟你走。現在就來吧！」

通常死亡不會聽從任何人，但是那天發生了某些事。死亡一定剛好在附近，因為它出現了。伐木工人變得非常悲傷，以致於他丟掉身上的木頭，坐在地上說：「現在來吧！」而死亡也出現了。

當死亡站在他面前，即使他幾乎全盲的雙眼也能看見它：「你是誰？」死亡說：「你已經呼喚了我。我是死亡。我來了。」

他感到困惑。他的心顫抖著。他心想：「我是因為過於悲傷而呼喚你。那不表示我真的想要你來。」有時候一個人會說出這樣的話，在某些無助的片刻時。他站了起來說：「是的，我呼喚了你。我老了，沒有人幫我扛這些木頭。請幫我扛這些木頭，謝謝！」

當他看到死亡，他再次撿起他丟掉的木頭。

活著的時候，你是不快樂的，很多次你想要去死，但是如果死亡來臨了，你開始顫抖，你不想死。

亡者是不快樂的，生者是不快樂的，
挨餓的人是不快樂的，吃飽的人是不快樂的，

你可以理解窮人是不快樂的，但是富人也是不快樂的。……**挨餓的人是不快樂的，吃飽的人是不快樂的**。你可以理解窮人的痛苦——貧窮是痛苦的——但是富人的痛苦是更難理解的。他為什麼不快樂？如果你擁有一切，那你為什麼還不快樂？

你還不了解痛苦的本質。窮人不快樂是因為他的期望還無法實現。富人不快樂是因為他的期望已經實現了——然而他仍無法感到滿足。富人的不快樂比窮人的不快樂還要深入。富人比窮人更可憐，因為窮人至少還有希望。富人的希望已經死了。窮人心裡會想：

「我遲早會買一間小房子，然後一切都會沒問題。」他持續帶著這個希望活著，這個希望持續拉動著他。世界依賴希望。富人蓋了豪宅，然後突然發現豪宅蓋好了。現在要做什麼？他對於豪宅的所有夢想，它們似乎沒有被實現。他花了大半輩子去興建這個豪宅，日復一日去興建它。他從未感到安寧或活在寧靜中。現在，他浪費掉的日子已經無法再取回，然而一個夢想都沒實現。

富人是非常可憐的。所以像佛陀和馬哈維亞這樣的王子會逃走並放棄一切，這並不讓人感到意外。一個窮人要如何放棄？他仍然還有希望。富人可以很容易就放棄，因為他的希望都破滅了，似乎沒有什麼是值得達成的；一切似乎都是沒有意義的。

記住，除非你所有的希望都破滅了，否則我不會說你是富人，在那之前你都是窮人。如果你仍然還抱著某些希望，那表示你仍是貧窮的。我對窮人的定義是：一個仍然抱著某些希望的人，一個說如果他得到某個東西，那一切都會沒問題的人。富人是一個會說：「我有了一切，但是什麼都沒有實現。現在痛苦是巨大的，現在只有煩惱。我該做什麼？我的生命漸漸從手中流失，昨天似乎還很重要的東西，現在似乎沒有任何意義。」突然間他來到了盡頭。在他面前是一個無底的深淵。現在他面前已經沒有路了。窮人面前仍然還有一條路。他有一天也會面對這個無底深淵，但是對他而言，那還很遙遠。他看不到深淵；對他而言，他似乎朝著他的目標前進。

我的了解是，當一個社會變得富有，它就會變成宗教性的。一個貧窮的社會無法變成宗教性的，因為只有當所有生命中的希望已經變得毫無意義，當生命裡面似乎只有灰燼，宗教才會誕生。只有那時候你才會提起雙眼看著天空，開始尋找神。

印度在過去是宗教性的，但那是印度的黃金時代——佛陀和馬哈維亞的時代，甚至連皇帝都像乞丐一樣的徘徊。現在的情況是，印度所有的乞丐都夢想成為皇帝。這就是為什麼印度不再是宗教性的。現在宗教只有在美國這樣的國家才有可能。我們不是宗教性的，這個想法使印度人的頭腦感到受傷，但是對於你的傷痛有什麼辦法？事實是宗教已經從東方消失了；東方的寶藏已經消失了。現在美國是非常富有的，也是焦慮不安的，因為一切似乎都已經實現了。現在要做什麼？要去哪兒？一個人要做什麼？

記住，窮人可以變成宗教性的，但是那需要很大的智慧。富人可以變成宗教性的，即便他是個笨蛋：至少他會發現他擁有一切，而這一切都是無意義的。如果窮人想要成為宗教性的，那他必須擁有看出一切都是無意義的智慧，即使是他還沒有實現的。需要有一個穿透性的、深入的洞察力。我不是說窮人不會變成宗教性的，但是那需要很大的智慧。富人可以變成宗教性的，即使他是個蠢人。窮人則需要非常透徹的智慧，一個可以看得很遠的能力。他必須能夠看出，現在哪兒會是盡頭，深淵會在哪兒出現。那是困難的。

：挨餓的人是不快樂的，吃飽的人是不快樂的。那麼誰是快樂的？這個世界上沒有人是快樂的。

莎訶若說：單獨的聖人是喜樂的……

聖人是一個處於世界卻又不屬於世界的人；一個同時站在河岸邊和河流中間的人；一隻腳站在世界裡面而另一隻腳站在神性裡面的人。

莎訶若說：單獨的聖人是喜樂的……一個成道的聖人是一個非常稀有的現象。不要以為那些坐在寺廟和清真寺的人就是聖人。聖人是一個偉大的革命。她是這個世界最神秘的精華。她知道這個世界是沒有意義的。如果她放棄一切並逃離世界，那表示她對世界仍然有些關注——至少還有些她可以放棄的東西。一個聖人能去那兒？沒有什麼地方要去。全世界對她而言都變得沒有意義，寺廟和市集都對她沒有意義。所以聖人會走入她裡面。

外在沒有地方可去，甚至從市集到寺廟——因為寺廟也是市集的一部分，而市集也是寺廟的一部份。它們是在一起的，它們在那兒是為了平衡彼此，它們不是分開的。一個非尋道者會從市集跑到寺廟，從寺廟跑到市集；她的一輩子會這樣浪費掉。聖人是一個了解到外在沒有什麼要尋找的人。

莎訶若說：單獨的聖人是喜樂的，
她已經找到永恆的喜悅。

現在聖人已經獲得最終的解脫、成道。她已經得到了源頭。飲用那個源頭的水，所有的渴將會終止、解除。她已經嚐到意識的喜悅，所有的飢餓都被滿足了。

我想要再複誦這些經文：

沒有二分性，就沒有敵意。
莎訶若說：一個人會是沒有慾望的。
處於純粹滿足的狀態下，沒有依賴別人的需要。
睡著時，一個人處於神的空無天空；

醒來時，一個人惦記著神。
一個人無論說了什麼，那都是神的話語。
一個人學著無欲的奉獻。

一個人沐浴在愛裡面，
陶醉在自己的存在裡。
莎訶若說：一個人沒有任何分別的看待一切。
沒有人是乞丐或皇帝。

聖人是單獨的，不需要任何同伴。
她唯一的同伴就是她自己的存在。
她活在覺醒的喜樂中，
她喝著自性的汁液。

亡者是不快樂的，生者是不快樂的，
挨餓的人是不快樂的，吃飽的人是不快樂的，
莎訶若說：單獨的聖人是喜樂的，
她已經找到永恆的喜悅。

第六章 愛的意義

第一個問題：

奧修，佛陀主張完全的空，商羯羅主張完全的充滿。他們都透過偉大的邏輯和辯論來支持他們的觀點。他們知道了眞理、知道神，那他們爲什麼還要駁斥對方並創造出支持自己的一切？而在這兒，你卻同時支持他們！爲什麼會這樣？

佛陀透過完全的空了解神。他只能用他知道的方式指引別人。他只能帶你去走他走過的路。帶你去走他沒有走過的路是危險的；那他就無法引導你。並不是佛陀不知道你也可以透過別的方式達成。但即使只是提到還有別條可以到達同一個地方的路，也足以動搖你對這條路的信任。因為出於對你的慈悲，他們必須駁斥對方的路，因為你已經很困惑。你的困惑是你無法做出任何決定；猶豫不決是你的病。

如果佛陀說你只能透過空而知道神，也可以透過充滿知道神；你可以到達西方，也可以到達東方。那會對你的困惑添加幾分猶豫不決。

所以佛陀強調你只能透過完全的空而達成。而當他說你無法透過完全的充滿而達成，他的意思只是說你可以透過完全的空而達成。他不是在談論完全的充滿。他是在對他的聽眾說：「我不想要增加你的困惑。你已經迷失並走到很遠的地方了。」

他強調他是唯一的路，其他的路是錯誤的，因為除非你確定其他的路是錯誤的，否則你不會全然的走他的路。那就是為什麼成道者必須常常否定很多他們不想否定的事。他們這樣做只是出於他們對於無知的人的慈悲。但是無知的人終究是無知的，他甚至會誤解你的慈悲。

佛陀說你只能透過空而知道：讓這深深的沉入到你的心裡面，他說你無法透過充滿而知道。你已經聽到他說你無法透過充滿而知道，因此去走充滿的路是沒有意義的。但是就透過空去知道神而言，當你無法透過充滿而知道，那你要如何透過空知道？似乎佛陀是無知的，因為他會辯論、他會駁斥、他會使用邏輯。似乎佛陀已經誤入歧途了：他說只有他才是對的，其他人都是錯的。這就是無知的人所聽見的。佛陀這樣說是因為他的慈悲，但是無知的人透過他們的無意識去聽。

有一個非常古老的故事⋯⋯

耶穌一邊奔跑一邊穿越一個農地，看到他奔跑著，農地主人問他：「你要去哪兒？你跑得這麼快，彷佛後面有獅子還是老虎在追你，但是後面沒有人。似乎沒有人跟著你！」

但是耶穌跑得非常快，以致於他甚至無法停下來回答。所以那個農地主人跟著他跑。他很快就抓到耶穌，並問他：「聽著，你為什麼要跑？誰在追你？你為什麼如此害怕？而且我知道你，你是這個地球上的芬芳！誰會傷害你？你讓盲人再次看見，你讓失聰的人再次聽見。我聽說你用泥土創造出小鳥，並給予它們生命，讓它們在天空飛翔；你讓死人從他們的墓地裡復活。你的恐懼是什麼？你在逃離誰？我聽到的是不正確的嗎？」

耶穌說：「不，你聽到的都是正確的。是我的手讓失明的人再次看見；是我的呼吸讓失聰的人再次聽見；是我讓泥土有了生命，將它變成小鳥，在天空飛翔；是我將死人喚醒使他們復活。但是不要阻止我！讓我走！」

那個人問：「如果你是同一個人，那你為什麼要跑？你在躲誰？」

耶穌說：「有一個笨蛋在追我。我在躲他！」

農地主人開始笑。他說：「你可以讓盲人再次看見，你可以讓失聰的人再次聽見，你可以讓死人復活——那你的力量為什麼對笨蛋沒有用？」

耶穌說：「那從未有用。我試過各種方式，沒有任何效果。沒有任何辦法。無論我做了什麼，它會被變成別的東西。我想要這樣的結果，但卻得到不一樣的結果。」

農地主人問：「只要再告訴我一件事，我就不再阻攔你。你曾經拯救了盲人和死人——笨蛋的情況會比死人的情況還糟糕嗎？你的力量對他沒有用嗎？」

耶穌說：「這是有原因的：盲人想要雙眼看得見，所以我的祝福是有用的，失聰的人想要耳朵聽得見，死人想要復活；泥土也要求擁有生命。所以無論我做了什麼，他們都很合作。但是笨蛋認為他已經知道了，所以他不準備要離開他的愚蠢。」

不只是耶穌在避開笨蛋，佛陀也在避開他們，商羯羅也在避開他們。出於極大的慈悲，佛陀說你只能透過完全的空而知道真理。但是你可能透過你的自我去聽，心裡認為佛陀也是一個自我主義者：他是在說只有他的路是正確的，其他人的路是錯的。

佛陀不是說其他人的路是錯誤的。他只是在說：「那些了解的人會知道我已經走過這條路。我已經透過這條路知道，你也能透過這條路知道。但是你的頭腦如此的困惑，如果我說你可以透過這兩條路知道，你將不會去走它們，你會仍然坐在十字路口。你會說：先決定我會透過哪條路到達，然後再去走那條路，這才是對的。否則我可能會走錯路，迷失在遙遠的地方。」

佛陀解釋了，但是你沒有在聽。在佛陀涅槃後一千年或一千五百年之後，商羯羅出現了。佛陀說你會透過空而知道真理，商羯羅可以看見只有很少數的人聽從佛陀說的，並因此知道了真理。他看到有很多聽到佛陀的話的人是無法了解的，所以他們沒有經驗到真理。相反的，他們陷入關於空的無意義討論，他們為它創造出「學說」。他們並沒有生活在空無的內在天空，沒有過著莎訶若說的：「睡在內在的天空，空無一物的。」他們沒有創造出這種一個人睡在空無中的生命，在空無中醒來的生命，在空無中移動的生命。相反的，他們創造出關於空的經典。他們變成了虛無主義者，他們準備去駁斥任何人。他們的生命沒有發生任何轉變，但是他們變成了駁斥他人想法的專家。

所以有必要改變那條溪流：商羯羅說你只能透過充滿而知道，透過空會使你迷失。商羯羅堅定的主張，如同佛陀堅定的主張你只能透過空而知道。商羯羅否定空的情況如同佛陀否定充滿一樣。商羯羅說：「Purna brahman——最終的實相是充滿，是整體。」他說這是唯一的方式，但是那些知道的人說商羯羅只是佛陀主張的偽裝。

那些知道的人說商羯羅也在說跟佛陀一樣的話；他只是改變文字。如果你了解商羯羅對於充滿的定義，你會很驚訝：那跟佛陀對於空的定義是一樣的。空是什麼？無形的，沒有原因的，沒有開始的，沒有結束的——這就是佛陀對於空的定義。什麼是充滿？什麼是brahman？無形的，沒有原因的，沒有開始的，沒有結束的——這就是商羯羅對於充滿的定義。只是文字被改變了。

文字被改變是因為在「空」這個字周圍已經聚集了太多灰塵，這個字已經變髒了。當佛陀使用空這個字，這個字是第一次被使用。在他之前，常常使用的是充滿，以致於變得了無新意。所以有很多人討論它，但是裡面沒有任何意義，沒有任何生命，沒有任何呼喚，裡面沒有送出任何邀請——它變成了一個經典上的字。

每當一個字變成經典上的，它就變得像一塊石頭，躺在那兒，一個靈性探索之路的阻礙，無法再移動寸步。然後學者們開始思考它，聖人們開始拋棄它。

所以佛陀拋棄了吠陀和奧義書裡面使用的充滿，那些知道的人說沒有任何聖人比佛陀還要了解奧義書，奧義書的所有精華都在佛陀裡面。但是他拋棄了充滿這個字，他拋棄了神這個字。他使用空。他拋棄了正向的表達方式，採取了負向的表達方式。他否定正向，接受負向。在那以前，存在一直被定義為白天，現在佛陀把它定義成夜晚。它曾經被定義成光明。現在佛陀將它定義成黑暗。它曾經被定義成生命，現在佛陀將它定義成死亡，定義為涅槃。

死亡和夜晚，就如同存在和神，就如同生命和白天。

過去表達真理的方式已經耗盡它的效果了。現在它就像是空氣裡面的煙——只留下爭論和文字。某些新的表達方式是需要的。存在尋找著那些可以攪動人心的文字，還沒被學者觸碰過的文字，仍然單純、純粹和自然的文字。

佛陀發明了空這個字，shunya。它是一個重要的字。

想想看。佛陀和馬哈維亞生在相近的時代，但是佛陀的影響力既廣闊又遙遠，但是馬哈維亞沒有這樣的影響。佛陀的教導持續在全世界散播開來，它的波浪到達地球最遠的角落。馬哈維亞的教導仍然侷限在一個小小的區域，只能傳達給少數人。雖然兩個人都是同樣程度的天才。兩人都擁有同樣的經驗，都擁有優異的天賦，都是所有智者裡面最聰明的人，誰也沒比誰差——那為什麼馬哈維亞的教導無法廣為流傳？

這是有原因的：馬哈維亞使用老舊的、過時的字。他用同樣老舊、了無新意的字來描述存在，atma，靈魂。佛陀則說anatma，非存在，沒有靈魂。它觸動了心弦。馬哈維亞說：「知道你的atma——你的靈魂，你的存在——就是知道真理。這就是成道。」佛陀說：「靈魂？存在？這是愚昧的。非存在，沒有靈魂——變成空的，消失就是知道真理，就是成道。」

他們是同時代的人，但是佛陀給了存在一個新的定義，新的涵義；他帶來一個全新的東西，而且也奏效了。它觸碰了那些單純的心。

馬哈維亞的教導被學者限制住了，它死了。人們說：「好吧，不過他說的都是老生常談。」但是他們必須思考佛陀的話語。

直到佛陀涅槃後一千五百年，已經產生了一個圍繞著他的巨大的經典之網，嚴重的程度遠遠超過了同樣曾經發生在奧義書和吠陀的情況。很多不同的哲學觀點圍繞著佛陀，這在人類歷史上尚未發生過。產生了很多經典，據說如果把所有宗教的經典放在一起，它們的數量仍不及所有佛教的經典。一千五百年來，有這麼多研究進行著，幾乎變得像洪水一樣。

情況總是如此，無論何時，一旦真理透過一個新的方式被表達，在它活躍的時候，會有一股巨大的洪水跟在它後面。有贊成和反對的人，有朋友和敵人，老舊的經典會被摧毀，新的經典會被創造出來。

老舊的文字被摧毀了，新的文字誕生了；一千五百年來，產生很多的推論和反對。直到商羯羅出現時，佛陀的影響力已經遍及各地。

但是同樣發生在吠陀和奧義書的情況也接著發生在佛陀的經典。佛陀的經典死了，它們變成了被踐踏的路徑。它們變成只值得在大學裡面討論的學術研究。現在它們裡面已經沒有生命，甚至對一個求道者而言，它們也不再有任何幫助——更何況覺醒的人？只有智力上的分析變成重要的。

然後商羯羅再次改變洪水的方向。他說真理不是完全的空，它是完全的充滿，它是 **brahman**。

在一千五百年後，充滿這個字帶著新鮮的意義返回，奧義書有了新的生命，吠陀再次充滿了光明。商羯羅重建了佛陀摧毀的一切。

但是你會很意外，兩者都在做同樣的工作。佛陀並沒有摧毀奧義書，商羯羅也沒有拯救了奧義書。佛陀挽救了奧義書的精華，奧義書的靈魂，商羯羅也在做同樣的工作。他們摧毀的只是外在的殼，因為它已經變髒了。

就如同你想要為小孩換上新衣服一樣，他還不打算換掉身上的衣服。他說：「我已經習慣它們了。」但是你知道它們已經變髒了：「它們已經變舊了，上面有洞——所以脫掉它們。」小孩以為也許你只是想要他光著身子出門。他怎麼能在大太陽底下光著身子？他怎麼能在寒冷的天氣光著身子？他愛它們，他會抓著它們不放。但是一旦你換掉他的衣服，現在他變得很快樂，因為他有新衣服了。他走路的姿勢不一樣了，現在他走路帶著喜悅。但是一年後，同樣的情況發生了，那些衣服也變舊了，然後換掉它們的時刻又來到了。

覺醒的人不反對任何人——他們做不到——因為在他們的覺醒中，他們的經驗是屬於完全的一。所以商羯羅並沒有反對佛陀，佛陀也沒有反對商羯羅。他們都在說同樣的事情，只是他們表達的方式是不同的。

而你說我支持他們。確實如此。這是值得一問的，這是完全切題的。現在甚至他們之間的差異也變成無意義的。現在已經是佛陀涅槃後二千五百年，商羯羅去世後一千年：現在他們之間的差異已經是了無新意的。現在他們之間的溝通應該有一個新的開始。現在需要有人說出來了，兩者之間並沒有差異，他們都在講同樣的事情。

所以我支持空和充滿。現在這是第三種表達方式，但是涵義是相同的。我說的話和佛陀說的話是一樣的，我說的話和商羯羅說的話是一樣的，差別是我在二千五百年後。

現在真理將會有一個新的意義，新的表達方式。現在同樣的歌必須用新的旋律唱出來。同樣的旋律必須用新的樂器彈奏。

商羯羅的樂器變舊了；佛陀的樂器也變舊了。現在如果你談論空，它是老舊的，如果你談論充滿，它也是老舊的。只有神性、存在，一直是新的，因為它是永恆的。永恆一直是新的，一個新的旋律。所以我說商羯羅的空或佛陀的充滿；佛陀的空或商羯羅的充滿，是同樣永恆的一。

因此莎訶若吸引了我，她說：

睡著時，一個人處於神的空無天空；
醒來時，一個人惦記著神。

夜晚是屬於神的，白天是屬於神的。我們睡在神性裡面，我們在神性裡面醒來。它是夜晚的黑暗，白天的光明——兩者都是壯麗的。是你的恐懼，你的偏見使你說神就像光明，因為你害怕黑暗。神也是黑暗。當你變得寧靜，你會發現黑暗有它自己的壯麗。黑暗有它的美，沒有任何光明可以和它媲美。黑暗有它自己的平靜，光明有它自己的喜悅，沒有互相比較的問題。飲用光，也飲用黑暗，因為兩者都是神性的。河的兩岸都是神性的。不要用恆河的兩岸來看待恆河的神性，自由流動的看待它，沒有界線的看待它。

所以我對你們說，商羯羅和佛陀都能帶你們到達彼岸。如果你讓你的船從佛陀的岸邊進入河流，你會到達彼岸；如果你讓你的船從商羯羅的岸邊進入河流，你也會到達彼岸。清醒點。整條恆河都是神性。穆罕默德也是一個出發點，耶穌也是另一個出發點，查拉圖斯特拉也是另一個出發點。你可以創造很多出發點，因為神性的恆河是巨大的。有些是比較堅固的，有些是比較不堅固的，但是它們都能帶你到達彼岸。

莎訶若、卡比兒、達杜——這些是比較不堅固的出發點，她們的碼頭蓋得比較差。上面沒有大理石、沒有貴重的寶石。它們不像ghats，卡西的登陸點；它們是森林裡面非常天然的登陸點——但是即使你讓你的船從那兒進入河流，你仍會到達彼岸。

無論任何情況下，只要有一個出發點、有一個碼頭，你就可以從那兒出發到達彼岸。即使沒有任何碼頭，你仍然可以到達彼岸。如果你在尋找一個非常精緻的出發點，那可以選擇佛陀的港口、商羯羅的港口——它們是非常有教養的、文雅的、美麗的。比較不用擔心滑倒。它們都是用石頭興建的。也有莎訶若的港口。上面沒有鋪石頭，你可以在那兒滑倒，在那兒看到泥巴。但是當你讓你的船從崎嶇的岸邊進入河流，會有一種不同的喜悅。

在堅固的出發點，會有一個既定的程序。有牧師、有嚮導，有很多吵鬧聲和騷動。在比較不堅固的港口，那兒一個人都沒有，你是單獨的。你必須用自己的雙手將船推入河裡。沒有嚮導、沒有給予忠告的人、沒有人給你羅盤。有可能會迷路。但是到達彼岸的興奮也就更強烈。

我說整條恆河都是神性的。現在它會是一首新的歌。請試著了解，我也是說著跟佛陀一樣的話語，我也是說著跟商羯羅一樣的話語，沒有絲毫不同。

但是語言上的差異仍會在那兒，因為人們的興趣改變了，人們了解的方式改變了，集體性頭腦改變了。那就是原因。

商羯羅並沒有反對佛陀。商羯羅要如何反對佛陀？商羯羅全部的存在是支持佛陀的。在最深處的核心裡，商羯羅向佛陀頂禮。

佛陀怎麼會反對商羯羅？佛陀怎麼會反對吠陀和奧義書？——雖然所有的學者都說他是反對吠陀的！學者是盲目的；不只盲目，還是愚蠢的，因為即使盲人的眼睛也可以復明，但是蠢人是沒有藥可醫的。蠢人是一個以為他知道，事實上他並不知道的人。他甚至沒準備要擺脫他的愚蠢。

這是世界上唯一的病，愚蠢，染上這個病的人還沒準備要擺脫它，反而要去保護它。那就是為什麼所有的病都是可以治好的，除了愚蠢之外。耶穌說的是對的：「我是在避開蠢人。不要擋著我，他跟在我後面！」就蠢人而言，所有的奇蹟都失效了。

第二個問題：

奧修，莎訶若的方式屬於愛、奉獻、臣服和對師父的敬愛。但是她爲什麼強調內省、向內看、不依戀？

那個強調是完全正確的。你會有這個問題是因為你思考它們，但沒有經歷過它們。因為思考使你一直看到事情的衝突。思考創造了衝突。在無念裡面不會有衝突。

當我告訴你們，一個是愛的方式，另一個是靜心的方式，你開始感到衝突。現在如果某個人談論靜心，你會說他是反對愛的。如果某個人談論愛，你會說他是反對靜心的。要告訴你多少次？愛是發生在靜心裡的相同經驗的名字。愛和靜心沒有絲毫不同。即使有任何不同，不會是介於愛和靜心之間，差別是發生在到達愛的路和到達靜心的路之間。

某個人走路到這兒，某個人騎腳踏車到這兒，某個人開車到這兒，某個人跑到這兒，某個人散步到這兒，某個人單獨到這兒，某個人和別人一起到這兒。但是你怎麼來的會有關係嗎？你已經到了這兒，你和我在一起。一旦到了這兒，你騎腳踏車來的或是走路來的，單獨來的還是和別人來的，這些細節已經無關緊要。不需要再提這些問題了。現在，你不會說我不能坐在這個人旁邊是因為他騎腳踏車來到這兒，而我走路來到這兒。現在你會忘掉它。可能在來的路上，你必須面對一些困難，看到某個人騎腳踏車來這兒，你有點嫉妒，因為你只能用走的。看到某個人開車來這兒，濺起路上的泥濘，你可能對他有點生氣，產生某種敵意。

我曾聽說：

一個汽車駕駛停下車問農夫：「這條路是去哪兒？」

農夫說：「問別人！」

駕駛問他：「弟兄，你為什麼不告訴我們？」

他說：「我們都用走的。你必須問某個開車旅行的人。我們為什麼要告訴你？我們都走路旅行。你我的方式是不同的：我們用走的，你用開車的。我們和你有什麼關係？去問別人。」

也許在路上你必須面對一些困難。但是當你到了，當你到達目的地了，然後無論是開車的駕駛或者是騎腳踏車的人。他們都會離開車輛，所有的車輛都被放到一邊。

靜心是車輛，也是目的地。愛是車輛，也是目的地。

就車輛而言，愛和靜心是分開的。但是就目的地而言，它們不是分開的。它們是手段也是目標。你透過它們達成，你也達成了它們。所以隨時記住，每當我談論愛和靜心，我只是從兩個不同的角度來談論。有時候當我談論手段，我就會說它們是不同的，但是當我談論目標時，我會說它們是一，它們是相同的。

你說：「莎訶若的方式屬於愛、奉獻、臣服和對師父的敬愛。但是她為什麼強調內省、向內看、不依戀？」因為這不衝突。如果愛變成全然的，它就會超越依戀。如果不依戀變成全然的，那麼透過它，一定會有一個連續流動的愛之流。

不依戀的意思是什麼？它的意思是一個人已經上升到依戀的上方。愛的意思是什麼？一個人已經上升到性的上方。

你的看要到什麼時候才會超越文字？為什麼文字如此影響你的洞察力？

愛的意思是免於依戀的自由。不依戀也有同樣的意思。不依戀是一個屬於靜心者的字，奉獻是一個屬於愛人的字。這是唯一的差別。如果你問馬哈維亞，他會說不依戀；如果你問蜜拉、莎訶若、達雅、柴坦亞，她們會說愛、奉獻——然後你會搞混。

臣服？向內看和臣服的不同在哪兒？當你向自己臣服，你是在臣服什麼？你是在放棄你的外向性——你還能放棄什麼？你必須奉獻什麼？你在師父的腳下放棄你的自我；那麼剩下的就是你內在的存在。你的外向性消失了，你已經離開它了，你已經放棄它了。然後只有你的內在留下，那是你純粹的存在。

你詢問對師父的敬愛和內在的旅程。師父是外在的，但是外在的師父只是一個帶你去到內在的師父的手段。當你在外在的師父腳下全然的臣服自己，然後當你睜開雙眼，你會發現外在的師父已經消失。是因為你向外看使得師父出現在外在。你會突然發現同樣的旋律在你裡面縈繞著。這不再是外在的某個人，而是內在某個人的話語。

我曾聽說：

一個托缽僧到了一個清真寺。也許他遲到了一會兒，人們已經開始離開。於是他說：「弟兄，聚會這麼快就結束了，你們怎麼這麼急？為什麼祈禱這麼快就結束了？你們可以稍微再慢一點，更安靜點。」

一個男人說：「你沒有怪自己太晚到，卻責怪我們。先知已經完成了他的祈禱。」這是一個穆罕默德時代的故事。「先知已經完成了他的祈禱。我們幹嘛還待在這兒？」

當他聽到祈禱結束了，雙眼流下了淚水，深深的嘆了一口氣。那些站在附近的人感到那不是一般的嘆息。那觸動了他們，似乎比他們的祈禱還要深入內在。那不只是一個嘆息，人們感覺到他的嘆息裡面有著渴望之心的芬芳。彷彿有一冉輕煙升起，彷彿火焰出現了。一個男人跪在他的腳旁說：「弟兄，不要如此悲傷。如果你把你的嘆息給我，我會把我剛做完的祈禱給你。不要這麼不快樂。」

他們達成了協議。托缽僧給了他的嘆息，那個人給了他的祈禱。到了晚上，那個得到嘆息的人突然在睡眠中聽到：「你是幸運的！你取走了嘆息，沒有任何祈禱比嘆息更偉大了。你已經取得了渴望之火，是這個熾烈的火焰證明了最終的達成。你取得了他的探尋，你取得了他靈魂的渴望。今天你抵達了天堂的國度。存在感到非常快樂，仍然有人準備好用自己的祈禱和別人的嘆息交換。由於這個喜悅，地球上的每個人在今天的祈禱都會實現。」

一旦對神的深深渴望在你裡面出現，你將不會在外在發現那個最終的：你會發現它就藏在你的渴望中。渴望本身變成了祈禱。當一個深深的嘆息在你裡面出現，你會發現存在的所有精華就藏在這個嘆息裡面。當你向師父頂禮，你臣服的是什麼？你臣服的是你的幻想和向外看的習慣——你的外向性，你的自我。當你頂禮後起來，如果你做到真的頂禮，你會發現，從外在來看，師父消失了，他就在你裡面。現在你會開始在內在裡面不斷聽到他的聲音，他會變成你內在的維納琴，所以外在的師父只是一個喚醒你內在的師父的手段。如果你變成臣服的，那麼外在的師父會和內在的師父合而為一。

誰是師父？師父是一個已經瞥見到你的最終實相的人。師父是一個你渴望成為的人。你最深處的存在有一個渴望，渴望這才是你應該成為的人。他是一個讓你有過一瞥的人。他是一個讓你聽到你內在旋律的人。你聽到他的聲音，那是你想說卻說不出來的聲音。你發現他魔術般觸碰的雙手，正是你想要的雙手。你看著師父的雙眼，你發現那正是你想要的雙眼。那個讓你在他裡面發現了你自己，讓你在他裡面發現了你自己的命運的人，就是一個師父。

所以記住，你的師父不一定是每個人的師父。師父是一個個人的經驗。適合你的不一定適合每個人。對某人而言，佛陀的空是適合的，對某人而言，商羯羅的充滿是適合的。但是有一點是確定的：當你發現一個適合你的師父，在那個瞬間，你會融合。師父和弟子不能同時被發現。只要「二」存在，那就還沒有找到師父。一旦遇到了師父，突然間，弟子也消失了——然後師父就出現在你裡面。

如果你在我裡面看到你的師父，那很快你就會發現我在你裡面說話。雖然我是在外面說話，你仍然會發現我在你裡面談論那個不可言喻的。我喚醒那個沉睡在你裡面的。你會突然感覺你可能早就在你裡面遇過這個情況，但是你不知從何著手。如果你擁有清澈的雙眼，我已經為你指出你可以在你裡面看到的。我不是在教你某些新穎的事情，我只是提醒你某些你已經忘記的事，這就是師父唯一的工作。

所以不要問為什麼莎訶若談論對師父的敬愛卻又談論內在的旅程。如果對師父的敬愛發生了，那麼內在的旅程也就開始了，因為事實上師父就在裡面。那就是為什麼印度教徒唱著：師父就是梵天，創造之神。師父就是毗濕奴，保護之神，師父就是濕婆，毀滅之神。他是最終的，他是盡頭，他是神性。

所以莎訶若是在說：「**我可以拋棄神，但是我不會離開我的師父。**」——因為神是一本闔上的書，而師父將它打開。神就藏在裡面，但是誰喚醒了她？是誰告訴她？是師父喚醒你，使你覺知。師父將你的自性還給你。那就是為什麼它是一個內在的旅程。

不要陷在像「奉獻」和「靜心」這樣的文字中。不要陷在任何文字中。一個人必須對文字警覺；一個人必須去經驗那個沒有文字的。所以你可以使用文字，但是不要用它們製造枷鎖。而且隨時記得，在宗教的世界裡，看起來似乎互相牴觸的文字，事實上不是互相牴觸的，它們是互補的。

如果愛是進展順利的，如果奉獻是進展順利的，靜心會是因此而達到的結果。如果靜心是進展順利的，三摩地，超意識狀態，然後愛和奉獻會被達成。它們是同一枚硬幣的兩面。

第三個問題：

奧修，昨天你說如果你知道你是滿足的，你是快樂的，那就如同沒有滿足和快樂的知道它

們。莎訶若是個聖人，所以她怎麼能說聖人是喜樂的？

必須了解，我確實說過，如果對你而言，你似乎是滿足的，那要知道在某種情況下或某些地方，也會有些痛苦留在你裡面。否則你怎麼知道你是滿足的？你怎麼認定你是滿足的？為了確認，對立的一面是需要的。如果天秤上只有一個秤盤，那你要怎麼秤東西？另一邊也需要一個秤盤，兩邊都需要。

所以當你感覺你是滿足的，那你可以確定不滿足就在裡面的某處。藉由比較使你感到你是滿足的。當最終的滿足來到，你將不知道你是滿足的或不滿足的。當然，如果有人問起，那是另一回事，但是你不會覺知到它。如果某人問：「你滿足嗎？」你會說：「當然！」如果沒有人問起，那麼在你裡面，這個滿足的想法不會在那兒。沒有任何原因或目的使這個想法待在那兒。

但是接著會有一個問題：「莎訶若是個聖人，所以她怎麼能說聖人是喜樂的？」難道莎訶若不是聖人嗎？

不是這樣，莎訶若的話語裡有一個微妙的差異。莎訶若不是在說：「莎訶若說：我是喜樂的。」她完全沒有這個意思。莎訶若只是給出一個定義。她不是在談論任何和她有關的事。她是在說：「看啊，太陽升起了，現在是早上了；看啊，小鳥在唱歌。」她不是在談論任何和她有關的事，她是在陳述事實。

莎訶若說：單獨的聖人是喜樂的——她只是在說一個聖人是喜樂的。這個喜樂的定義就如同我告訴過你們的——你甚至沒覺知到它。莎訶若只是在說一個聖人是喜樂的；那只是一個對於聖人的描述。在那裡面，沒有和她有關的話語；也沒有和誰有關的話語。在那裡面，只有一個關於自然法則的訊息：聖人是喜樂的，而其他人都活在痛苦中。

如果某人是痛苦的，那你就知道他不是聖人。而且我要對你們說，只有當一個人甚至沒覺知到他是痛苦的還是喜樂的，那他才會是喜樂的。只有超越痛苦和喜樂的人是喜樂的。只有他會是聖人。

就在幾天前，一個女人來找我。她說她非常不快樂，因為她的丈夫和別人通姦，他是品行不端的。

我告訴她：「如果他是品行不端的，那就讓他不快樂吧。因為他的通姦，他會是不快樂的。但是妳為什麼要不快樂？我還沒聽過某個人不快樂是因為某個人不道德的行為。如果妳是不快樂的，原因就在妳裡面。他的不道德不會是妳痛苦的原因；他的不道德只會是他痛苦的原因。但是我認識妳丈夫——他並沒有不快樂。他可能是不道德的，但是他並沒有不快樂。」

然後我說：「即使某個人是不道德的，但如果他是快樂的，那麼他一定是比妳更有美德的。而妳是有道德的，但卻是不快樂的。妳正在施展奇蹟！妳的丈夫也在施展奇蹟——他可能是不道德的，但是他是快樂的。妳可能是有道德的，但妳是不快樂的。在妳的道德中，一定有些不道德，在妳丈夫的不道德中，一定有些道德。否則不可能發生這樣的事。」

所以我說：「把這個當作標準：無論何時，如果妳是不快樂的，妳可以知道妳裡面有些地方是錯誤的。因為妳的痛苦會連結著一個錯誤的觀念。妳因為丈夫的行為而不快樂，妳不快樂是因為妳期待妳的丈夫應該是有道德的。妳不快樂是因為妳認為妳是非常有道德的，妳在承受妳的戒律和道德觀之苦，而妳的丈夫卻在享樂！妳也想要享受。內心裡，妳也想要做妳丈夫在做的事，但是妳沒有那樣的勇氣。」

「妳悲傷是因為妳裡面的某些事。如果妳想要成為不道德的，那就成為不道德的，但是至少不要不快樂。如果妳想要成為快樂的，那就成為快樂的，但是不要背著道德觀的重擔。」

我自己的了解是，如果一個人開始在他的生命中尋找喜樂，那麼他自然會變成有道德的──因為喜樂不會因為不道德的行為就不灑落。我不會要你是有道德的，我要你成為喜樂的。好幾世紀以來，你一直被告知成為有道德的，但是什麼事都沒發生，除了你變成痛苦的。我要你成為喜樂的：喜樂就是我的標準。

你一直被告知，如果你做些有美德的行為，你會變成喜樂的。我要告訴你，如果你是喜樂的，你就是有美德的。你一直被告知，如果你犯了罪，你將會是痛苦的：我要告訴你，如果你是痛苦的，你才是罪人。

痛苦是罪惡，喜樂是美德。

每當一個人真的正確的了解，他就能了解莎訶若的定義。莎訶若並不是在說任何關於她的事。如果莎訶若是在說她自己，那我就不會談論莎訶若了，這樣的努力不值得。如果她說：「莎訶若說：我是喜樂的。」那就會很清楚的知道，這個女人仍然處於痛苦中，她在隱瞞它，幻想著喜樂，安慰她自己。那麼也許她會談論喜樂，但是你會在她的臉上發現痛苦。但是莎訶若不是在談論她自己。

如果你確實了解，一個喜樂的人不會談論他自己，只有痛苦的人才會談論他自己。你是知道的。如果你遇到一個悲傷的人，他會不斷講話，不斷抱怨他受的苦。你有看過一個人笑著談論他的喜樂嗎？你看過人們為他們的痛苦哭泣，但是沒有人為他的喜樂大笑。何必談論喜樂？

人們會保護喜樂。卡比兒說過：「如果你發現一顆鑽石，把它收在你的口袋。」如果一個人發現了一顆鑽石，他會把它收到口袋並離開。他不會到處對群眾說他發現一顆鑽石。同樣的，當某個人達成了喜樂，他會隱藏起來並離開。一個悲傷的人會哭泣：「我是不快樂的！」一個痛苦的人之所以哭泣是因為他認為，也許藉著談論它，可以減少一點痛苦。喜樂的人會給它養分，因為藉著小心的給它養份，它會持續成長。

喜樂是一粒種子。將它藏在你的深處，藏在你的心中；它會發芽，它會成長。它會長出碩大的果實，它會開出美麗的花朵。

如果莎訶若說：「莎訶若說：我是喜樂的。」那我就不會談論莎訶若。那是在浪費能量。不，她沒有說過任何關於她自己的事。她只是給出一個清楚的、科學的定義：**莎訶若說：單獨的聖人是喜樂的**。「聖人是喜樂的。」所以莎訶若會這麼說。

如果你能了解它最深的涵義，它的意思只是說當你是喜樂的，你就是聖人。我要告訴你們，喜樂的定義是：喜樂就是當你一點都沒有覺知到它——因為你只會覺知到痛苦，你永遠不會覺知到健康。

當你的頭在痛，你會感覺到你的頭部。當你的頭不痛，你會知道你有一個頭部嗎？如果你的頭部是完全健康的，那你就完全不會感覺到它。一旦裡面有一點點的鬱悶、負擔、痛苦、某些煩惱、某些憂慮、某些麻煩，你只有那時才會察覺到你的頭部。頭部的意思是頭痛。除非有頭痛，否則完全察覺不到頭部的存在。一個沒有頭痛的人就是沒有頭部——他根本沒有頭部。當你的身體病了，那時你才會察覺到你的身體。當你的呼吸有些問題，你才會覺知到你的呼吸。否則呼吸會繼續，誰會在意它？你越健康，你就越察覺不到你的身體。

這就是我要對你們說的，這也是內在世界的標準：你越覺知到你所是的，那表示你的靈魂生病了。察覺到「我是」就是靈魂的病。當你只是沒有任何「我」的想法的存在著，那麼你的存在就是健康的。你已經回到家了。

所以佛陀說的是正確的，沒有靈魂。那就是健康靈魂的定義：anatta，沒有靈魂。一旦說到「靈魂」，疾病就進入了。佛陀說，一旦提到「靈魂」，「我」也會跟著來到。當你覺知到「我」，就會有麻煩出現。一旦沒有任何「我」的覺知，就只會有空無的天空留下，只有空。

莎訶若說：單獨的聖人是喜樂的。

第四個問題：

奧修，莎訶若達到了非二分性，所以她說：「一個人學著無欲的奉獻。」我的問題是：神和奉獻者爲什麼仍是分開的？請解釋。

一個人學著無欲的奉獻——一個沒有慾望的奉獻。所以會有兩種形式的奉獻：有慾望的和沒有慾望的。「有慾望的奉獻」表示有些要求。無欲表示完全沒有要求。成為無欲的，意思是喜樂就在奉獻裡面。

跳著舞、唱著歌、唱誦著、祈禱著——這些方式本身就是目的。你唱著歌是因為唱歌是令人喜悅的。你跳著舞是因為跳舞是令人喜悅的，除了跳舞本身，沒有別的報償。跳完舞後，你不會等著說：「我已經跳了這麼久的舞，現在給我一些報償，然後我就能回家了。」

奉獻者的舞不是職業舞者的舞，不是一邊跳著一邊等待得到某些東西的舞。奉獻者的舞就是存在的舞：沒有什麼要去要求的。跳舞就是最終的喜悅。它是感激。

所以無欲的奉獻，意思是奉獻本身就是一個喜悅。有慾望的奉獻，意思是奉獻是一個手段，以便達到某些目的：如果那個目的達到了，也就會有喜悅。你沒有小孩，所以應該要有個小孩。你想要贏得一個法院的訴訟；你沒有錢，所以你想要錢；你想要有權力，你想要贏得選舉⋯⋯某些事情應該要發生！

在選舉的時候，所有政客都會開始尋找某個師父，得到他的祝福。他們會去寺廟，他們開始吟誦和祈禱，他們開始去找算命的人。在德里，每個政客都要他自己的算命師告訴他會不會贏，他應該念誦哪種祈禱文，他應該戴哪種護身符，他應該取得哪兒的香灰，他應該觸碰賽巴巴的哪隻腳。他想要從某個地方得到一些忠告。但是你會將這種奉獻稱為奉獻嗎？這只是假借奉獻之名。這是在毀謗奉獻。把這稱為奉獻是不對的。莎訶若說：**一個人學著無欲的奉獻⋯⋯**

一個人無論說了什麼，那都是神的話語。
一個人學著無欲的奉獻。

談論本身變成了記住神。無論說了什麼，都是神的名字——每個字都是為了記住祂。即使一個人是安靜的，那也是在記住神。無論你說不說話，現在奉獻已經變成你的生活方式。它是你的喜樂，你生命的慶祝。

現在你必須要了解你的問題：「神和奉獻者為什麼仍是分開的？」當無欲的奉獻發生了，莎訶若融入到神性裡，那是在對誰奉獻？在無欲的奉獻中，所有的要求都消失了。那麼甚至說「對誰奉獻」都會是錯誤的。在無欲的奉獻中，甚至沒有神。奉獻本身就是神。

無欲的奉獻不表示對神的奉獻或是來到神的腳下。無欲的奉獻是你已經沒有任何慾望。那時誰會是接受者？誰會是給予者？奉獻者在哪兒？神在哪兒？由於你的慾望，你仍是一個乞丐，而某個人會是神。當慾望消失了，那麼神在哪兒？奉獻者在哪兒？

當慾望消失的那一天，奉獻者也消失了。兩個岸邊都消失了，只留下流動的小溪。那條小溪的名字就是奉獻。

愛人消失了，被愛的人也消失了——只有愛仍存在。靜心者消失了，用來靜心的標的也消失了，只有靜心仍然存在。你所謂的非二分性不表示奉獻者還在那兒，或者只有神在那兒。他們都是二分性的兩個部分：奉獻者和神。沒有奉獻者留下來，也沒有神留下來。在他們之間，某些新的東西發生了，那就是奉獻。

一個人學著無欲的奉獻。

現在如果你發現莎訶若在某處跳著舞，不要去問她：「你向哪個神獻舞？」她會說：「跳舞本身就是神。」不要問她：「妳為什麼跳舞？」她會說：「我消失了，只有舞還在。」

在跳舞中，神從另一邊消失了，而奉獻者也從這一邊消失了。現在奉獻就是無欲的。只要「我」存在，就一定還會有某些慾望。當「我」消失了，慾望也消失了。如果慾望全然的消失，就不可能還有「我」留下。

在一開始，有兩種形式的奉獻。有慾望的奉獻不能稱為奉獻。而無欲的奉獻有兩個步驟：一個是除了神以外，奉獻者不要求任何東西——但那也是一個慾望。奉獻者說：「我不要錢、權力或名聲——我只要祢。」現在慾望已經被完全的純化。這個慾望裡面不再有任何雜質，但是慾望仍然是慾望。

我曾聽說：

一個皇帝親自出征。當他戰勝了很多國家之後，帶了無數的財寶回國，他將消息送回宮中。他有一百個妻子，所以他送了一個訊息回去，詢問他應該為她們帶什麼東西回去。「讓每個人說說她們想要的。」

其中一個要求珠寶，另一個要求某些東西，還有另一個要求別的東西。不同的女人在意不同的東西。但是其中一個妃子說：「只要你回來。我什麼都不要。趕快回家。」

當然，他帶回了其他妃子要求的東西。但是他變得很疼愛這個妃子，因為她什麼東西都不要。她只要他。她的愛比其他人還要純粹。但是她仍然還是有要求。

即使只有這麼多——要求神——慾望仍然在那兒，那麼這個奉獻者將無法消失。一個非常純粹的火焰會開始在他們之間燃燒著，奉獻者和神之間將保有極大的純粹，但是兩者仍然存在。他們無法全然的融化和消失。

但是當一個奉獻者連這個都不要求，因為奉獻者知道沒有什麼好要求的，神已經是隨手可得的。「我要求祂，這是唯一的錯誤。我找不到祂是因為我要求，而祂已經在這兒了。」當這個感激出現的那一天，奉獻者不再存在，神也不再存在。就在那一天，神在奉獻者裡面跳著舞。就在那一天，奉獻者和神都在跳舞中消失了。

一個人無論說了什麼，那都是神的話語。

卡比兒説過：「Uthun baithun parikrama」——「我的每個行為都是我的膜拜。」現在我不再去寺廟做任何膜拜的儀式。我的坐著、我的站立就是膜拜。這就是最終的狀態。它超越了所有的狀態。這就是最終喜樂的狀態。

第五個問題：

奧修，請解釋「以性爲中心的愛」和「以愛爲中心的性」之間的差別。

以性為中心的愛就是離開梯子。以愛為中心的性就是往梯子上面走。梯子是一樣的，差別在於方向。當妳愛某個人是因為妳想要透過他滿足某個慾望，某些性慾，那麼愛就是藉口，一個欺騙；它不是真實的。妳在意的是性。

拉瑪克理虛納說過，一隻鳶正在天空飛翔，但是牠的注意力放在垃圾堆；牠將注意力放在找尋垃圾堆裡面的死老鼠。不要以為只是一隻鳶在飛翔；牠飛得非常高。無論牠飛得多高，牠的注意力都是放在世界。

以性為中心的愛就像飛在空中的鳶：牠的眼睛尋找著死老鼠。牠在做準備，一旦有機會，牠就會抓住老鼠。

拉瑪克理虛納說：有一天，我看到一隻鳶捉了一隻老鼠。其他的鳶飛去攻擊牠。那隻鳶試著從不同的方向逃走，但是沒有成功。牠受傷了，傷痕累累；在爭鬥中，老鼠從牠的口中掉落。當老鼠一掉落，其他鳶立刻離開那隻鳶，把牠留在那兒。牠們是在爭奪那隻老鼠，現在牠們已經對那隻鳶沒有任何興趣。所以現在那隻鳶可以在一棵樹上休息。

拉瑪克理虛納說這就是人拋棄了熱情而在愛裡面休息的狀態。沒有人追著牠，沒有競爭，沒有爭鬥。

慾望裡面充滿競爭；愛裡面沒有競爭。當你開始在愛裡面上升，你的注意力不會放在世界。步驟是一樣的，你從同一支梯子的梯階往上走，你是往上的。在同樣的梯子上，其他人是往下走，梯階是一樣的。這個情況也是可能的。

假設你站在梯子的第三階，另一個人也站在這一階，但是你們的方向是不同的，因為另一個人可能往下走，而你是往上走。你們站在同樣的一階，但是方向是不同的。這兩者會有一個很大的不同，因為其中一個人是往上看。對他而言，性會轉變成愛，愛會轉變成慈悲。你完全不了解你的慈悲。你的愛也只是名義上的，也是在試著變成性。它是向下走的。

性會使愛溺水，愛則會拯救性。

而且記住，愛應該是你生命中第一優先考慮的。即使性進入了，它也應該是你的愛的一部分。在你的生命中，即使和某個人有了肉體上的關係，它也應該是你們靈魂關係的反映，不能比那個更少。

如果有了靈魂上的關係，即使肉體上的關係也會是神聖的。它會像影子一樣跟著。如果肉體關係是你生命裡的一切，而靈魂關係只是這些肉體關係的影子，那個靈魂關係也會變成虛假的。它也會變成骯髒的、不神聖的。

記住，方向是重要的。在高等品質的陪伴下，即使低等的品質也會開始提升。在低等品質的陪伴下，即使高等品質也會開始改變。隨時記住，你的低等品質應該被吸收成為你的高等品質，而不是你的高等品質被吸收成為你的低等品質。你的高等品質應該巨大到可以包含你的低等品質。

你注意過嗎？如果你把一個鑽石戒指給了一個乞丐。沒有人會去注意他的戒指；人們會以為那一定是一顆玻璃珠。如果你給了一個富人、一個皇帝，一個鑲嵌著玻璃的戒指，那麼會有數千人看著他的戒指，因為他們會以為那一定是一個偉大的戒指，一顆科依諾鑽石。如果給了皇帝，一顆玻璃珠就變成了科依諾鑽石；如果給了乞丐，即使是科依諾鑽石也會變成一顆玻璃珠。

同樣的，在愛裡面，性也會變成科依諾鑽石；在性裡面，愛也會變成一顆玻璃珠。

你必須了解重點在於方向。你做了什麼並不重要，它的背景才是重要的。你每個行為的品質形成了你生命的主要品質。你做了什麼是不重要的，你所是的才是重要的。

有一個古老的蘇菲故事：

一個皇帝在穿越一片森林的時候迷路了。他看到一個男人睡在一棵樹下，他很高興，因為也許他可以為他指引方向。但是當他走近，他發現那個男人的嘴巴是張開的——有的人睡覺的時候，嘴巴是張開的——一條蛇爬進了他的嘴巴。皇帝只看到蛇的尾巴。他拿起鞭子開始抽打那個人。

那個人突然驚醒。他無法了解發生了什麼事！他開始大叫並說：「你在做什麼？你為什麼打我？我的天！這是多麼邪惡的人啊！他是強壯的，他坐在馬背上，他是如此強大以致於我無法與他爭鬥。」

皇帝強迫他吃下地上爛掉的果實。他沒有停止，他不斷的猛烈抽打那個人。那個人一邊哭著一邊吃著，果實都爛掉了、發臭了。皇帝猛力抽打他，強迫他吃下很多腐爛的果實，以致於他開始嘔吐並倒在地上。當他嘔吐時，蛇也跟著被吐出來了。

當那個人看到那條蛇，他了解發生了什麼事。然後他低下頭觸碰了皇帝的腳說：「是你偉大的慈悲才抽打我；強迫我吃下爛掉的果實，使我的身體流血。我的運氣很好。神在正確的時間將你派來，否則我會死掉。但是我想要說一件事：如果你說我吞了一條蛇，或者有一條蛇跑到我身體裡，那麼我就不會辱罵你、詛咒你。」

皇帝說：「如果我告訴你，那就不可能讓那條蛇出來了。你會死於恐懼。透過我的抽打，你沒有死掉。如果我告訴你，你吞了一條蛇，我就無法使你吃掉那些果實；你會失去意識，那就不可能救你了。所以我必須阻止自己告訴你，相反的，必須抽打你。我顧慮的是如何讓你嘔吐。我必須停止擔心你，因為如果我可以讓你嘔吐，蛇就會跑出來了。」

因為這個故事，蘇菲派的信徒有一句諺語。你可能聽過這句諺語，雖然你可能從沒聽過這個故事。

這個諺語是：擁有一個明智的敵人勝過一個愚蠢的朋友。

明智的敵人勝過一個愚蠢的朋友。皇帝是明智的。他看起來是個敵人，因為他是暴力的，他抽打那個人，使他流血——但他是有智慧的。即便他的暴力也能帶來好的結果。如果是一個愚蠢的朋友在那兒，那個睡覺的人一定會失去他的生命。真正的問題不在於友誼或敵意，真正的問題在於智慧。

我告訴你們，在智慧的浩瀚可能中，即便敵意也可能是重要的、珍貴的、有價值的。

如果性伴隨著愛，那麼性也可以變成一個到達超意識的手段。如果愛伴隨著性，那麼總是帶著你往上走的愛，將會變成帶著你往下走的工具。必須正確的了解這個煉金術和生命的法則，因為這是一個很微妙的現象。如果你能正確的了解，只有那時，它才能轉變你的生命。

無論你在做什麼，隨時覺察要如何進行，以便利用這個浩瀚的可能。你做了什麼是不重要的，但是在這個浩瀚的可能中，那個行為的重要性是：它最後會在哪兒結束？它最後會到達哪兒？它最後的結果是什麼？那才是重要的。然後會有很多次，你可能會做出別人認為不對的事情，但是你知道它們是正確的，因為它們幫助你沿著旅途前進，到達那個更高的。那時候，毒藥也可以被當成甘露使用。然後，無論別人說它是對的或錯的，已經不再重要。會有一個了解、一個洞察。當你知道無論你做了什麼，你都是透過更高的意識來做，就不會有恐懼。

隨時將神放在你的洞見中，用這樣的方式去行動，因為不會有任何氛圍比這更浩瀚了。神是我們用來形容最巨大的氛圍的字。即使你偷東西，藉由使你自己覺知著神，它也會是有美德的。即使你做了一件有美德的事，但是是為了滋養你的自我，那這個有美德的行為也會變成一個罪。不要受限於較小的，不要受限於較低的。較小的，會使你溺水；較巨大的，會拯救你。

所以我不斷的強調，即使你進入性，要記住三摩地才是你的目標。當然，這句話造成了很多非常糟糕的結果。人們不了解它。他們以為我在教導性。耶穌正是在避開這些人，避開只有這樣的理解程度的人。

我只是說，要從世俗上升到更高的層次。船是夠大的，可以帶著你裡面較低的品質到達彼岸。最終，即使是世俗也會轉變。這應該是一種生活的藝術，即使世俗也會被純化而變成神聖。在生活中，壞事也可以變成好事，即使罪惡也可以是有幫助的。不需要丟掉任何東西。他們說一個真正的雕刻家，甚至不會扔掉一顆不好看的石頭，他會利用它。那要由雕刻家決定。如果你不知道如何利用你所擁有的，那你要如何往前走？你必須從你所在的地方開始。

性是你的現狀，三摩地是你的可能性。如果你可以一步步的從性移向三摩地，只有那時，你才能達成。如果你認為性和三摩地之間沒有任何橋，那你要如何通過？當然，無知和智慧之間一定有一座橋，世界和最終的之間一定有一座橋。否則如果世俗仍然是世俗，那他要如何移向最終的？當然，你和最終的之間一定有一座橋。

無論神離你多麼遙遠，祂一定和你保持著連結。這就是我要傳達的。如果沒有任何連結，那生命會是沒有意義的。無論你離神多麼遙遠，你一定在某個狀況下是靠近祂的；否則你會永無止盡的流浪。那你要怎麼回家？即使只有一條線連接著你們，那也夠了。我要說的是，有一條三摩地的線連接著你的性；把你的注意力放在線上面。同樣的線會讓你升起。有一天你會發現性消失了，三摩地開花了。

即使在性裡面，也要尋找愛。即使在性裡面，也要把注意力放在愛。無論你注意的是什麼，你就是在給它養分。注意是食物。注意是能量。即使在惡裡面，也要注視著善，然後同樣的善會幫助你朝向那個超越的。

以性為中心的愛和以愛為中心的性之間有一個很大的不同。文字是一樣的。以性為中心的愛，共有三個字，性、以…為中心的、愛。同樣的三個字──愛，以…為中心的、性。但差異是巨大的。其中一個創造了世界，另一個則幫助你解脫。梯子是一樣的：往下走，你就是處於世界，往上走，就會到達最終的。

最後一個問題：

奧修，先知、成道者和奉獻者，他們都看見最終的，不論是有形的或是無形的，他們也用自己的方式命名它。例如，anam：沒有名字的；neti-neti：不是這個、不是這個；他們看見的實相之所以不同，是否是因爲他們不同的人格？

他們看見的並沒有任何不同；不同的在於他們如何表達它。是的，他們所達成的是相同的；不同的是他們如何談論它。梵語裡面有一句諺語：看到的是一，但是表達的方式有很多種。成道者看見的是相同的實相，但是他們用很多種方式談論它，因為它可以用很多種方式表達。但是看見它的方式不會有很多種，因為只要還存在著各種可以看見它的方式，它就無法被看見。

試著這樣了解：即使只存在一種可以看的方式，那個看也不會發生。只要你有任何固定的看法，任何看見的手段——各種眼鏡——你會把它塗上各種顏色，你會無法看見它的實相。你將會看見你可以看到的——你想要看到的。你會把自己的想法強加於它。只有免於各種看的束縛，了解到並沒有任何特定看的方式，真正的看才會發生。這表示你的雙眼變成純淨的。

當你不再是印度教徒或回教徒，不是耆那教徒或基督徒，不是拜火教徒或錫克教徒；當你的雙眼是空的，然後你將會完全純粹的、完全空的，站在最終的面前。你可以說：「我沒有任何看法。我只是一面鏡子，反映出你所是的。我不會添加任何東西，我不會拿走任何東西——我沒有任何要拿走或添加的東西。我不再存在。現在只有你存在，而我是一面鏡子。」

當你所有固定的看法完全消失——那個馬哈維亞稱為naya的狀態——你就是處於純粹的naya狀態，純粹的看的狀態，你達成了。這個達成是一，但是當我們要試著談論它，差異就會出現。

用這個方式了解：某個人了解到最終的，某個人知道了真理。最終的喜樂灑落在他身上——沒有雲的雨。甘露開始灑落，現在要如何談論它？發生的一切是如此的偉大，如此的巨大，以致於無法用任何方式包含它。這顆心是非常渺小的。海洋躍進了露珠。現在會有一個很大的困難，現在必須把它傳達出去。

蜜拉會透過跳舞來說它，因為跳舞對蜜拉而言是容易的，那就在她的存在裡面。喜悅發生了，但是蜜拉不會用文字談論它，她不是一個使用文字的師父。喜悅將會透過她身體裡面的每一個細胞表達出來；她將會跳舞。蜜拉跳舞的時候，腳踝上會綁著小鈴鐺。她找不到別的東西，所以她在腳踝上綁上鈴鐺，開始跳舞，對她而言沒有別的方式。這對她是容易的，這是她整個生命的高潮。當喜樂擊中她時，她的舞誕生了。

佛陀不會跳舞。那不屬於他的存在。當喜樂擊中他時，他變成寧靜的，一個寧靜籠罩了他，他連續七天沒有講話。據說是眾神向他祈禱。梵天來到佛陀的腳下說：「請說些話，因為這是很少見的，要很長的一段時間才會發生一次，某個人覺醒了。對於那些徘徊在黑暗中的人，你的話語會變成一盞燈。你的話語會使他們從沉睡中醒來。請不要保持沉默。」

但是佛陀說：「我不想講話。我只能透過寧靜來傳達這個喜樂。談論會破壞它。我不能用文字來傳達它。我也不確定那些聽到我的話的人能了解。如果以前某個人對我談論這個，我是不會了解的。它不能被說出來！在這個狀態下，一個人只能保持寧靜。一個準備要了解的人，即使我是沉默的，他也會了解。而一個不了解的人，即使我談論它，他也不會了解。」

佛陀堅持保持沉默。他不準備要跳舞或談論。眾神討論了很久，決定無論如何要說服佛陀。祂們提出一個佛陀無法拒絕的論點，他必須同意。祂們說：「你是完全正確的：一百個聽你說話的人，有九十九個人是不了解的。但是你能說這一百個人裡面，沒有一個人是可以了解的嗎？」

佛陀說：「那個聽到我的話語並可以了解的人，即使沒聽到我的話語，他遲早也能靠自己了解。然而就一個聽到我的話語仍無法了解的人而言，無論我試了多少次，也是白費力氣。」

眾神說：「你是完全正確的！但是在這兩者之間，可能會有某個人——如果沒有聽到你的話語，將會流浪好幾千年；但是如果聽到你的話語，就能到達彼岸。請為了那個人說話吧。一百萬人裡面只會有一個人成佛，即使只有一個人也足夠了。請為那個人說話吧。」

於是佛陀說話了。

佛陀的話語是非常精煉的。他不會說出任何不合邏輯的事情。那就是為什麼他完全沒有談到神。他是非常邏輯的；談論神是不合邏輯的。談論神會創造困惑。直到現在，無論誰談過神，都一定會造成一個和神有關的狀態。老子說過：「可以被談論的真理就不是真正的真理。」即便這樣，他還是說了。所以佛陀說：「那個不能被說出來的就不該被說出來。而且甚至不要說那是不能被說的，因為那也是一種說出來的方式。」所以他的話語是非常精煉的。佛陀的話語是最純粹的，但是只有那些擁有清晰銳利的智慧的人才能了解他。

其他人可以了解蜜拉。他們可以透過她的舞了解它。不同的人可以透過不同的方式了解。

當那那克成道後，他開始和他的朋友馬大拿唱著歌。如果有人問那那克：「神存在嗎？」那那克會說：「馬大拿，開始！」然後馬大拿會開始彈奏他的樂器，那那克會開始唱歌。這就是他的回答。當某個人詢問神、業、這類的理論等等；一旦有人問他，他會說：「馬大拿，開始！」這就是他的回答。

他的歌就是他的答案，因為他會說這個經驗是如此的巨大，以致於無法用平凡的話語表達，無法透過邏輯表達出來，它只能透過唱歌表達出來。也許他的歌會觸碰到你的某處。

所以方式有無數種，但是它們都只是表達的方式，不是了解——記住這點。他們看見的是一，他們看見的是相同的。但是當那些人從充滿光明的世界，帶著一的訊息來到這個世界，來到這個地球，來到你的市集，來到你的寺廟和清真寺，當他們看見你……他們看見的只有神性，他們看著你：他們變成一個你和神性之間的媒介。但是每個人表達的方式會是不同的，因為每個人都有自己的才能。蜜拉會跳舞，那那克會唱歌，佛陀會說話，商羯羅會辯論。商羯羅會拿著他的旗子到全國各地去辯論。很難找到一個比商羯羅更邏輯的人：他持續的透過邏輯來解釋神性，他持續的駁斥無神論者的邏輯——那是他的才能。他的特質是屬於邏輯學家的。

在這樣的方式下，會有數千個人。他們的了解是一，但是他們的表達方式是不同的。不要太在意表達的方式，要注意的是那個藏在表達方式裡面的：那那克透過他的歌傳達出他要說的，蜜拉透過她的舞傳達出她要說的，佛陀透過他的話語傳達出他要說的，商羯羅透過他的邏輯傳達出他要說的。它無法用任何邏輯或講道來解釋；它無法用唱歌或跳舞來解釋。它是無法定義的。關於最終的，無法做出任何評論。看著那個最終的，沒有什麼要說的，但是看著你，會感覺需要說些東西。向內看，一個人變成寧靜的，沒有什麼要說的。但是看著你，似乎有很多話得說出來，也許某個人會願意聽。只是也許——也許某個人會願意聽——但是那個「也許」是值得一試的。

一個無知的人活在「如果」裡面，一個知道的人活在「也許」裡面。必須了解：一個無知的人會一直想著：「如果那件事發生了，如果過去發生了那件事」；「如果我這樣做，就能有結果了」；「如果我下了賭注，我就可以贏很多錢了」；「如果我今天買了彩券，我就會贏得十萬盧比了」；如果……

穆罕默德曾說過，你可以透過這個「如果」來判斷一個人的無知程度。

穆罕默德說有個人在找房子。他在路上遇到一個朋友，他說：「我想買一間房子，幫助我。」

朋友說：「噢！有一間房子已經空了很多天了。你現在就能得到它。我們走吧。」

那個人很高興。他一直擔心找不到房子。他說：「我的運氣真好，遇到這個朋友，剛好他知道一間還沒有人買的空屋。現在真的很難買到房子。」但是當他到了房子那兒，他很震驚，因為那是一個廢墟。

朋友說：「看，如果它有一個屋頂，你就可以住在這兒。如果牆壁沒問題，並且有門，就不用害怕有小偷。如果你多蓋一個房間，我可以來這兒和你住，因為你是我的老朋友！」

那個人說：「你人真好，但是住在這個「如果」裡面是很困難的。一個人要如何住在「如果」裡面？和朋友相遇是令人愉快的，而且我運氣很好，遇到了你，但是要住在這個「如果」裡面是很困難的。」

一個無知的人活在「如果」裡面。一個知道的人活在「也許」裡面。這個「也許」甚至不是為了他，而是為了你，就他而言，他活在「存在」裡面，但是為了你，他活在「也許」裡面。也許你會聆聽他說的話。也許在某些片刻中，你的存在可能會覺醒，會被震動，也許某些東西會打擊到你，也許某些東西會打擾到你的睡眠，使你張開雙眼。也許會打斷你的夢。

所以為了這個「也許」，佛陀說了四十年的話，蜜拉跳著舞、那那克唱著歌。如果他們看著自己，沒有任何需要做的事，故事結束了。沒有任何「如果」或「也許」還殘留著。但是當他們看著你，他們升起了一個很大的慈悲心。你裡面被用於熱情的同樣能量，在成道者裡面則轉變成慈悲心。他沒有辦法阻止它，它就只是開始灑落：「能有什麼傷害？即使沒有人覺醒，那沒有問題。如果某個人覺醒了，那會是一個非常偉大的發生，如果沒有人覺醒，那沒有關係。」

是因為這個「也許」以致於有這麼多表達的方式。如果沒有這個「也許」，你就不會碰到任何成道者所表達的不同方式。你會發現他們都靜靜的坐著。他們知道的是一，然而一旦遇到適合的人，會有很多表達的方式。但是傳達的方式也有其限制，因此會有各種不同。之所以不同是因為它們的限制，以及你可以了解的程度。而且必須為很多人解釋：他們知道的是一，但是必須傳達給很多人。他們知道的是一，但是它必須透過很多方式表達。因此每個人都有他的限制。

用這個方式來了解：當電流流過風扇的馬達，風扇開始轉動，當電流流過燈泡，燈泡開始發光，當電流流過收音機，收音機開始接收聲音。電是一，但是它經過的媒介有很多種。

當神性的電流流過蜜拉，**綁上腳踝的鈴鐺，蜜拉開始跳起舞**。當神性的電流流過商羯羅，一個巨大的邏輯與辯論的暴風開始升起。然而無論是邏輯或是跳舞都無法包含它，因為神性是如此的巨大以致於它無法被任何東西包含。

但是無論一根手指多麼渺小，它仍然可以指向月亮。一根戴著鑽石戒指的美麗手指可以指出方向，一根沒有那麼美麗的手指也可以指出方向。不同的手指不會造成任何不同。會造成不同的是在於你是否握著手指，忘記了月亮。

所以不要握著手指不放，隨時將你的注意力轉向月亮。忘記手指——忘記那個被說出來的，記得那個無法被說出來的。忘記那個被寫下的，去讀著那個無法被寫出來的——那個超越所有表達方式的，但卻是非常慈悲的人試著表達的。不要執著他們的方式，忘記那些方式。將你的雙眼看向天空，看著天空的月亮。那時你會發現穆罕默德的手指、馬哈維亞的手指、克理虛納的手指、基督的手指，他們的手指是不同的，但是天空的月亮是一。

達成是一，但是表達它的方式有很多種。

第七章
愛是沒有任何原因的

虛幻的鹿住在身體裡。
要如何挽救那些農作物？
牠吃掉所有被種下的，
對神性的愛將永遠無法成長。

每個人都想要神的特質，
但是沒有人想要消失而進入神。
自我主義者的內心感到自卑。
莎訶若說：他永遠無法升得更高。

頭腦一直是分裂的；
內心不存在任何寂靜。
性慾的波浪沖走了神性的果實。

神的煉金石將一切變成黃金。
它存在於充滿靈性的心。

乞丐的雙眼無法認出它。
莎訶若說：他會失去它。
莎訶若說：秘密的記住你心裡的神。
你的嘴唇不會有任何移動，
沒有人會知道。
莎訶若說：透過那個只有你和神知道，但是世界不知道的方式記住神。

有一個古老的故事：曾經有一個偉大的城市，非常巨大，它的邊界如同地平線一般的遙遠，但是據說它小到可以用拳頭握著它。它擁有高大的建築物，它的摩天樓觸碰到天空，但是據說它們的高度不超過一顆洋蔥。數百萬人住在那兒，但是據說那些可以算出正確數量的人，發現那兒只有三個人。對他們而言，住在那兒的人不會超過三個。

曾經有過一個危險的時期。謠傳敵人將要進攻。所有的人聚集在城市中央的巨大土地上以決定如何因應。但是那些擁有雙眼的人看到事實上只有三個人聚在那兒。而且這三個人是非常奇怪的：他們看起來像是乞丐，他們臉上的表情看起來像是瘋子，而且他們似乎好幾年沒有洗澡。那三個人正討論著整個狀況。

第一個人是一個遠視的人。身為一個偉大的思想家，他聲名遠播。他甚至可以看見在月亮上走路的螞蟻的腳，雖然他看不見在他面前的喜瑪拉雅山。據說遠視的人是完全失明的。他以遠視的藉口隱瞞了他的失明。他看不見任何離他很近的東西，所以他聲稱他是遠視的人。沒有人可以看見那麼遠的東西，所以沒有任何對他的質疑。他不談論小的東西，他會討論偉大的學說。他從不討論生活中有用的東西，除了神、天堂和解脫，他從未談到過別的事。他是完全失明的，但是身為一個遠視的哲學家，他是著名的。

第二個人可以聽見星星和月亮的音樂；雖然他無法聽見頭上的雲層打雷的聲音。他是完全耳聾的。他完全聽不見，為了要隱瞞他的耳聾，他必須發明出由微妙的音樂形成的經典，除了他以外沒有人可以聽得見。

第三個人是全裸的。他甚至連腰布都沒穿，但是他手上總是拿著一把沒有收在劍鞘的劍，因為他害怕某個人奪走他的財富。他總是害怕小偷。

這三個人正在討論整個狀況。

第一個人用他失明的眼睛凝視著遠方的天空。他的雙眼並沒有任何光采，但是他說：「我可以看見遠方，我們的敵人藏在山後，朝著我們而來，危險已經接近了。我不只可以看到某些敵人的臉，我還可以看清楚他們的數量。危險就在附近，我們需要做好準備。」

耳聾的人將他的耳朵朝向盲人凝視的方向。盲人什麼都沒看見，耳聾的人也什麼都沒聽見。耳聾的人說：「我可以聽見他們，我可以聽見他們的腳步聲。不只如此，我還可以聽見他們在說什麼。此外，我還可以聽見他們內心裡尚未告訴別人的秘密。我可以聽見他們說的話，我也可以聽見他們還沒說的話。這是很大的危險。」

全裸的人跳了起來，開始揮舞著他的劍。他說：「我知道為什麼敵人要攻擊我們。他們的雙眼注視著我們的財富，我們可能會死，但是我們必須保護我們的財產。沒有什麼要擔心的——那就是我的劍的作用。」

這是一個非常古老的故事。當我一看到它，我就發現它是富有涵義的、美麗的。裡面藏著偉大的洞見，它是非常有意義的。

你會在每個人裡面發現這三個人。我們把人稱為purush，意思是一個偉大的城市。Purush來自於pur這個字根。Pur的意思是城市。人是一個城市。他有很多慾望、很多渴望，他的慾望之網越過了地平線，但是就某方面而言，它們不會大到拳頭無法握著。他做著偉大的夢，觸碰到天空的夢，但是它們的高度不會超過一顆洋蔥。而且這個城市住著數百萬個有生命的存在——一個人裡面有數十億個有生命的細胞——但是如果你真的去計算它們，你會發現只有三個。你很熟悉它們的名字：第一個是慾望，第二個是貪婪，第三個是依戀。如果你深入看它們，你會發現，如同印度教的三位一體消失後，只有那個最終的留下。同樣的，如果你看著慾望、貪婪和依戀，你會發現它們是恐懼的三種形式。你會發現恐懼就藏在這三者裡面。

恐懼會變成貪婪。恐懼會變成慾望。恐懼會變成依戀。因為恐懼的人害怕單獨，它會創造出依戀的關係。它不斷的創造出妻子、丈夫、朋友、兄弟、母親、宗教、社會、國家等關係。這些都是依戀的擴大。你害怕單獨。單獨一人時，你裡面的恐懼變得很明顯。當你和某個人在一起，恐懼因為別人的陪伴而被遺忘了；你讓你的恐懼淹沒在關係裡面。

因為這個內在的恐懼而產生了慾望。這個慾望的意思是，你試著用某些東西填補你的生命，這樣你就能避免遇到這個恐懼。你試著獲得金錢、地位、名望和愛，以便填滿你害怕的空虛。這個填滿你生命的努力，顯現在外在的就是依戀，顯現在內在的就是慾望。

貪婪也來自於恐懼：你不能失去你擁有的，而且你應該去得到你尚未擁有的。你會繼續執著你所擁有的，不能有任何東西被拿走，而你尚未擁有的東西應該被給予你，任何一點小小的慾望都不能錯過。

你會發現隱藏在這個慾望、依戀和貪婪的三位一體背後的就是恐懼。最令人驚訝的是當你生下來的時候，你並沒有帶著任何東西跟著你出生，當你死了，你也無法帶走任何東西。你光著身子來，也光著身子離去，在中間的這段時間，你不必要的揮舞著你的劍。你並未擁有任何東西，但是卻非常害怕被小偷偷走。

你為什麼如此害怕失去你並未擁有的東西？有一個很深的理由就藏在這個恐懼裡面：藉由創造出這個恐懼，你說服你自己擁有某些東西；否則為什麼人們這麼有興趣要去取得它？試著了解這個複雜的邏輯。首先你認為某個人會來偷走你的東西，你也沒有了解到你並未擁有任何可以被偷的東西。你的雙手是空的。你擁有什麼？別人擁有什麼？你真正擁有的東西可以被拿走嗎？你就是它，沒有任何方式可以偷走它。

事實上，只有不是你擁有的東西可以被拿走。你只是在幻想你擁有它。但是當某個人接近你，你開始害怕也許他是來拿走某些東西，由於這個恐懼，你創造出幻象，感覺到你一定擁有某些東西。否則他為什麼要來從你這兒拿走東西？你開始做一些事情保護它。然後當你做這些保護措施時，別人開始認為你也試著要從他那兒拿走某些東西……

關於穆拉那斯魯丁，有一個非常古老的故事……

他經過一個村莊時，看到一個婚禮的行進隊伍朝著他過來，有樂隊、閃亮的劍、人們跳著舞。他開始害怕，他以為是敵人來了——劍和樂隊！一旦恐懼升起，你的雙眼會看不見真正發生的事。他看到所有構成戰爭的要素。

在印度，一旦有婚禮的行進隊伍出現，當新郎要去新娘住的地方接她，他們做的準備就跟為了戰爭所做的準備一樣。新郎會在腰上掛著一把刀，因為在過去，迎娶新娘是一種綁架的行為。沒有愛，一切都是強迫的：攜帶著刀劍並坐在馬上，狂人去接走新娘。樂隊帶著所有戰爭用的物品能算是神志清醒的行為嗎？那些跟隨婚禮行進隊伍的人都是村裡懶惰的人。參加婚禮行進隊伍的人是沒有人格的。即使有一個神志正常的人加入這個隊伍，他也會開始失去理智。一直都是瘋狂的人才會籌辦婚禮的行進隊伍。一個神志正常的人為何要參加？如果他真的參加，那個瘋狂會從他身上浮現。

如果你讓好人、甚至神志很正常的人加入婚禮的行進隊伍——他們可能是首長、醫生、工程師——你會發現那個婚禮行進隊伍會改變他們裡面的某些東西。加入一個行進的隊伍，他們裡面的某些東西開始出錯，因為就習俗而言，這些加入隊伍的人是為了新郎戰鬥而加入；要去劫持那個女孩。這就是為什麼新娘的父親要向新郎鞠躬，這是一個古老的習俗。這個鞠躬背後的唯一理由是，新娘的父親是在說：「不需要劫持這個女孩，我已經準備要臣服，我接受我的失敗。」這就是為什麼新娘的父親是低姿態的，而新郎的父親是高姿態的。新郎的家族是勝利者，新娘的父親是戰敗者。

婚禮的行進隊伍過來了。那斯魯丁獨自站在村裡的火葬場。那是一個孤獨安靜的時刻，他感到很害怕。那是一個墓地，他已經很害怕了，而且他的敵人靠過來了。他跳到一個墓地的土牆後面，躺在一個剛埋下死人的墳墓上。他心想：「誰會想殺死已經死掉的人？人們會經過，完全不會注意到我。誰會發現我躺在這個已經有這麼多死人的地方？而且這個土牆也可以掩護我。」

但是人們只看到一個人，突然很震驚，並跳到土牆後面。所以他們感到懷疑：他似乎是一個敵人，他藏了起來，他可能會丟出一個炸彈，他可能會做出任何事！他們停止奏樂。然後那斯魯丁確定他是對的，現在這些人已經看到他了。他靜靜的躺著，憋住了氣。婚禮隊伍的人走了過來，他們爬過土牆開始尋找他。那斯魯丁變得更害怕。他很確定他們正在找他，現在他完全確信：「他們為什麼不繼續前進？他們為什麼要爬過土牆？」

當人們看到這個人躺在一個剛埋下死人的墳墓上，這個人還活著，還在呼吸——他的腹部微微的移動——他們心想：「這個人是來鬧事的，他到底想要做什麼？」他們圍著那個墳墓，從四面八方彎下身靠近他。現在，那斯魯丁還能憋住氣多久？他終於開始呼吸。然後他們問他：「你在這兒做什麼？」

那斯魯丁說：「那就是我想要問你們的。你們在這兒做什麼？」

他們說：「回答我們！你為什麼到這兒？」

那斯魯丁說：「這就是我想要問你們的，你們本來在路上行進著，為什麼來這兒？」

這時，那斯魯丁了解到：「他們不是來傷害我的，我也沒有要傷害他們。我們只是彼此害怕對方。那斯魯丁說：我現在可以從我的角度和你們的角度回答你們。你們在這兒是因為我，而我在這兒是因為你們。」

生命就像這樣進行著：你們害怕別人，而別人也害怕你們。這就是恐懼不斷成長的方式。

美國害怕俄國，俄國害怕美國；印度害怕巴基斯坦，巴基斯坦害怕印度。每天，國家領袖都會發表聲明：「我們必須買更多武器，我們必須買這個，我們必須買那個。不會有人來幫助我們。」他們的存在顫抖著，彷彿他們的生命裡面只有恐懼。而這個恐懼就藏在那個三位一體背後。

你相信那個不存在的。你非常執著那些不存在的東西，不能有任何人從你這兒拿走它們！由於你的執著，別人以為你一定擁有科依諾鑽石：「有人會為了藏普通的石頭而如此大費周章嗎？人們會直接將那些石頭丟掉。」

別人是來拿走某些東西的，這更加強了你的想法，他是來拿走科依諾鑽石的。否則為什麼會有人冒著不必要的生命危險？你已經忘記你擁有的只是小石頭。

然後會有貪婪，它會聽到沒有人這樣說過的話。它會創造出和事實無關的想法。

人們來找我。雖然他們是來靜心的，他們放下他們的日常事務來到這兒，他們裡面帶著貪婪。事實上，他們對靜心有興趣是因為這個貪婪。除了賺錢以外，他們不相信任何事，所以也許他們可以透過靜心獲得某些東西。他們沒有從俗世裡得到任何東西，現在也許他們可以透過宗教得到。數鈔票無法讓他們得到任何東西，也許他們可以透過數念珠來得到——但是同樣都是在算計。

有時候曾經發生過，我對某個人說：是的，你可以得到它。但是之後，那個慾望變成了阻礙，經驗到最終的最大阻礙就是想經驗到它的慾望。他們是如此沒有耐心以致於無法得到，他們想要馬上得到。你造成了這麼多困擾卻不問問自己是否有那個條件得到。當你具備了那些條件，你會在同一天經驗到它。

我要為那些貪婪的人說一個故事⋯

有一個托缽僧得到了最終的經驗。當這個經驗發生後，人們問他：「它是如何發生的？」

他說：「我要把我的故事告訴你們。我擁有很多財富，非常富有，然後我想要達成神。有一晚，我看到一個天使出現在我的夢中說：你在尋找什麼？」

「我說：我在尋找神，我要去祂那兒。」

「於是天使說：你帶著這麼多東西無法到那兒，它們太重了。因為這些負擔，你將無法在天空飛翔。把它們扔掉，只有這樣，才可能開始你的旅程。如果你想要到達那個高度，你不能帶著這麼多東西。沒有比神更高的高度了。丟掉你的東西。」

托缽僧對人們說：「當我早上醒來，我放棄了我的財產，只留下一條腰布。然後天使再次出現在我的夢中。他問我：你現在到底想要什麼？」

「於是我回答：我已經遵從你說的。我放棄了一切。」

「天使說：那你為什麼還留著這條腰布？為什麼你的一切沒有包含這條腰布？」

我要告訴你們，你的「一切」將會被保留在這條腰布裡。透過金錢、房子，無論你保留了什麼，都會被放到這條腰布裡面——你保留的仍是一樣的。你已經放棄了鑽石所能為你保留的，你透過腰布來保留它。

這是一樣的。有什麼必要帶著一條腰布去神那兒？祂使你赤裸裸的來到，祂也會接受赤裸裸的你。難道祂會從世俗的角度來質問你為什麼沒穿衣服嗎？如果真的是這樣，祂就不會讓馬哈維亞進入，祂會把戴奧真尼斯扔出去。祂已經給了你生命，有什麼必要在祂面前遮遮掩掩的？為什麼是一條腰布？你一定是想要藏住某些東西不讓祂知道，或者是你還無法拋棄你的貪婪，你想要將它放在你的腰布裡面。即使只有一條腰布，也足以別上一隻夾子，吊上某些東西。把這個也扔了！一個想要在他的旅途上繼續前進的人，必須完全赤裸的前進。

隔天早上，托缽僧把那條腰布也扔了。那晚睡覺時，那個天使又出現在他的夢裡面。天使問他：「你現在還想要怎樣？」

托缽僧說：「想怎樣？我要尋找神。」

天使說：「現在已經沒有必要去哪兒了。維持你現在所是的，神會自己來找你。在這之前，你要去祂那兒是因為你帶了太多東西。所以我才告訴你，如果你想要去祂那兒，就放下一切。現在你已經放下一切了，沒有需要去哪兒了。現在，無論祂想去哪兒，祂就會去。」

當你具備了一切的條件，祂會來到。甚至不會有片刻耽擱。不可能會有任何耽擱。所以人們來我這兒靜心，他們說：「我們很著急。需要多少天才會發生？」好幾世以來，你一直無意識的活著，現在你問要多少時間才會達到靜心？我對他們說：「不用擔心，稍微有點耐心，不要這麼急。」

兩三天後，他們又問：「它還沒發生。」

我告訴他們：「這個匆忙會是阻礙。你想要在四天內達成神。想一下，稍微用點智慧。不要過度的期待。」

他們會用自己的方式來理解。所以他們會說：「你的意思是如果我們放棄這個達成的想法，我們就會達成？」

我說：「當然，你將會達成。」

然後他們說：「好，我們拋棄這個想法。」

但是他們拋棄這個想法是為了達成！過了幾天，他們說：「即使拋棄了這個想法，我們還是沒達成。你說藉由拋棄……所以我們拋棄了這個期待，然而我們還是沒經驗到它。」

如果你拋棄了這個期待，那這個達成的問題是從哪兒出現的？你並沒有放棄這個達成的想法。你透過讓它變成你一部分的貪婪來拋棄它：「如果這就是條件，我們會做到，但是我們仍然想達成它。」

你的放棄，你的聖人和所謂的桑雅士只不過是市集裡的商店主人。耆那教的和尚不會改名；某方面而言，我喜歡這個做法。我改變我的桑雅士的名字是為了某些原因，但是我也喜歡耆那教和尚的作法。一個名字叫Chhotelal Jain的商店主人；當他變成了和尚，他的名字則會是Chhotelalji Maharaj Sahib，但他仍是商店主人。我喜歡這個作法——沒有很大的改變，他還是一樣的，Muni Chhotelalji Maharaj Sahib。他離開了商店，然後多了一些東西，但是沒有減少任何東西。他以前是Chhotelal，現在他是Chhotelalji Maharaj Sahib，多了一些東西，但是沒有減少任何東西。沒有拋棄任何東西。但是他現在可能會執著那些「多出來的東西」。

那個貪婪是相同的，同樣去欲求的貪婪。現在他會做一些靈修和禁食。他許下宗教的誓言。但那是在交易。他是在說：「看看我現在讓自己受了多少苦。現在不要再拖延了，祢還想要什麼？我如此嚴苛的對待自己，現在為什麼還要拖延？」他們是在交換某些東西，他們在交易，討價還價：「我們已經禁食了一百天，但是祢仍然沒有到來；沒關係，我們明年會禁食兩百天。」實際在進行的是這樣的談判。頭腦在算計和記數；貪婪已經延伸到這兒。

所以你在害怕失去你並未擁有的，或者你在貪求某些無法得到的，或者你是在你周圍創造一個依戀的世界，也就是莎訶若說的：「創造一個幻象。」你在創造一個不在那兒的虛假的夢。你提到某個人，你會說「我的」誰。誰屬於誰？在這兒，即使你的自己(self)也不是屬於你的。但你認為這是「我的」。透過這個方式，「我的」加強了「我」，這個你是存在的想法。你的「我的」是你的「我」的養分和支持。

這就是我喜歡這個故事的原因，這三個人的故事：拿著劍而且沒穿衣服的人，看見敵人從遠方過來的盲人，能夠聽見敵人說出來的話和還沒說出來的話的聾子。這就是人類的故事。試著藉由這個故事來了解莎訶若的經文。

虛幻的鹿住在身體裡。

虛幻的鹿住在身體裡，住在人的身體裡。虛幻的鹿就在身體裡面，但牠是不存在的。牠並沒有真的在那兒，牠只是看起來好像在那兒。而且這個虛幻創造出你的慾望。

你曾經聽過羅摩的故事……

羅摩住在森林裡，當他站在他的小屋外面時，他看到了一隻金色的鹿。你曾經聽過這個故事，但是你也許不了解這個故事真正的涵義。金色的鹿並不存在。你覺得有可能存在金色的鹿嗎？但是希達說服了羅摩；她對他說：「不論要付出什麼代價，我都想要這隻金色的鹿。」她如此堅持以至於羅摩必須答應。羅摩就是你裡面的觀照，羅摩是你的靈魂。希達是你的頭腦。希達說：「為我找到這隻鹿。」她說服了他，她一定有堅持。羅摩也開始感到有興趣，他追著鹿，想要捕捉牠。因為這樣，他失去了希達，她被羅伐那捉走。那是一個詭計。

如果你繼續尋找那個不存在的，你將會失去你所擁有的。這就是這個故事的涵義。他從未找到那隻金色的鹿，反而失去了希達。

虛幻的鹿住在身體裡。

虛幻的鹿就住在你裡面，牠活在你身體內的每一根纖維中。

要如何挽救那些農作物？

如何超越它？這是一個非常重要的問題，因為你生命的秘密就藏在這裡面。

牠吃掉所有被種下的，
對神性的愛將永遠無法成長。

問題在於我們只會收割我們所播種的。在收割之後，我們才能再播種。我們所播種的，會成為食物進入我們體內。然後我們再次播種，當它成熟了，我們收割這些農作物。透過這個方式，創造出一連串的因果循環。一個惡性循環。

你辱罵過某個人，你就是播種了辱罵。那個人變得很生氣，暴怒的，以同樣的程度加倍辱罵你。現在你所播種的，你將必須收割。現在你會怎麼做？如果你辱罵了某個人，對方也會辱罵你。當你被辱罵之後，你會怎麼做？你會更激烈的辱罵他。那何時能結束？你對某個人發怒，對方也會對你發怒。當你被如此對待，你將會更生氣。你變成貪婪的，充滿貪婪的，那麼同樣的，你的貪婪也會成長。

虛幻的鹿住在身體裡。
要如何挽救那些農作物？

莎訶若問，要如何超越這個？要如何結束這個內在的衝突？因為有一個巨大的、複雜的網絡藏在裡面……

牠吃掉所有被種下的……

所以無論我們在無止盡的時間中種下了什麼，我們都會收割它。收割之後，我們又準備要播種。所以我們要如何停止這個惡性循環？這一連串的枷鎖會在哪兒結束？我們要如何擺脫它？如果一直這樣下去——而它也會一直這樣下去。

……對神性的愛將永遠無法成長。

對神性的愛要如何成長？

神性還沒被種下，因此從未被收割。它仍然只是飄在空中的文字，我們無法透過它得到任何有意義的接觸。我們種下依戀，我們就收割依戀；我們種下貪婪，我們就收割貪婪；我們種下恐懼，我們就收割恐懼。這個因果關係一直發生著。我們被這樣的因果關係的世界包圍著。它進入了我們的呼吸，再從我們的呼吸出來。哪兒才會有可以記得神的地方？哪兒才會有這樣的空間？

莎訶若提出一個非常深奧的問題。我把這種問題稱為真正的問題。無論神是否創造了這個世界——把這些問題留給蠢人。這類的問題是沒有意義的，它們是不重要的。神可能創造了世界，也可能沒有創造，那不會造成什麼差別。

這個真正的問題是關於生命的，它們是活生生的問題。

牠吃掉所有被種下的，
對神性的愛將永遠無法成長。

問題就在這兒。莎訶若說：「能做什麼？」似乎什麼都不能做，因為無論你做了什麼，都會是錯誤的。而這個錯誤的行為將更加強化了你的錯誤；然後你會再次犯錯，你會開始習慣犯錯，懂得犯錯的技巧。你全部的生命故事將會這樣進行著。什麼時候才能脫離它？你要如何擺脫它？……**對神性的愛將永遠無法成長。**

先了解因果的枷鎖才能讓你了解這個系列的講道。我將這個講道稱為沒有雲的雨。當天空出現了雲，它們會下雨。沒有雲的雨？如果天空沒有雲，那怎麼會有雨？但是有一種雨不需要雲。

在這個世界，存在著一個因果的枷鎖：一旦天空出現了雲，雨開始下了。在意識的內在世界裡，有一種雨不需要雲就會自行落下，在那兒，事情的發生甚至不需要理由。在外在的世界裡，一切都有其因果關係。在內在的世界裡，一切的發生不需要原因。當你進入到這個原因不存在的世界裡，你將會在同一天進入神性。只要你還在尋找原因，你將會一直待在世界裡。那就是為什麼科學永遠無法超越這個世界的原因，因為科學是一個對於原因的探尋。而宗教是一個對於沒有原因的探尋。它們的方向是不同的，它們的面向是不同的——不只不同，而且是完全的相反。

你有想過嗎？有沒有任何發生在你生命中的事是沒有原因的？有沒有任何發生在你生命中的事是你找不到任何原因的？不，對於每件事，你幾乎都可以找到原因。一旦找不到原因，你會發明它，因為沒有原因，頭腦會感到非常不自在。如果你愛上一個女人，我問你：「為什麼？」然後你會說：「因為她的雙眼很美。」你在試著說你是先看到她的雙眼，發現它們很美，所以你才愛上她。事實是如此嗎？或者是別的原因？首先你愛上她，然後你才突然發現她的雙眼很美。別人可能不會覺得你愛的人的雙眼很美，否則他們也會愛上她。你愛的人可能對別人而言是非常平凡的，但是對你而言，她是光芒四射的。你愛上她是因為她是光芒四射的？還是她的光芒四射是因為你愛上她？

因為人的頭腦想要解釋每件事，它會為每件事找出原因。它說：「因為她的臉很美，她的雙眼很美，所以我愛上她了。她的聲音多麼甜美，她的體態多麼曼妙，如此的勻稱。那就是為什麼我會愛上她。」你是在說你將愛當成一個數學問題，得到了解答。你寫出所有的原因——這個原因，那個原因——然後你做出結論，一個邏輯的結論，原因就是這些；好吧，所以一個人應該去愛。你有想過如果別的女人也擁有這些條件，那你也會愛上她嗎？很多女人也會擁有相同的條件。有的女人條件更好，但是你不會愛上她們。

愛是沒有原因的。你無法接受沒有原因是因為你在害怕：沒有原因使你超越了世界。愛沒有原因，它只是發生了。所有的原因都是愛上之後才發明的。就在第一眼，第一個瞬間，你愛上了這個人，或者這個人愛上了你。你以前從沒有看過這個人。

幾天前，一個朋友來找我，他說：「發生一件怪事。我最近遇到一個人，我第一次遇到他，我感覺我們是認識很久的朋友。我們一定在前世做過朋友。」現在這就是在尋找原因。如果你無法在這一世找到原因，你會從前世找原因。只有找到原因，頭腦才會感到滿足。

我告訴他：「接受這件事沒有任何原因會很困難嗎？」

他說：「我會感覺很不自在，應該會有一些原因。我遇過的其他人不會使我有這種感覺。只有他才有，所以一定是和前世有某些關係。」

如果我說：「是的，和他的前世有關。」那他就會感到滿足！他來問的只是這個。他說：「如果你這樣說，我就放心了。否則我會感覺被困住和不自在。」只要找不到原因，頭腦就會感到不自在，因為頭腦會說：「怎麼可能有任何事的發生是沒有原因的？」沒有雲卻有雨？不。可能是你沒看到雲，可能雲藏起來了，但是只要下起任何雨，它就一定是來自於雲。可能是風帶來了幾滴雨水，但是它們一定是來自於雲。否則怎麼可能？

這就是宗教性頭腦和非宗教性頭腦的差別。一個非宗教性的頭腦無法想像有任何事是沒有原因的。

所以我對那個朋友說：「這是你前世的非宗教性慾望——一定是來自某個地方⋯但是如果我告訴你，即使在前世，你也是第一次遇到他，然後呢？你將必須越過那一世。那何時才會結束？你一定是在某個地方第一次遇到他，無論那是什麼時候。如果你一直回顧無數的前世，你一定是在某個時候第一次遇到他。在那個相遇中，愛的發生一定是沒有原因的——否則愛要怎麼出現？你為什麼要製造這麼多麻煩？你為什麼不能接受這個愛是第一次發生？因為那使你不自在。」

你認為因為這個世界存在著，那麼一定是神創造它的。你甚至無法接受神的存在是沒有原因的。你認為你是一個宗教性的人，你說你接受神的存在是因為一定是祂創造了世界。如果有一個陶壺，那一定是陶匠做的。你把神當成了陶匠。你根本不是宗教性的。

如果沒有神，這個世界就不會被創造出來，如果需要一個原因，那麼神一定是最終的原因。那麼神是如何被創造出來的？你將會感到不自在，你會說對神而言那是另一回事。

但是那個不自在會留在你裡面，因為你感覺那並不是另一回事，因為那個原則必須是適用一切的。這個問題會一直困擾你，無論你多麼壓抑它。它會不斷的出現：「誰創造了神？」

害怕學者和牧師可能會不高興，所以你可能不會問，他們可能會威脅把你送到地獄去──沒有人想要去地獄。所以你勉強接受可能是這樣，可能是祂創造了世界。但是如果你無法接受世界的存在是沒有原因的，那你又怎麼能接受神的存在是沒有原因的？任何可以接受神的存在是沒有原因的人，也將能接受任何事的發生是沒有原因的。

接受事情的發生是沒有原因的，這就是宗教性頭腦的品質。沒有雲的雨是宗教性頭腦的最終狀態。一個宗教性頭腦是不需要原因的。為什麼每件事都一定要有原因？每件事就只是發生了，它的發生本身就已經是完整的。當你了解這個的那一天，你也會發現那些需要原因的事情將無法帶領你超越這個有形的世界。只有那些沒有任何原因就發生的事情可以帶領你超越這個有形的世界。一個人必須超越原因，一個人必須進入那個沒有原因的。

你在我旁邊：你和我的關係可以是有原因的。如果你感覺我的話語是符合邏輯的，你和我在一起是因為那個原因，那麼你和我之間的關係是世俗的，那沒有太多價值。你會是一個學生，我會是你的老師，但是師父和弟子的關係還沒發生。

如果你和我的關係是沒有任何原因的，如果有人問你，你為什麼和我在一起，你只是聳聳肩膀說：「我不知道。我想不到任何原因，但是和他在一起是喜樂的。」那麼你和我之間就有一個靈性上的關係。雖然人們會說你瘋了，人們會問你原因，他們會說：「你完全失去理智了嗎？你和他在一起可能是因為你喜歡他的想法，或者你喜歡他裡面的某些東西，他思考的方式可能對你而言是符合科學的，那就是原因，或者這個人可能催眠你，那就是你和他在一起的原因。告訴我原因！」如果你無法給出任何原因，那麼人們會說你瘋了。那就是為什麼你會給出不是真正原因的原因，因為你不想要別人認為你瘋了。即使對於沒有原因的事情，你也會渴望找到原因，這樣就不會有人知道你找不到原因。

信任是沒有任何原因的。愛是沒有任何原因的。存在是沒有任何原因的。

世俗的事務是有原因的，但是神性怎麼可能是有原因的。世俗的事務是透過因果關係而相互連結的。那個最終的是單獨的，它不是任何因果關係的一部分，它自己就足夠了。需要一個原因的意思是，你對你自己而言是不夠的。

如果你的父母不是在一個深深的愛的片刻中會合，你的身體就不會被生下來。身體是有原因的，身體就是世界。但是你的靈魂不是因為你父母的會合而誕生的，它在他們會合之前就已經存在了。它一直存在著。

當佛陀成道後回家，他的父親很生氣。很難滿足一個父親：父親的意思是野心。他的父親希望他成為一個偉大的皇帝，但是他反而成了一個乞丐。即使佛陀也無法讓他的父親滿意，所以怎麼會有任何人可以讓他的父親滿意？

他父親的雙眼充滿著怒火。佛陀是他唯一的兒子，他年老時的唯一希望——而他離家出走，他背叛了他，他是這個家族的叛徒。他應該成為父親年老時的支柱。「我的視力很模糊，現在我的雙眼看不見了。你原本應該要成為我的雙眼。現在我的雙腳不能走路了。你原本應該要成為我的雙腳。現在我快要離開人世了。我已經創造出這個偉大的帝國。現在我要把它留給誰？」

即使一個人快要死了，他仍然無法放下一切。他把一切留給他的兒子——彷佛他要透過兒子繼續統治這個帝國。當一個人老了，到了那時，一切都開始分崩離析。他的兒子有沒有得到並沒有差別，是否有任何人得到並沒有差別。它可以被偷走，那不會造成任何差別——一個臨死的人所擁有的一切都將分崩離析。想著誰會得到它是沒有用的，但是他仍然寫下一份遺囑。即使到了最後一刻，他仍然努力試著在死後可以對一切擁有一定的控制權。至少他的血脈，他的後代會擁有一切。

佛陀的父親說：「你逃離這個家，你離開我。現在我該怎麼做？我是你的父親。我擁有一顆父親的心。無論你犯了多麼嚴重的錯，我都會原諒你。我的門不是關上的，拋下那個愚蠢，快回家。當我看到你在路上行乞，我的心承受著很大的痛苦。你生來是要當個皇帝。你到底被什麼樣的瘋狂佔據了？」他說：「在我們的家族中，沒有人當過乞丐。好幾世紀以來，我們的家族歷史一直為人所知，我們一直都是皇帝。」

佛陀開始笑了。他說：「你可能會感到受傷，但是讓我告訴你：我不知道你的家族，但是我知道我的家族——我們一直都是乞丐。」

他的父親說：「不要隨便亂說！在我面前，你還只是一個小孩。是我把你養大的。我的血液在你的身體裡面流動著，我的骨頭創造了你的骨頭。不要想說服我。你說的是什麼意思？誰是你的家族？你在胡說什麼？」

佛陀說：「我是透過你生下來的，但是我不是來自於你。你給了我這個身體，不是我的靈魂。你創造出一個讓我的身體來到這個存在的環境，我也來了。你是一個讓我來到這兒的通道。但是我的存在是超越這一切的。你的存在和我的存在沒有任何家族關係。」

靈魂，自己，從未被生下來。只有身體被生下來。只有身體會死，靈魂不會死。靈魂的存在是沒有原因的。它就只是存在。在這個世界，只有那個沒有原因的才會是永恆的。只有不是透過雲而產生的雨才會是甘露。任何有原因的都將會消失，因為只有原因存在著，才能給它支持。你撿起一顆石頭，然後丟了它：只有當你提供將它丟出去的力量，它才能被丟出去——兩百步之遠、三百步之遠——然後它會落下。你給了它一個原因。它從你那兒得到能量。當能量沒了，石頭就會落下。一個小孩出生後會活到七十歲：父母將他們的生命能量給了他。那個能量會在七十歲的時候結束，然後他就會死掉。

但是這個世界會繼續運轉。無數的世界誕生了，又消失了，然後又誕生了，但是存在始終存在著。地球誕生了，也將會消失。星星和月亮誕生了，也將會消失。科學家說每個片刻都有新的太陽誕生，每一刻都有舊的太陽消失。這個情況會一直繼續，但是存在永遠不會消失。存在是沒有原因的；否則它不會是永恆的。任何重要的事物都是沒有原因的。

所以我不會要你承認神創造了這個世界，我不會要你承認神的存在。我要告訴你神不是被創造的。這個世界也是祂的一部份，祂不是被創造出來的。這些波浪、這些你看到的外形都是海洋的一部份，而海洋是永恆的。在存在裡面，一切的發生都是沒有原因的。這就是為什麼宗教是一個奧秘。科學不是一個奧秘：科學會做出解釋，它是對原因的探尋。那就是為什麼科學說：「我們無法接受神的存在，因為即使我們遇到神，我們也會需要找出原因，只有那樣，我們才能接受祂。」沒有任何事的發生是沒有原因的——這就是科學所相信的。一旦發生了任何沒有原因的——那就是宗教的經驗。

牠吃掉所有被種下的，
對神性的愛將永遠無法成長。

莎訶若說：「已經變得非常困難。我們已經陷在因果的枷鎖中。我們已經種下了農作物，現在我們必須收割它們。」如果你種了它，那會是誰來收割它？只有你會收割它。一旦你收割它，你將必須再種下它——不然你還能用這些農作物做什麼？

有沒有什麼辦法可以讓我們擺脫這個惡性循環？有什麼漏洞是可以讓我們鑽出去的？是否有任何門？任何隱藏的門？當我們從前門走出去，我們會一再的陷入其中。生命是否有任何隱藏的門可以讓我們逃走，以便我們不再受到因果枷鎖的束縛？

莎訶若把它稱為愛。它是奉獻。奉獻是沒有任何原因的。當你對某個人奉獻，你不能說這個奉獻為什麼會發生。當所有的「為什麼」都消失了，就會有奉獻。一旦沒有任何原因留下，愛綻放了。一旦沒有任何智力的算計，心會開始顫動。它是無法解釋的，它就像一個謎——但這就是它的本性。**牠吃掉所有被種下的，對神性的愛將永遠無法成長。**

每個人都想要神的特質，
但是沒有人想要消失而進入神。
自我主義者的內心感到自卑，
莎訶若說：他永遠無法升得更高。

這些都是偉大的話語！這段話可以打開你的生命之鎖。**每個人都想要神的特質，但是沒有人想要消失而進入神**。這就是宗教性的人和非宗教性的人的差別。一個非宗教性的人會想要神的特質——能力和力量。一個宗教性的人會想要神，而不是祂的特質。這兩個方向之間有一個巨大的不同。當你想要神的特質，你是在欲求自我，當你欲求最終的，那你就是走在無我的旅程上。如果你想要神的特質，你就得強化你的自我：你想要一個王座。當你想要最終的，那你就必須低頭，你必須臣服。

這兩個字都來自同一個字根，prabhuta，神的特質；prabhu，神。Aishwarya，富有；ishwar，神，也是來自同一個字根，但是它們之間的差異是巨大的。每個人都想要富有，但是沒有人想要神。**每個人都想要神的特質，但是沒有人想要消失而進入神。**

自我主義者的內心感到自卑，
莎訶若說：他永遠無法升得更高。

莎訶若指出的就是所有心理學家所說的自卑感。**自我主義者的內心感到自卑**。自卑感越嚴重，對權力的慾望就更強烈。西方偉大的心理學家阿德勒，在本世紀提出了一個最重要的發現——它是關於自卑感的。阿德勒說想要權力的人，他們的內心是非常自卑的。他們的內心感到空虛和茫然，如果他們沒有得到權力，他們就無法全然的接受自己。他們會持續的感到自卑，沒有意義。只有當他們的自卑感被王座的光芒覆蓋住，他們才能忘記它。政治上的野心就是自卑感的野心。

一個有智慧的人不會對政治有興趣，因為他對權力沒興趣。有智慧的人是一個知道神就在他裡面的人；現在不需要權力了。欲求權力表示沒有經驗過神的人試著獲得力量。權力是神性經驗的虛假替代品。

如果你看全世界的政治人物，你會發現阿德勒是正確的。列寧的雙腳很短，和他剩餘的身體部分不成比例。當他坐在椅子上，他的腳無法碰到地面。心理學家說這就是他的問題所在。他以前會坐在普通的椅子上，雙腳無法碰到地面，人們會開始笑他。但是他得到了俄國的最高地位，那是在告訴人們：「你的腳可能可以碰到地面，但是請看看你的椅子高度。」他做出了反向的表達——他在告訴人們：「看！我坐在最高的王座上。你的腳可能可以碰到地面，但是我的頭正觸碰著天空。」

希特勒是一個失敗的人：他無法在任何地方有所成就。他所做的每一件事都失敗了。他想要成為一個畫家，參加了三次考試，但是連入學考試都沒有通過；他沒得到入學許可。他曾經試過自殺，但是連這個也失敗了。然後這個自卑的人成功了，透過他得到的力量震撼了全世界。甚至有一次，希特勒幾乎要贏了，將要改變全世界的歷史。為什麼會這樣？他的自卑感變成了一個強大的推力，以致於他必需在某件事上獲得成功。

只要有一點智慧，一個人就不會加入任何瘋狂的權力競賽，因為透過這樣的競爭能得到什麼？即便你開始和佛陀競爭，也無法影響佛陀的步伐。只有你在追逐著，因為佛陀會說：「要去哪兒？無論你想要達成什麼，它已經在那兒了。即使我只是一直坐在這兒，它也是隨手可得的。即使我慢慢的走，也不會失去它。無論我是否到達那兒，都不會造成任何不同——因為我已經到達了。」但是你會奔跑，你會像瘋子一樣的追逐著，因為生命正一點一滴的從你手中流失，什麼都沒有得到，沒有任何成就。

一個人內心感到越空虛，就越想從外在來填補那個空虛。如果你的生命裡沒有愛，你會用金錢填補它。如果你的生命沒有經驗到神，你會用金錢填補它。如果你的生命沒有經驗到神，你會用權力填補它。如果你的生命沒有內在的光，你會用外在的道德觀填補它。一個內心空虛的人會裝飾他的外在，這樣至少可以欺騙別人的眼睛。要欺騙自己是不容易的。但是如果別人被騙了，那麼慢慢的、慢慢的，一個人會開始欺騙自己。你會開始相信別人說的話。

我曾聽說⋯

穆拉那斯魯丁正走在一條通往王宮的路上，然後有一些到處流浪的男孩包圍了他。有些開始向他丟石頭，有些開始嘲笑他。他是全鎮的笑柄。所以他在思考如何擺脫他們。他說：「聽著，你們知道今天全鎮的人都被邀請去參加國王的宴會嗎？我正要去那兒。宴會沒有任何限制。每個想去的人都可以參加。那兒準備了五、六十種不同的美味佳餚。」他描述那些食物的方式使得所有男孩離開他而奔向王宮。他們心想：「只是聽他講有什麼意義？最好直接去王宮看看。」

當男孩們離開後，那斯魯丁看著他們離去而揚起的灰塵，他猶豫了一會兒，然後也在他們後面追著，他心想：「誰知道？也許是真的？最好過去看看。」

當你說服了別人相信你編出來的謊言，當他們相信了，你開始懷疑：「誰知道？也許是真的！」一旦有這麼多人認為你是一個偉人，那麼誰知道？你可能是一個偉人！雖然內心裡，你知道並非如此。事實並非如此：那就是為什麼你為了成為一個偉人，演出了一齣如此偉大的戲，引起這麼多騷動和注意，做了這麼多安排。但是頭腦是令人驚奇的，它甚至可以欺騙自己。內心深處裡，你知道某件事是不對的，但是你開始相信它可能是對的，否則為什麼會有這麼多人被騙？也許一、兩個人還有可能被騙，但是怎麼可能全世界都被騙？

每個人都想要神的特質，
但是沒有人想要消失而進入神。

自我主義者的內心感到自卑，

一個自我主義者就是一個內心感到自卑、一無是處的人。

莎訶若說：他永遠無法升得更高。

這不是可以升得更高的方式。有兩種升得更高的方式：一個是虛幻的，另一個是真實的。一個升得更高的方式就是你在內心裡面保有自卑感，並在外在創造出一定的地位。自卑感將仍然被壓抑著，沒有人會知道。你自己會忘記，而這個謊言，一旦被重複很多次，將會看起來像是一個事實。一旦有數千個聲音開始回響，然後你也會相信它。這是其中一種方式，一千個人裡面會有九百九十九個人會選擇這個方式。透過這個方式，你得到了金錢、權力、名望、成功、聲譽——但這一切是沒有價值的。你死時的狀態將如同你出生時的狀態。你低人一等的感覺、你的自卑感將不會消失；它會被壓抑，但是不會消失。還有另一個方式，你可以向你的自卑感道別。不要從外在來彌補它，從內在對它說再見。將它完全的連根拔起。當它被完全連根拔起的那一天，那時候，無論全世界是否知道你是偉人，都不會造成任何不同。當它被完全的連根拔除，一道新的光芒會從你裡面出現。內心裡，你會知道它。如果某人發現了這道光芒，沒有關係，如果沒有人發現，那也沒關係。你不會在意。你不會再去注意別人的想法。

頭腦一直是分裂的，

內心不存在任何寂靜。

無論你得到多大的權力和多高的地位，累積多少財富，頭腦一直是分裂的。頭腦總是保持意見分歧。她使用了一個美麗的字，chitbhang——彷彿一面鏡子碎成好幾片；就像是某個人往湖上丟了一顆小石頭，使湖面的映月碎成好幾片，向四方潰散。

……內心不存在任何寂靜。心總是顫抖著。內心一直恐懼著，除非知道神，否則這個恐懼不會消失。藉著得到神的特質不會使恐懼消失，只有成為神才能使恐懼消失。然後產生了無畏。

……內心不存在任何寂靜。
性慾的波浪沖走了神性的果實。

有兩個選擇：淹沒在神性裡面，或者被性慾的波浪沖走。不是被性慾的波浪帶走就是讓神性的溪流將你升起。性或超意識——就是這兩種方向。這就是存在的兩種方式。

頭腦一直是分裂的，內心不存在任何寂靜。如果你跟隨熱情的波浪，結果就是：**性慾的波浪沖走了神性的果實。**你不是嚐到記住神的果實就是淹沒在慾海裡，迷失了自己。你不是知道天空中真正的月亮就是知道虛幻的月亮，它的映象。

如果只知道湖中的映月，麻煩會一直來到。頭腦總是分裂的。一個微風吹來，映月碎成了數片。小孩丟了一顆小石頭，或者一艘船經過，樹上落下的葉子——湖面就會受到影響。或者雲朵在天空中聚集，月亮被覆蓋住了。

你從性裡面得到的喜悅就像湖面的映月：似乎完成了某件事——但事實上沒有任何事被完成。你從未得到它。它總是在消失的邊緣顫抖著。

神的煉金石將一切變成了黃金。
它存在於充滿靈性的心。
乞丐的雙眼無法認出它。
莎訶若說：他將會失去它。

神的特質就像黃金一樣。神就像煉金石。如果這顆石頭和金塊放在一起，你將會選擇黃金，因為你不知道這顆石頭不是普通的石頭——任何鐵器被它觸碰到都會變成黃金。你所選擇的可能看起來會像是黃金，但是它無法將鐵變成黃金。

神的煉金石將一切變成了黃金。神、神性，是一顆煉金石。**它存在於充滿靈性的心**——只有幸運的人可以得到。只有可以打斷因果枷鎖的幸運之人可以得到它。只有擁有這顆石頭的人才是富有的。但是如果你試著在市集裡賣掉這顆煉金石，也許人們連一派士都不會給你。或者也許你到了一個原始的村莊，他們秤重的方式是將蔬菜放在一邊的秤盤上，另一邊則放上石頭，所以那兒的某個人可能會準備用幾派士把它買來當成秤石。否則誰會想買一顆石頭？煉金石也是一顆石頭。裡面藏了某些東西，但是只有了解的人才會知道。黃金是看得見的。沒有人可以評估煉金石的價值，但是黃金的價值是可以被評估的。

神的煉金石將一切變成了黃金。它存在於充滿靈性的心。那些經驗到神的人都擁有煉金石：他們碰到的一切都變成了黃金。他們的每句話和每個舉動都是黃金般的。無論他們走到哪兒，路上的塵土都變成了黃金。你所待的地方是地獄，如果一個拿著煉金石的人到了那兒，它會變成天堂⋯

我聽過一個蘇菲故事⋯

有天晚上，一個梵學家睡覺時做了夢，他在夢裡看見他到了天堂。他有點驚訝，因為他從未想過天堂。他看到某個人在祈禱，某個人在念誦可蘭經。那兒的人全神貫注在那個氣氛中。但是他說：「我一直以為我們的祈禱和念誦可蘭經是一個從世界解脫的方式。但是如果在天堂也要做一樣的事，那還有什麼意義？」

你們的修士、聖人和學者也同樣想著：那只是需要幾天的問題，所以他們可以忍受：「一個人只需要禁食幾天，但是到了天堂，我們可以坐在kalpavriksha下面——許願樹下面——那時候就不需要禁食了。」事實上，他們認為沒有禁食的人，當他們到了地獄就會發現他們錯了！「我們在這兒受一點苦，但是這可以確保來世擁有一個永恆的約定。一個聰明的人會受一點苦而得到永恆的愉悅，一個愚蠢的人會為了一點愉悅而承受永恆的痛苦。」你們的修士和所謂的桑雅士知道你們都會下地獄。他們知道你們都是蠢人。他們認為他們的行為是明智的！他們是比你更聰明的生意人：他們說今天只要受點苦，但是明天就會是天堂。一輩子能有多長？只要不斷的念誦羅摩，時間很快就經過了，然後就可以在天堂的許願樹下坐好幾年。

但是這個梵學家感到驚訝：「這兒在做什麼？這是我們在地球上做的事，而這兒也發生同樣的事。天堂的意義是什麼？kalpavriksha在哪兒？那些噴泉和流著酒的河流在哪兒？那些美麗的女人在哪兒？這兒一個都沒看到，怎麼回事？即使在這兒，人們還是念誦著可蘭經。那麼差別在哪兒？」

他問了某個人，一個天使：「怎麼回事？我完全無法理解，我很困惑。我讀可蘭經是因為它只需要幾天，一旦我到了天堂，我所有的問題都會被解決，可蘭經會被放到一邊。但是在這兒，人們也在唸著可蘭經！他們也會在這兒禁食嗎？他們也會在這兒做長期的禁食嗎？那天堂和地球還有什麼差別？那些美麗的女人在哪兒？那些會噴出酒的噴泉在哪兒？許願樹在哪兒？這些聖人在天堂做什麼？」

天使說：「原諒我，你對於天堂的概念有些錯誤。如果你認為聖人會上天堂，那你就錯了。只要是聖人待的地方就是天堂。」

所以宗教性是沒有假期的，記住這點。不要認為那只是幾天的問題：「我們會忍受它，然後就可以對這個宗教性說再見，忘記所有和它相關的一切。一旦我們上了天堂，我們就能隨心所欲的放縱。在這兒，我們必須收斂點。」不要那樣想。宗教性是沒有假期的。這個你想要放假的虛假宗教性是膚淺的，它沒有任何深度。

誰會想要免於宗教性的束縛？宗教性本身就是天堂。並不是聖人會上天堂，聖人本身就是天堂。不是藉由念誦可蘭經而上天堂，可蘭經本身就是天堂。一個知道的人會持續的念誦它，然後就不會有放棄它的問題。他的喜悅每天不斷成長。祈禱不是為了上天堂，祈禱本身就是天堂。一個知道的人會隨時沉浸在祈禱中。他會想要放幾天不用祈禱的假嗎？那麼他還不了解祈禱。它仍然是一個努力，一個世俗的事件。那還沒有變成他的愛。會有人想要免於愛的束縛嗎？會有人想要免於祈禱的束縛嗎？會有人想要忘記神嗎？一旦知道它，就不可能再忘掉它。

神的煉金石將一切變成了黃金。它存在於充滿靈性的心。只有最幸運的人能夠知道神。或者如果某個人知道了神，那他是最幸運的。沒有比這更幸運的。他自己就是富有的人。不要陷在其他的富有。沒有神，一切都是貧窮的。只要你還不了解神，你就是赤裸的。你不必要的拿著劍站在那兒，使你自己不被偷竊，但是你什麼都沒有。

乞丐的雙眼無法認出它。

無法認出它的人是貧窮的：煉金石就在他面前，但是他選擇黃金。

乞丐的雙眼無法認出它。
莎訶若說：他將會失去它。

他會很容易失去那些總是隨手可得的，而去追逐那些永遠不可能擁有的，無論他多麼努力的追逐它。存在總是隨手可得；慾望則是很難滿足的。存在就在此時此地——那只是一個睜開雙眼的問題。慾望是永遠無法滿足的，即便你一世又一世的尋找它。因為慾望的本質就是永遠無法滿足的。慾望永遠不會帶來滿足。慾望會一直保持無法滿足的，那就是它的本質。神性一直是隨手可得的，那正是它的本性。慾望只會是無止盡的追逐，它永遠不會被捉到，而神性已經在那兒了。當你停止追逐，放鬆在你的存在裡，你將會知道。**乞丐的雙眼無法認出它。莎訶若說：他將會失去它。**

莎訶若說：

秘密的記住你心裡的神。

她說：「用這個方式記住神：在你的心中經驗它。」不需要告訴任何人，因為想要告訴別人的慾望起因於自卑感。想要在別人面前炫耀你是宗教性的慾望——你會去寺廟，你會去清真寺，你會去謁師所，你每週日都會去教堂——想要讓世界知道的慾望，就是想成為世界的一部分。

完全不需要炫耀你經驗過神。此外，你要怎麼讓盲人看到祂？那些追逐性的人，他們要如何看出你的神聖？如果你在他們面前炫耀，他們會說：「你自己留著就好，我們現在還不想買它。它對我們有什麼用？你為什麼要買這顆石頭？煉金石只是一個傳說，實際上並不存在。滾到一邊去，我們現在要追求黃金！」不要炫耀它。它不需要任何炫耀，它必須從內在去經驗。

神聖不是一樁需要賣弄的生意；世界是一樁需要賣弄的生意。如果你有錢，卻不炫耀它，那擁有它有什麼意義？如果你有鑽石和珠寶，但是卻把它們藏起來，那擁有它們的目的是什麼？必須把它們拿來炫耀。你必須在各種場合炫耀它們——婚禮、寺廟、俱樂部、某些你必須炫耀給別人看的地方。否則它們有什麼用途？如果你一直藏著你的鑽石——價值數百萬盧比的珠寶——但是沒有人知道，那麼無論它們是石頭還是鑽石，能有什麼不同？

我曾聽說：

一個老人在他的地窖藏了五條金塊。他的兒子是一個敗家子，他喜歡過好的生活。漸漸的，他拿走所有的金塊。他揮霍著，享受著。並且用五條同樣重量的鐵塊替代那五條金塊。老人的視力不好，而且地窖一直是黑暗的。他常常打開地窖去觸摸那些金塊。他認為那些金塊還在那兒，所以一切沒事，然後他會快樂的關上地窖。

當他快要死了，問題來了。在他臨死前，他睜開雙眼說：「把我的金塊拿來。我想要知道它們是否還在。」於是那些鐵塊被拿來了，當他的妻子拿來時，她很驚訝，因為那些都是鐵塊。她了解到一定是她的兒子造成的。當臨死的老人看到那些鐵塊，有那麼一刻，他感到很震驚。有那麼一刻，他感覺被搶了。但是死亡快要來了——那些是金塊或鐵塊還有什麼差別？他嘲笑整件事，因為他一輩子都一直以為那些是金塊，但事實上只是鐵塊。

如果你將財寶藏在家裡，那它還有什麼意義？財富必須被拿來炫耀。它能帶來的喜悅就是炫耀。那就是為什麼人們甚至會炫耀超出他們實際擁有的。他們不會在收稅的官員面前炫耀，但是他們會在其他人面前炫耀。他們甚至會炫耀他們並未擁有的。他們在桌上放了一個沒有接線的電話。

我聽說穆拉那斯魯丁有一個這樣的電話。他有一個辦公室，沒有電話會讓一個辦公室看起來是不完整的。有個人來找他，為了在那個人面前炫耀，他說：「等一下。」他拿起電話講了一會兒話，只是為了炫耀，因為電話沒有接線。但是他講了一會兒電話，假裝聽對方說了幾句話，然後說了幾句話，然後掛上電話說：「說吧，你來這兒做什麼？」

那個人說：「我是電話公司派來幫你接電話的。」

穆拉不知道那個人是電話公司派來的！

財富的喜悅就是炫耀它。人甚至會炫耀他並未擁有的。人們從別人那兒借東西，然後去炫耀那些東西是他們的。世界是一場表演。神聖不是一種表演，你應該在你裡面培育它。

莎訶若說：秘密的記住你心裡的神。

她說：記住你心裡的神性。

你的嘴唇不會有任何移動⋯⋯

甚至你的嘴唇也不該知道你在內心裡說了什麼。

⋯⋯沒有人會知道。

沒有人會發覺。即使某個人想知道，他也不該發現藏在你心裡的東西。把它藏起來，因為你藏得越多，它就會越深入。你越是炫燿它，它就變得越是表面上的。所有的炫燿都是屬於表面上的，中心是需要被藏起來的。那個超越的，必須被藏在最深的核心。將它藏得越來越深。你所能發現的最深的地方，把它藏到那兒。有一天，神的名字會待在你最深的核心；只有記住，沒有文字。不是你必須在內心裡念著羅摩。如果你念誦著羅摩，那麼你的嘴唇會發現它。即使你靜靜的念誦，你也會發現，漸漸的、漸漸的，嘴唇在內心裡移動著。那個移動會持續下去。舌頭會發現它，喉嚨也會發現它。

莎訶若是在說，記住神不是在重複念誦，它是心的經驗。**莎訶若說：秘密的記住你心裡的神。你的嘴唇不會有任何移動，沒有人會知道。**不應該有任何人發覺，因為頭腦和自我是非常狡猾的。如果自我開始喜歡讓別人發現，那它會開始大聲祈禱。一旦某個人經過，你會開始大聲的祈禱；如果沒有人看見，你就會靜靜的祈禱。如果沒有人在聽，你就會把經典放到一邊，開始想著生意的事情。如果有人來了，你會撿起那些經典，開始繼續念誦它。頭腦是非常狡詐的。要小心被頭腦欺騙。所以最終的sadhana，在生活中對於那個最終的所做的靈性努力，會是內在的、秘密的。

即使你禁食，進行你的宗教儀式，也是為了之後有一個很大的報償。即便他們只有禁食十天，也會希望因此獲得一個很大的報償——只需要忍受幾天的折磨。人們甚至把禁食當成參加婚禮行進隊伍的一個要求，還有樂隊的伴奏、人們為了景仰而圍繞著坐在花車上的人。

你已經破壞了禁食真正的意義。在人的頭腦中，禁食已經變成一種炫耀。這個禁食是用來向世界炫耀的嗎？如果你將它拿來對全世界炫耀，那麼記住，現在已經不需要再讓神知道你的禁食了。整件事情結束了。你已經得到報償了。無論你想要透過禁食得到什麼，你已經得到了：你已經透過世俗中的事件得到了，樂隊的伴奏，報紙上的新聞，事情結束了。人們讚揚你，說你是一個偉大的聖人，你已經得到報償了。你已經透過禁食得到你真正想要的。現在不要再提這件事了，不用再說你想要得到什麼。

不要透過宗教要求任何屬於俗世的東西，只有那樣你才能知道神。不要在這兒接受任何報償，只有那樣你才能在那兒得到報償。

莎訶若說：秘密的記住你心裡的神。
你的嘴唇不會有任何移動，
沒有人會知道。

莎訶若說：透過那個只有你和神知道的方式記住神⋯

除了神以外，不應該有其他人知道。如果有人知道，那麼整件事就結束了。祂的聽力並沒有糟到你必須在清真寺的屋頂上大喊。卡比兒說：「神聾了嗎？你為什麼這麼大聲的喊叫？祂會聽見的。」祂不是聽你說的話，祂會聽的是你所是的。祂要聽的不是你不斷念誦的話語。祂不會去聽你那些膚淺的話語，祂會聽那些藏在你心裡的。

莎訶若說：透過那個方式知道神⋯只有你知道或是只有神知道的方式⋯

但是世界不知道的方式。

世界不應該知道。如果只有神知道，那就夠了。那是某件你和神之間才會知道的事。在你的日常生活中這樣記著：愛人想要私底下的會面，而不是公開的場合。即使兩個愛人在公開的場合會面，他們也會忘記那個公開的場合。那兒只有他們兩個人。這就是為什麼每當兩個愛人會面，對他們而言，那個地方變成無聲的。愛人也想在一個安靜的地方會面，因為愛需要一個很大的隱私。它是某件要向世界炫燿的事情嗎？它是一齣你得跪在愛人面前複誦馬努說過的話的戲嗎？它在戲裡面是適合的，主角在森林中徘徊，找尋他的愛人——如同一場詮釋羅摩一生的戲——然後問著樹：「我的希達在哪兒？」同時主角也在觀察攝影師到了沒，是否通知新聞記者了。然後他大喊著：「我的希達在哪兒？」在戲裡這樣做是適合的。

羅摩一定有問過樹，但是他有大喊嗎？樹木了解人的語言嗎？它們了解的是心的語言。羅摩一定是一邊靠著樹一邊流下了淚水。他的心一定出現了一個嘆息。我說的是「一個嘆息，」不是這句話：「我的希達在哪兒？」天空一定有聽見，樹木一定有聽到羅摩的哭泣。存在一定有聽到它。但是他有大喊嗎？那是公開場合的表演嗎？

…只有你和神知道的方式…

莎訶若說：「藏著它，不要讓世界知道，就如同愛人想要他們的愛情是隱私的。」他們不想要人們知道。如果有兩個愛人在那兒，然後第三個人進來了，那麼愛的旋律將被打斷。第三個人的存在變成了一個阻礙。因為第三個人的存在，任何隱私的和親密的事情是無法說出來的，第三個人會使事情變得膚淺。只有兩個人是需要的——當兩個人處於深深的愛裡面，然後只有一留下。怎麼還會有二存在？在那個一之中，什麼都不用說，愛被分享了。在人群中，即使你大喊，愛也無法被分享。

心理學家說人們常常說：「我愛妳，我非常愛妳。」，心理學家說要小心他們，他們在欺騙妳。愛可以透過說而表達嗎？如果它在那兒，那就可以認出它；如果它不在那兒，那麼必須有人說出來。一個丈夫會對妻子說：「我愛妳，我不能一刻沒有妳，」但是內心裡，他的想法剛好相反：「我什麼時候可以擺脱這個女人？」他說：「沒有妳，我會活不下去。」雖然當他的妻子不在那兒，你會發現他是快樂的。但是當他的妻子回來，每件事開始出錯。而妻子也在說：「我相信你，我向你臣服。」

有一天，我在市集看到穆拉那斯魯丁。有個人試著要賣刀子給他。他說：「那斯魯丁，雖然你不需要它，但是你可以用它拆信。」

那斯魯丁說：「那我就用不到了。我的信收到時都是被打開的。我已經結婚了。」

一個妻子對丈夫的信任是否足以讓她將丈夫的信交給丈夫而不先打開查看？不，她會先打開它們，看裡面寫什麼。但是她會說她相信他，他是她的神，但是她的信任甚至無法不讓她不先看過信的內容。奉獻、信任、愛，這些都變成文字、用來炫耀的東西。我們說了一件事，但是做的卻剛好相反。這也是你對神所做的事。你的膜拜和祈禱也變成一齣戲。一旦寺廟裡的人變多，可以看到人們如何假裝更虔誠。他會更加賣力表演。如果他是單獨一人，如果周圍沒有人——他環顧四周，都沒有人——然後他會對神說：「再見。讓我回家吧。我的祈禱有什麼意義？今天沒有人來看。」

祈禱是一個非常隱私的事件。沒有任何事會比祈禱更隱私了。它比最深的愛還要深入。它是愛的心，愛的靈魂。

這就是為什麼莎訶若說：**莎訶若說：透過那個只有你和神會知道的方式記住神**。你知道它，或者更好的是只有神知道。**只有你和神知道**：最多，你知道它。即便如此，那也是一種無助的狀態，因為當愛從裡面油然而生，你會知道。但是更佳的是你不知道，只有神知道。如果只有神知道，那就夠了。

你也是世界的一部份。你是什麼——你的人格，你的自我——都是屬於世界的一部分。不需要讓自我知道。這是最終的、最高的：讓神是唯一知道的。你不需要告訴任何人。一旦神知道，然後就得把煉金石藏起來。它必須用任何人都無法知道的方式藏起來——雖然人們會注意到它。

現在讓我告訴你最後一件事。那些想要對別人炫耀的人，人們最終會發現他們的炫耀只是一場表演。你是盲目的，卻想要對別人炫耀你擁有雙眼？你能維持多久不讓人知道？

穆拉那斯魯丁和一個女人相愛。他除了視力不好之外，沒有別的問題。所以他去問他的眼科醫生：「我該怎麼做？我可能會因為視力不好和厚重的眼鏡而被那個女人拒絕。我甚至無法看見她。除非我用手去觸摸，我才能知道她的頭部和雙手在哪兒。它已經造成我的麻煩，如果我不戴眼鏡，那我就無法認出誰是誰。這些眼鏡可能會為我帶來麻煩。那個女人可能會以為我是半瞎的人而因此拒絕嫁給我。有什麼我能做的嗎？」

醫生說：「做一件事：假裝你可以看見遠方的事物。做些事使她相信你可以看見遠方的事物。」

據說盲人可以看見很遠的東西。所以那斯魯丁決定試試看。一晚，坐在公園裡，他把一根縫衣針插在遠方的一棵樹上，即使視力很好的人也看不見。

他和他的女朋友坐在離那棵樹有一百步之遠的地方。那是一個滿天星斗的夜晚，他突然說：「似乎有人把一根針插在那棵樹上。」

那個女孩有點驚訝，因為她在懷疑他的視力：「他怎麼可能看到這麼遠的地方有一根針？」她看不到——即使要看到那棵樹都很困難。他怎麼看得到那棵樹上有一根針？他怎麼看得到某個人在樹上插了一根針？所以她說：「那斯魯丁，我看不見。」

那斯魯丁說：「我去把它拿來。」他站了起來——然後向前摔倒，因為他前面坐著一隻水牛。他連那隻水牛都沒看到！

你的偽裝無法維持太久。他們能持續多久？偽裝遲早會被揭穿——雖然人們可能不會當面說出來，因為說你在隱瞞什麼似乎不太禮貌。之所以不太禮貌是因為他們都在做同樣的事。那就是為什麼會有一個妥協。那是一個共謀，一個彼此之間的協議：「你不能揭穿我，我也不會揭穿你。」這個世界應該維持這樣的狀況。你試著炫耀你是一個偉大的聖人，我試著向你炫耀我是一個偉大的棄世者——我們必須照應對方。如果你給我帶來某些麻煩，那我也會給你帶來一些麻煩。這就是世界如何持續運作的方式。但是每個人都知道一齣戲只是一齣戲。無論你多麼努力偽裝，你都無法成功的欺騙別人。

另外有一件要了解的事，一個藏著他的神聖的人，他無法一直藏著它。就他而言，他會將它藏起來，但是那會變得很明顯。就好像一個女人懷孕了——她可以藏得住嗎？她的動作改變了，她的表情改變了，她的眼神改變了。她除了是一般的女人，也是一個母親。一個孕婦，那是一個不同的現象。一個革命發生了；一個新生命進入到她裡面。她的光芒是輝煌的。一般的女人並未擁有孕婦的美，因為孕婦裡面不是只有一條靈魂，而是有兩條靈魂在她的身體裡面發著光。就好像一間房子裡面點了兩根蠟燭，那個光是更強烈的——你無法藏住它。

當神的煉金石放在妳裡面，妳裡面攜帶著神性，妳要如何藏住它？即使孕婦都無法隱瞞她的懷孕。

莎訶若說：「藏住它。」但是我說你們無法藏住它。沒有人可以藏住它。盲人會開始看見它，聾子會開始聽見你裡面最終的音樂。甚至沒有嗅覺的女人，她們的鼻子裡也會充滿了你內在的最終芬芳。

神聖是一個非常明顯的現象。是的，如果你試著隱藏它，它會是看得見的，如果你想要炫耀它，那你就根本沒有擁有它。遲早它會被發現只是一場秀。把它留給神，你要做的就是藏住它。如果它變成看得見的，那你能做什麼？如果它是看的見的，就讓它看得見。

否則你要如何認出一個佛？否則莎訶若要如何唱出她的歌？否則你要如何認出法里德？那會是不可能的。

一旦神聖的經驗發生在這個世界的某個人身上，他們都會努力的試著藏住它，但是他們所有的努力都失敗了。他們裡面的神聖會被認出來。而那些還不知道的人，即使他們努力的試著炫耀它，事實上卻沒有任何可以炫耀的東西。在他們的努力中，暴露出來的只是他們的愚蠢。他們想要炫耀它的努力反而顯示出他們在說謊。透過炫耀它，人們只會感到他們是完全不知道的。

第八章
尋找，你就會錯過

第一個問題：

奧修，你說的這個故事，關於皇帝必須使用慘酷的手段去解救一個吞了蛇的人。我們裡面也擁有熱情和嫉妒的蛇。你為什麼不用一些殘酷的手段來解救我們？

如果一隻針就夠了，就不需要用到一把劍。而且可以用針完成的工作無法用劍完成。事實上，劍會破壞原本可以用針完成的工作。不要執著我在故事中提到的劍。而是要了解它們的精神。

確實，你是有病的，但是那個病不是很顯著，它是非常微妙的。熱情和嫉妒的蛇已經進入到你的胃裡面，但是擊打你的身體無法使牠爬出來。你必須經過一個同樣微妙的過程。如果那條蛇是一條普通的蛇，那麼無論故事中的皇帝做了什麼，都會是有效的。他鞭打那個人，他強迫他吃下腐爛的果實，當他胃裡的食物已經塞滿而來到喉嚨，發出了惡臭，他開始嘔吐。皇帝繼續鞭打那個人，在那個痛楚和混亂中，那個人嘔吐了，蛇也跟著掉了下來。

如果你從字面上來看這個故事……你會用這樣的方式來了解並不意外，因為你們大部分的聖人和修士都透過那樣的方式來了解。疾病在他們裡面，然而他們卻在擊打他們的身體；疾病就在裡面，而他們卻忙著改變他們的行為。自我就深深的藏在他們裡面，然而他們卻站在太陽底下，折磨他們的身體，鞭打他們的身體。他們躺在荊棘上，而自我是如此的微妙以致於沒有任何刺能觸碰到它。相反的，睡在荊棘上會使它變得更強壯。如果擊打你的身體就能使蛇跑出來，那麼它會是一個非常容易的工作。

蛇不在身體裡面，蛇在頭腦裡面。它位於頭腦裡面微妙的、無意識的層面裡。如果你可以了解，我將告訴你，如果蛇是真的，那麼工作會很容易。但是那隻蛇是想像的，牠並不存在，你在想像牠。這就是為什麼會需要非常微妙的方法。讓我再告訴你一個故事；也許你可以透過這個故事了解。

某個晚上，一個男人正在睡覺，他做了一個夢。他夢見他吞了一條蛇。出於恐懼，他醒了過來。那個夢是如此真實以致於他極度的被恐懼佔據並開始尖叫。他的妻子醒來了，隔壁的鄰居也醒來了，他們都試著說服他，那只是一個夢。他說：「不，我仍然感覺到牠在裡面。我可以感覺牠在我的胃裡面移動。」

他們想辦法讓他嘔吐。但是沒有蛇掉下來，沒有任何事發生。如果真的有蛇，那麼牠會掉下來。但是當他嘔吐的時候，並沒有蛇掉下來，自然的，他的邏輯告訴他蛇已經進入到更深的地方了：「嘔吐只適用於不深的地方；蛇一定是進入我的腸子裡了。」

他試了各種療法，但是醫生們都感到不解。照了X光也沒有看到蛇，但是那個人不打算接受這個結論。他說：「我應該相信自己還是你的機器？機器不會出錯嗎？我應該聽從你的分析還是我自己的體驗？我可以感覺蛇在移動。我無法站著，我無法坐著，我無法吃或喝。」那個男人幾乎快瘋了。

然後他被帶去看心理醫生，因為他的身體裡面並沒有蛇，而是在他的頭腦中。心理醫生怎麼做？他聽了那個人的故事並說：「確實有一條蛇。X光一定出了問題，那些醫生可能不了解，但是我可以看到那條蛇。」他摸了那個人的整個腹部後，他說：「是有一條蛇，你是正確的。」

他信任這個醫生。他說：「你似乎是這個市區裡唯一聰明的醫生。」但是那個心理醫生在說謊，因為要去除這個假象，除了使用一個虛假的療法之外，沒有別的方法。

你有想過嗎？虛假不能透過真實而去除，因為虛假和真實永遠不會相遇。所以要如何去除那條蛇？

如果疾病是虛假的，那就永遠不要服用對抗療法的藥，否則會造成傷害，因為藥是真的。順勢療法對於虛假的疾病是適合的；它給的是一種虛假的藥。它是利用相信所製造的藥，專門用於想像的疾病。所以使用順勢療法的藥，甚至不會有人受到傷害。它可以有幫助，它永遠不會造成傷害，因為要造成傷害，藥就必須是真的。順勢療法使用糖片。並不是順勢療法沒有效。它是有效的，因為人是複雜的。順勢療法沒有什麼特別——特別的是人的疾病。

一百個病人中，有九十個人的病是假的。對於假的疾病，真的藥是有危險的，因為真的藥會產生作用。如果沒有任何疾病，它會傷害到你。如果疾病存在，那它會治療你。

如果錯誤的使用藥可能會造成致命的結果。它是一種毒藥。如果疾病存在，那個毒藥可以治療疾病，但是如果疾病不存在，那個毒藥會擴散到全身。所以對抗療法不適用於誤認為自己有病的人；認為自己有病但實際上沒有病的人要用順勢療法——而這樣的病人比真正的病人多很多。順勢療法應該要和對抗療法一同在世界上宣傳，雖然它不使用真正的藥。能怎麼辦？那個疾病是假的。人們並沒有病卻想要被治療。

所以醫生說：「確實有一條蛇。」那個人相信醫生，他似乎是聰明人。他說：「我們要把牠取出來，吃了這個藥，在這兒休息一晚，到了隔天早上，當你去上廁所，蛇就會出來了。」

那個人睡了整晚，完全不擔心了。如果你找到對的醫生，就已經治好了一半的病。那個醫生想辦法弄了一條蛇，到了早上，在那個人上廁所之前，他想辦法把那條蛇放到馬桶裡面。當那個人上完廁所，心理醫生說：「現在我們去看看，那條蛇一定已經出來了。」他們在馬桶裡面找到蛇。

那個人非常高興。他說：「我心裡所有的不安都消失了——蛇出來了！而那些蠢人卻說根本沒有蛇！」

你的病就跟這個故事一樣。你並沒有生病，那是你的想法。你有的是一個自我的假象。自我不存在，自我是一個虛假的概念。它只是一個想法，它是一個思想的波浪。所以可以透過靜心移除它。而不是透過艱鉅的努力。

所以我不贊成艱鉅的努力——你必須在大太陽底下，做奇怪的瑜珈姿勢，用頭倒立、不必要的折磨你的身體、禁食、鞭打你的身體…自我無法用這個方式去除。你已經變成第一個故事的主角，甚至更嚴重。要了解第二個故事，它是很微妙的。所以方法也必須是微妙的。甚至用微妙形容也不太正確：它根本不存在。所以必須透過一些順勢療法。

靜心是一個順勢療法；它是一個去除不存在的東西的方法。你只需要覺醒。在你的睡眠中，你必須拿走在夢裡面你以為是真實的東西。當你醒來，你會發現它根本不在那兒。它不需要被去除，所需要的只是了解。

所以對我而言，不需要令人難受的方式。你會想要我嚴厲一點。你想要這樣，因為你就會認為有某些事在發生。當我要你去靜心，然後你和我的連結開始搖擺不定。你說：

「靜心？告訴我們一些可以做的事。我們可以禁食。挨餓能有什麼困難？但是要我們「不思考」是很困難的。」我要你拋棄你的自我。你說：「那很困難。叫我們去做些別的事，像是捐錢、膜拜、念經、棄世、任何需要艱鉅的努力，我們可以做那些事。」但是去做這些事只會強化你的自我，現在你的自我將會穿上宗教的衣服，現在你的自我會變成虔誠的。但是一個虔誠的自我是更危險的。一個粗糙的自我裡面也混雜著一些別的東西，但是一個虔誠的自我是完全純粹的毒藥。這就是為什麼你的治療會失敗，因為你在服用真的藥，卻沒注意到你的疾病是假的。

我坐在穆拉那斯魯丁的店裡。有個人進來了，想要買一些可以殺臭蟲的毒藥。那斯魯丁把毒藥給了他。那個人說：「弟兄，這些藥會殺死那些臭蟲，但是誰需要背負這個殺死牠們的罪名？是我還是你？我將會噴灑這些毒藥，但是這個藥是你提供的。或者我和你分別背負一半的罪名？」

那斯魯丁說：「沒有人有罪，不用擔心。」

那個人說：「你是什麼意思？」

那斯魯丁說：「除非臭蟲死了才會有罪。這個藥是印度的——國產的、未加工的。臭蟲不會因為這些藥而死，它們只是安慰劑。」

你所有艱鉅的努力會是徒勞無功的，因為你並沒有正確的了解到你試著要殺死的，以及它是否會因此而死。兩者之間沒有任何關聯。你所有的苦行只會造成傷害，但是它無法消除任何東西。

我所有的強調在於靜心。靜心的意義是什麼？靜心的意思只是讓頭腦如此的空和安靜，以致於無論你看到什麼東西，你的頭腦都不應該加入任何東西到你看到的東西上面。

如果你看到一朵玫瑰花，那麼你就只會看到一朵玫瑰花。你的頭腦不應該會說：「它很美，它多麼可愛。」或是說：「這不算什麼，我看過更美的花。」你的頭腦不應該說出任何話。它不應該做出任何評論。當你的頭腦不做任何評論，那就是靜心。然後你的頭腦會是一面清澈的鏡子。你會看到那個原本所是的。

現在你看到的，並不是那個原本所是的——而是你的頭腦投射的，是你的頭腦加入到存在裡面的。現在你會看到你相信的，你相信的也是假象。不論什麼情況，你只會看到你可以看到的。當你帶著覺知去看，這些事情將會不同。

假設你走在一條路上，有個人罵了你。現在你感覺那個罵你的人是邪惡的，是惡劣的，他應該被懲罰。但是有一天，你會帶著覺知去看待一切，然後當這件事再次發生，也許你會發現那個人說的話是真的。「他對我說的話是正確的，那不是在罵我。他說我是一個賊。我確實是一個賊。」你會彎下身去觸碰他的腳：「我的運氣很好，可以遇見你。你說出了一個事實：我是一個賊。你喚醒我了，你使我覺醒了。我要感謝你。拜託，請持續這樣仁慈的對待我。無論你發現到什麼問題，請告訴我。」

一個指出你的缺點的人是一個朋友；一個忽略你的缺點的人是一個敵人。但是現在，你的定義是不同的：當一個人隱瞞你的缺點，你說他是一個朋友；當一個人指出你的缺點，你說他是一個敵人。但是在靜心的狀態下，一切都會改變。

卡比兒說：

讓你的身旁有一個愛挑剔的人。

在你家的庭院中為他蓋一間小屋。

一旦你遇到某個辱罵你的人，一旦你遇到某個批評你的人，邀請他到你的家裡，告訴他：「現在，不要去別的地方。和我在一起。我會在我家的庭院中為你蓋一間小屋，我會安排讓你留下所需要的一切。因為如果你住在很遠的地方，我們只是偶爾遇到，那麼我就無法知道我有多少錯誤。和我在一起，看著我，一旦你發現我哪兒不對，就盡力說出來，不要隱瞞任何事。不要考慮禮貌，不要擔心你是惡劣的。嚴厲一點，清楚的說出來，因為沒有你，我可能會誤入歧途。」

讓你的身旁有一個愛挑剔的人：這是透過覺知才能做到的。如果你沒有覺知的聽別人的辱罵，你會準備和那個人爭鬥。如果你帶著覺知的聽那個人的辱罵，你會感謝那個人。然後生命中發生的一切都會改變。

有兩種看待生命的方式：一個是透過頭腦，另一個是透過靜心。透過頭腦來看待生命就是世界。同樣的世界透過靜心去看就是神。神和世界不是不同的東西，它們是兩種看的方式。

我知道你的病是虛假的。那就是我為什麼不斷的對你說，如果你願意，你可以在當下就經驗到神。不需要有任何片刻耽擱。如果這個病是真的，那就不可能立刻治好。時間是需要的。如果一個人因為生病而躺在床上，真的生病，那可能會需要好幾年才能痊癒。在不斷的治療後，那個疾病終於離開了。但是一個人因為自我催眠而躺在床上，認為他生病了，他並沒有真的生病。人們給了他一個想法，讓他以為他生病了，但是他並沒有生病。

我非常喜愛一個教授。有一天我把這件事告訴他，但是他不同意我說的話。他說：「這怎麼可能？讓我得到一個虛假的疾病，證明你說的是可能的。」我什麼話都沒說。我甚至沒說我會讓他得到一個虛假的病，因為那會妨礙我的證明。我只是假裝不知道，讓事情暫時告一段落。

兩、三個月後，我請他的妻子幫我一個忙。早上起床後請對他說：「你昨晚睡不好嗎？你的雙眼充血。讓我摸你的額頭，看看你是否發燒了。然後請摸他的頭說：我的天！你的體溫似乎升高了兩、三度。你昨晚為什麼不叫醒我？」

他的妻子問我：「你的目的是什麼？」

我告訴她：「我在做一個實驗。不要告訴他任何事。只要幫我這個忙。」我給了一張紙，上面寫了她需要對他說的話，並請她將任何他說的話寫下來，不要添加她自己的話。

我對他的僕人和園丁說了相同的話。我也給了他們一張紙條。我對僕人說：「當你在掃地的時候，遇到他走出來就對他說：先生，你似乎睡不好。並記下他說的任何話。」我對園丁說：「當他要去大學的時候，走到大門口對他說：你走路的樣子有點不穩，你還好嗎？然後聽他說了什麼。」同樣的，我到了大學辦公室請他的職員幫忙；我請每個人幫忙。在路上有一個郵局，我對局長說，當他經過時，請詢問他的健康。

等我的教授到了大學——那沒有很遠，從他家出門最多只要半哩路——他的雙眼充血，他的身體顫抖著。我在學校入口遇見他。他說：「聽著，去找一輛車，我的車子有問題。我無法走路回家。我感冒了。我生了整晚的病。」他坐在辦公室外面的椅子上，並閉上雙眼。我借了某個人的車，載他回家。

到了晚上，我去了他家。他躺在床上。我量了他的體溫——是一百零三度。我收集了所有記錄著他說的話的紙條。當他的妻子在早上問他：「你不舒服嗎？」他說：「誰說我不舒服？我整晚都睡得很好。不要胡思亂想。」然後當屋外的僕人詢問他，他已經改口說：「是的，我晚上睡不好。」——然而他才跟他的妻子說完沒多久！然後他接著說：「但是我沒事。」但是他否認的口氣已經不像之前那樣肯定。

當園丁詢問他，他說：「是的，我感冒了。但是很輕微——它會自己痊癒。」然後遇到了局長的詢問，他說：「我頭很痛，昨晚病得很重。」然後他被大學的職員詢問，他說：「是的，我昨晚病得很重。今天我無法教課，請通知他們。」等到他遇到我，他已經倒在椅子上。到了晚上，他的體溫已經升到了一百零三度。我把所有的紙條拿給他看，對他說：「這些都是你說過的話。我們該認為哪些才是真的？漸漸的、漸漸的，你從沒有病到發燒。早上你一定沒有生病。你的妻子也在場，她也在說這是個奇蹟，她說你怎麼生病的，因為她只是複誦我要她說的話。你的園丁也在場，你的職員也在場。我可以把他們都叫來這兒。他們只是複誦我要他們說的話。你變成有病的，你的發燒變成真的，但是疾病是假的。你發燒了，但是它的基礎是假的——它是一個想法。」

他看著那些紙條，發燒開始消失。當他看完紙條後，他了解整個狀況。他從床上起來說：「讓我再看看溫度計。」他的體溫恢復了正常。這五度的差別是心理原因造成的。如果它是真的發燒，只是看那些紙條是無法使他痊癒的。那個發燒也是假的。

這就是為什麼我說你現在就可以知道神，就在這個當下。你認為你已經失去祂，那只是一個想法。神是某個可以失去的東西嗎？神是你的本性——你要如何失去祂？你可以壓抑祂，你可以掩飾祂，但是你無法失去祂。但是那個想要拖延的老舊想法出現在你的腦海中，你說：「如果我們進行費力的靈修，一世又一世，然後有一天我們就可能可以知道神。它怎麼可能這麼快就發生？」這是一個詭計。這只是在拖延。你不想知道神。否則，沒有人會阻止你在這個當下知道祂。

我要告訴你一個法國故事。它是一個古老的故事：

有個人擁有一個大花園和一個湖泊。他非常喜歡睡蓮，於是他在湖裡種了一些睡蓮。

但是那些睡蓮長得很快——在一天內就長了兩倍大。因此他開始有點擔心，因為他也在湖裡養魚。非常美味的魚，如果這些睡蓮覆蓋住整個湖泊，那些魚將會死掉，因為牠們需要廣闊的天空、日光和空氣才能生存。如果這些睡蓮覆蓋住整個湖泊，那湖裡的所有生命都會死掉。但是他也愛那些睡蓮。他感到進退兩難，於是他去諮詢專家，尋求他的建議。專家說：「睡蓮每二十四小時所生長的面積會是原來的兩倍大。根據你的湖泊面積，我認為三十天內這個湖泊就會被所有的睡蓮覆蓋住。所以無論你還想要做什麼，趁現在做。」

那個人內心很慌亂。睡蓮是可愛的，他不想要拿走它們。魚兒也是非常美味的，他花了很大努力才成功飼養了牠們。牠們是相當稀有的魚，他從遙遠的國家取得牠們，他不想要牠們死掉。他再三思考，認為還不用急，還有三十天的時間。「當睡蓮覆蓋住一半的湖泊，我再開始想辦法。我會等到那時候。現在魚還活著，睡蓮還活著，所以不會有傷害。當湖泊有一半被覆蓋住，那時我會開始切除那些睡蓮。」

現在這個故事的問題是：湖泊何時才會被覆蓋住一半的面積？它會需要二十九天的時間去覆蓋住一半的面積！不要認為十五天的時間就會覆蓋住一半的面積。睡蓮每天會變成原來的兩倍大，所以在第二十九天，湖泊會被覆蓋住一半的面積。然後只剩下一天可以切除它們。那時候也許就太遲了。

這個狀況發生了。一開始他心想：「我會等著，看著它何時才會覆蓋住一半的面積。目前還沒有什麼問題，有什麼要著急的？」一開始，睡蓮似乎沒有長得很快，它們仍然待在湖泊的一邊。到了第二十九天，當他早上起床後，他發現它們已經覆蓋住一半的湖泊。他才發現到他計算錯誤。然後他說：「我的天，我完了！現在只剩下一天可以清理湖泊。」

這個故事並沒有提到他是否將湖泊的睡蓮清除了。但是生命裡也發生著同樣的事。你以為：「有什麼好急的？當我這輩子過了一半，我會知道怎麼做。」這就是為什麼人們說宗教並不適合年輕人，適合的是老年人。但是到了那個時候，已經沒有什麼力氣，而且只剩下很短的時間，這輩子一直背負著不必要的負擔，你的意識已經被這麼多沒有用的思想層層覆蓋，以致於到了最後一刻，當你臨死前躺在床上，也許你將無法做任何事。也許那時候，你會無法說出神的名字。只有那個已經在你的喉嚨準備好的，才能說出來。只有那個已經在你的心裡的，才能透過你的喉嚨出現。你要如何說出那個在你的心和喉嚨裡面還沒準備好的？在臨死前的那一刻，也許你只能說出你一生一直在做的事。

有個人即將死去。他睜開雙眼問：「我的長子在哪兒？」

他的妻子說：「他就站在你身邊，站在你的腳旁。」

「最小的兒子在哪兒？」他也坐在他旁邊。那個人閉著雙眼，一切越來越昏暗，他將要死去了。他一邊試著坐起來一邊問：「我的第三個兒子在哪兒？」

妻子說：「不要動，他也在這兒，坐在你左邊。我們都在這兒。沒有人在別的地方，我們都在這兒。」

那個人變得非常擔心。他坐在床上說：「你是什麼意思？那誰在照顧商店？」

他已經快要死了！他詢問孩子們在哪兒並不是要他們來到他的身旁。事實上，他在問的是，商店是否還在營業？是不是每個人都來了這兒，而商店停止營業了？

即使臨死前，你的頭腦仍然在擔心商店的生意。如果那個商店是你生命的一切，那麼你的反應是自然的。在你臨死前，只有你一生一直在做的事才會浮現。死亡會讓那個對你而言最重要的東西浮現。

不要拖延！你會有很多拖延的詭計，最偉大的詭計會是：「今天不會找到神，我會在明天找到祂。在這一世不會找到祂，我會在下一世找到祂。」所以你持續做著你現在做的，漸漸的、漸漸的，往那個方向移動——有時候禁食，有時候念誦咒語，有時候去寺廟。透過這些方式，漸漸的、漸漸的，總有一天你會找到祂。你是知道的，你不想要找到神。因為我對你們說，如果你想要找到祂，現在就有可能。不要以為神不是隨時可得的；是你沒有準備要接受祂。祂的天空是敞開的，但是你坐在那兒，把門窗都關上。你害怕神，所以你相信那些理論，使你有藉口拖延。

所以這個故事的涵義是什麼？就是你在作著一個看著自己失去神的夢。

你必須從夢中醒來。你必須帶入你的覺知。突然間，你會了解神是無法失去的，就像海裡的魚無法失去海洋一樣——牠在海裡出生，住在海裡，死在海裡。然而一條魚仍然隨時可能被從海洋扔出去——一個滿潮就可能把牠扔出去，一個漁夫可能會把牠撈起來——但是你無法從存在中被扔出去。沒有任何波浪可以把你扔出去，因為並沒有任何岸邊位於存在之外，沒有岸邊可以讓你被扔到那兒。也沒有漁夫會把你撈起來，因為除了神之外，沒有別的漁夫。你無法被丟到某個海灘上，因為沙子是神，海洋是神。並沒有任何獨立於存在之外的空間和時間，沒有任何方法可以使你獨立於存在之外。待在存在裡面是唯一的方式。那麼你是怎麼忘掉祂的？你是怎麼錯過祂的？所以一定是你的想法，你以為你已經失去神，一個無意識，一個思想。

所以不需要使用任何殘酷的方法。它是一件很簡單的事情。你的思想泡泡可以用一根小針戳破。不需要拿劍來刺它。一個人拿劍來戳破一個泡泡看起來會是愚蠢的。

你的情況就像一個泡泡。你的自我就像一個水中的氣泡，甚至用一根針就可以戳破。

吹一口氣就破了。令人驚訝的是你在想辦法不讓它破掉。令人驚訝的不是為什麼它沒有立刻破掉：它可以馬上破掉，但是你在保護它。你在保護這個氣泡薄薄的表面。你這輩子是如何一直保護它的，這實在是個奇蹟。

那些經驗到神的人並沒有達成任何事。他們只是再次發現那個原本就在那兒的。那些已經失去神的人，他們所做的一切是個奇蹟，因為他們想要得到那個無法失去的。他們只是創造了他們已經失去祂的假象。

當佛陀成道後，某個人問他：「你達成了什麼？」

佛陀說：「我什麼都沒達成。相反的，失去了某些東西。那個我發現的，早已在那兒了。」說它是個達成是不對的：只是失去了一個虛假的想法。那個不存在的，已經失去了；那個一直存在的，已經變成明顯的。

第二個問題：

奧修，你說我們一邊忙著隱藏我們所是的，一邊炫燿那個我們所不是的。對一般人而言，我可以從我自己的經驗來說它是多麼的正確。但是為什麼在所有的動物中，只有人成了這個炫燿的犧牲品？

人誤入歧途的唯一原因是他具有上升到那個最終的潛力。動物無法誤入歧途，因為牠們無法再升得更高。由於這個上升到最終的潛力，也因而開啟了誤入歧途的可能性。只有一個往上升起的人會掉下來。一個不會往上升起的人也就不會掉下來。當一個小孩在地上爬，他不會跌倒，但是當他試著要站起來，他開始跌倒，傷到他的膝蓋。一個人只要站著，就會有跌倒的風險。但是站著的喜悅是值得冒險的。動物中不會有犧牲品，因為動物甚至沒有任何覺知或意識可以向其他動物炫燿牠的狀態。牠不知道自己；牠活在完全的黑暗中。牠從未想過其他動物會怎麼看待牠。人站了起來，當他站起來後，他會看到其他人。

你觀察過嗎？當你早上起床時，你並沒有覺知到自己。首先你會注意到房間，裡面的東西：你看到牆上的鐘⋯當你早上起床，你聽到外面送牛奶的人的聲音，你聽到你的妻子使用廚具的聲音，你的小孩準備去上學，他把東西塞到書包，你會聽到這些聲音。你完全沒有覺知到自己，但是你會立刻注意到其他的事物。

人已經從動物的狀態中覺醒。藉由這個覺醒，他已經可以知道外在的世界。然而還需要一個覺醒，然後他就會知道他自己。這個覺醒已經發生在莎訶若、卡比兒、那那克和達杜身上。

第一個覺醒就是超越動物。然後會有第二個覺醒：超越人類。那麼它就是完全的覺醒。從動物中覺醒是一半的覺醒。從動物中覺醒的意思是你開始知道別人，但是你仍然不知道自己。然而對於脫離你的睡眠，已經完成了一半。現在那個光落在別人身上，它還沒轉向你自己。如果你越來越清醒，那個光也會轉向你。你不只會聽到別人的聲音，你也會開始覺知到自己。這個覺知給了人成為宗教性的可能性。

動物裡面不會有犧牲品。牠們不會用裝飾品裝飾自己，牠們也不會穿衣服，牠們也不會打扮自己去參加舞會。牠們不知道人們可以看著牠們，評斷牠們的外表。牠們完全沒有這樣的經驗。牠們沉睡在一個深深的、無意識的狀態中。

動物和聖人之間有一些相似性。那個相似性就是動物沉睡在一個深深的無意識中，沒有任何和牠相對的東西——只有無意識和更多的無意識。在聖人裡面也沒有和他相對的東西——只有覺知和更多的覺知。動物沒有興趣去炫耀自己，因為牠無法覺知到別的動物。聖人沒有興趣去炫耀自己，因為他已經知道了自己。人介於這兩者之間，在這兩者之間徘徊：人裡面有一半是動物，處於黑暗中，另一半是覺醒，處於光明中。

透過覺醒的那一半，他可以看到別人，看出他們眼中的評斷。當他們看著他的時候，他變得很快樂；然而有時候，那些眼光對他而言，似乎他是被討厭的：「我要做什麼才能不被討厭？我要做什麼才不會感到受傷，使人們尊敬我？我要做什麼才會使人們愛我？」他可以感覺到別人的評斷。

動物處於一種喜樂中，但是這個喜樂是無意識的。牠們本身不知道牠們是喜樂的。聖人處於一個巨大的喜樂中——他知道喜樂，只有喜樂，沒別的了。動物是寧靜的，聖人也是寧靜的。介於兩者之間的是人，他是焦慮不安的。他是一半的動物和一半的神——這就是他的焦慮不安。他就像人獅神，半人半獅。沒有比人獅神更適合的象徵了，祂是一個印度神的化身。

在人裡面有一個很大的焦慮不安，因為他裡面有一半在拖著他往下掉，就像一個朝向無意識的重物，而另一半想要飛向天空。那個重物不讓他飛翔。由於這個飛翔的渴望，他也無法享受成為這個石頭般的重物。

石頭不會移動，它是喜樂的。小鳥在飛翔，牠是喜樂的。想像一隻小鳥裡面有一半石頭和一半小鳥：牠會受苦，你會看出來牠在受苦，牠會無法休息。如果它是一顆石頭，它會躺在樹蔭下；它會休息，它會做夢。如果牠是一隻小鳥，那麼牠會飛在空中，牠會渴望看到太陽。但是一半石頭和一半小鳥是沒有辦法飛翔的。休息或是飛翔都是不可能的。所以牠會在休息中受苦，牠會擺動牠的雙翅。這就是人的狀態。

有兩種方式：退回去變成動物，完全像石頭一樣，或者喚醒還不完全像石頭的那部份，讓牠找到翅膀，像隻小鳥飛翔。

大部分的人像顆石頭躺著，雖然那個選擇是不可能的，那只是欺騙自己。那條路不通往任何地方。一個喝酒的人在做什麼？他是在說：「我將忘記對飛翔的渴望。我很滿意我的現況，讓我維持是一顆石頭。」所以你會發現一個醉漢躺在水溝裡：對他而言，飛翔是一回事，但是連想要走路的能力都沒了。對別人而言，要覺知到他是一回事，但是對他而言，不會有需要覺知任何人的問題。一隻狗會在水溝裡舔著他的臉，他不會在意。蒼蠅會聚在他周圍，他不會在意。經過的人會譴責他，他不會在意。他什麼都聽不見。他已經透過酒精讓有翅膀的另一半陷入無意識。

但是你能維持無意識多久？將會有另一個早上，意識會回來。然後頭腦會充滿很大的自我譴責。然後你會懺悔。你會受苦：「我在做什麼？我怎麼了？」然後由於這個受苦，由於這個焦慮不安，隔天你會喝更多酒，因為現在似乎沒有別的方式可以壓下這個焦慮不安。將會形成一個惡性循環，你會透過喝酒忘記一切。當你是有意識的，你的受苦會更強烈，更煩惱：「我這輩子在做什麼？」然後為了要忘掉這個憂慮，你將會喝更多酒——它將會是無止盡的。

酒精和靜心⋯⋯如同我說過的，動物和聖人有一些相似性——酒精和靜心也有一些相似性。酒精是往回走，靜心是往前走。酒精就是接受石頭，靜心就是把石頭轉變成小鳥。所以所有的靜心者都反對酒精；這是唯一的原因。酒精本身並沒有問題。靜心和酒精有什麼關係？那個反對的原因就是你在試著往回走，而那是不可能的。你在試著將不可能的變成可能的。在這個世界，任何你所知道的都無法被忘記。你所經驗過的，是無法被從你的經驗中扔掉的。所以往回走是不可能的。小孩長大變成年輕人——你要如何讓他再成為小孩？

你從子宮出生，你要如何再被塞回到子宮？生命只會往前行進，沒有任何往後退的步驟。因此靜心者是反對酒精的。那個反對不是針對酒精，那個反對是針對你往後走的慾望——而且你無法蹲下去，你必須站起來。每一次，當你要站起來，你會更踉蹌。即使只是走路也會變得很困難。往後退是不可能的，你無法往後走。所以你的進退兩難會是無限的。你裡面的煩惱和緊張會變得很巨大。你會碎成無數片——莎訶若稱為一個破碎的頭腦——精神分裂。你的頭腦會崩潰。你的頭腦之鏡會碎成無數片，在那個破碎的鏡子中，你甚至找不到真理的影子。你甚至看不到神的映像。

靜心也是一種酒精：它是覺知的酒精。無意識是一種酒醉，但是你要如何把它和覺知的酣醉相比？覺知也是一種酣醉。莎訶若說：**他們不由自主的蹣跚行進——神接管了他們**。是因為處於覺知的酣醉而使你蹣跚的行進⋯⋯**神接管了他們**。現在你裡面已經沒有任何人會照料一切。

一個靜心者會在酣醉中移動和跳舞。一個醉漢也移動著，他也跳著舞——但是在靜心者的舞裡，你會發現那個未知的芬芳，你會發現真理的芬芳。在醉漢的舞裡，你會發現無意識的惡臭，睡意的惡臭，瞌睡的惡臭。有一個很大的不同。醉漢就像一朵腐爛的花朵。靜心者就像一個已經完全開花的花苞。

這是一個重要的問題——只有人對炫耀和虛偽有興趣——因為人是稍微清醒的，而動物是沉睡的。不要把這當成一種不幸。這是幸運的，因為這是邁向成為聖人的第一步。但是不要認為這就是全部，不要停在那兒；否則那會是一個災難，那麼它將無法帶你到任何地方。然後你不會是較低的，也不是較高的；你不會屬於這兒，也不會屬於那兒。

塑造外表的慾望是想要變美的第一步，然而你在意的是別人應該要認為你是美麗的。當你稍微有點清醒，你在意的會是：我如何成為美麗的？別人是否知道並不重要。因為成為美麗的，這本身就是如此喜悅的；你裡面會有一個寧靜。別人是否知道並不重要。如果我內心感到焦慮，而你一直認為我是寧靜的，那我能因此得到什麼？這有什麼意義？那不會減輕我的焦慮，這個焦慮不會消失。相反的，我的內在會出現一個新的問題。我的內在是焦慮的，而外在上，我卻試著顯示我是寧靜的：甚至沒有多餘的空間留給焦慮不安，或者表現出這個焦慮。這將不會有幫助。

憤怒出現了，在那兒沸騰著，我保持微笑，這樣就不會有人發現我的憤怒。別人不應該知道我是一個易怒的人。所以一方面，憤怒造成的焦慮不安在內在裡持續著，然後你在表面上強顏歡笑。這個虛假的微笑只會更添加這個焦慮不安。

所以沒有必要做表面工夫，然而這樣做表示你站在梯子的梯階上。試著做表面工夫的意思是至少你開始有點覺知到你可以是美麗的、快樂的、健康的。你已經有點覺知到在你內在的那把屬於存在的維納琴是可以彈奏的。這個覺知是美麗的——但是帶著它稍微再往前走。漸漸的、漸漸的，你會發現這個覺知會帶著你進入一個狀態，你會在那兒覺知到你的內在美，你不再擔心別人怎麼看你。你將會在內在裡創造一個寧靜，你不再擔心外在。你將會轉變你內在的存在，你不再去擔心你外在的行為。然後這個行為會像影子一樣的跟著你。

佛陀說過：「當牛車開始移動，輪子的軌跡會被留在後面。」同樣的，一旦有一個內在的革命，你的行為就會像牛車輪子留下的軌跡。Aesdhammo sanatano，這就是永恆的法則。它一直是如此。

一旦內在有了改變，外在要如何維持不變？在你內在的存在中，當你變美了，那個美的光芒會開始出現在你生命裡的每個層面。不會有別的可能了。當一間房子裡面點了一盞燈，那個光會穿過窗户、穿過門、穿過每個孔洞。人們從很遠的地方就會發現這間房子點了一盞燈。即使在黑暗中，這個光也會照亮他們的路。當意識在內在裡成長，行為會自動改變。它是一道向外四射的光芒。

但是你在做的剛好相反：你的燈並沒有點燃，但是你把一些光黏貼在外在的牆壁和窗户上，這樣人們就會以為房子不是暗的。但是這個方式不會使你內在的黑暗消失；相反的，它似乎會顯得更暗。然後你持續沉浸在你的憂慮中；你的生命變成了一個地獄。

不，這個想要變美的渴望是好的，但是它走錯方向。你想要在別人的眼中看起來是美麗的，但這是一個錯誤的方向。這是一個非宗教性的人的看法。一個宗教性的人也想要變成美麗的，但是他不擔心別人。他閉上雙眼，向內看著最終的美。他淹沒在裡面，沉浸在裡面。

你沒有停留在動物的狀態是好的。但是如果你仍然維持不變，你甚至會開始嫉妒動物，因為現在舊房子已經被留在一旁，而新房子卻還沒找到。不再有動物的喜悅，但是也還沒得到神的喜樂。你只是徘徊在這兩者之間。離開舊房子是好的——現在創造一個新的房子！不要還想回到舊的房子——沒有人成功過。

一個非宗教性的人是一個不成功的人。他永遠無法成功。他的進化並沒有和存在是和諧一致的，他並沒有和永恆的法則是協調一致的。他試著往相反的方向走。如果他是年老的，那他就是在嘗試變年輕；如果他是年輕的，他就是在試著變成一個孩子——但是他走的是相反的方向。他將無法到達任何地方，他會在這樣的努力中迷失。

你是幸運的，因為你有一個對美的覺知。讓這個覺知更加地成長，然後你就會在內在裡試著成為美麗的，不是透過裝飾品，而是透過你自己的存在。然後你就不會再改變你的衣服，你會改變你內在的意識。你會忘記別人說了什麼。然後成為你所是的喜悅會是如此的深入，以致於你不會在意別人的意見。你擁有一顆鑽石。卡比兒說：「如果某個人發現了一顆鑽石，他會放在他的口袋裡。」他會安靜地放在口袋裡面然後離開。誰還會想要在公開的場合炫耀它？

我聽說在穆拉那斯魯丁居住的城市，那是一個小城市，它有一個古老的傳統，如果某個人發現某個東西，他應該要到市集大聲宣告三次：我發現了一顆鑽石、一盧比或是一百盧比的鈔票。如果它屬於某個人，那麼他可以拿走它。他應該要宣告三次，如果沒有人主張是他的，那他就可以擁有它。如果有人說是他的，那就必須把它還給他。

穆拉那斯魯丁發現了一顆鑽石。根據規定，他去了市集，大聲的宣告了三次：他發現了一顆鑽石，無論它屬於誰的，應該把它拿回去。並沒有任何人主張，所以他帶著鑽石回家了。

他的妻子問：「你在午夜的時候跑去哪兒？」

他說：「我去了市集。」

他在午夜去了市集，那兒沒有任何人，每個人都在睡覺。他已經遵守了傳統，但是他說話的聲音非常小聲，甚至連他自己都聽不見。他擔心即使在晚上，也會有些睡在附近的乞丐或某些還沒睡覺的商店主人會來主張那是他的鑽石。他如此小聲的說了那些話，以致於甚至連他也聽不見。等回了家之後，他說：「現在我們是鑽石的主人了。」

當你發現了一顆鑽石，那麼這會是你頭腦的狀態。誰會想要到處去告訴每個人？告訴別人會有危險。這就是為什麼莎訶若說：在你的心裡複誦祂的名字。甚至你的嘴唇都不該發現。甚至你自己都不該發現——**只有你和神知道**。最多，你會知道，神會知道。更好的是：這句話可以有兩種意義，你或是神：不是你就是神，只有兩者之一。那會是它正確的意義。最好是連你都不知道，只有神知道。

不該有任何人知道。要去那兒說什麼？只有那些沒有的人才會宣稱是他的。那些擁有它的人，他們的存在是充足的，不需要再做任何宣稱。當你試著透過大喊來說服某個人相信你是一個擁有良好品行的人，那麼你同時也會知道你並非是這樣的人。否則沒有必要去宣稱和大喊說它是你的。

羅素曾在他的一篇文章中提到——我同意他說的——如果在某個地方有一群人，裡面有個人被搶了，他的口袋被割開了，對那個想要不被捉到的賊而言，最重要的就是他應該儘可能的製造混亂：「我的口袋被割開了！是誰幹的？捉賊啊！」然後別人甚至不會去看他，或是認為他可能就是賊。那個人看起來會是無辜的，因為他正試著要捉到那個賊。

這在社會中常常發生，譴責他人品行或是對他人品行議論紛紛的人，就是想讓自己免於被議論的人。如果一個妓女被捉到，那麼那些丟她石頭的人，通常就是她的顧客。現在他們在害怕，如果他們不過去丟她石頭，鄰近的人或村裡的人可能會認為他們是她的顧客！所以那些先去丟石頭的人，你會在那些人之中發現她的顧客。

在耶穌的生平中曾經發生過一件事：

一個和別人通姦的女人被帶到耶穌面前，人們說：「我們要殺了她，因為猶太經典說過，一個犯了通姦罪的人應該被石頭砸死。」

耶穌說：「經典是對的，你可以用石頭砸死她。用你的手撿起一些石頭。」耶穌坐在河岸邊，附近有很多石頭。他們都撿起了一些石頭，耶穌說：「聽我說，還有一件事：只有沒犯過罪的人可以丟石頭。」——只有對這個女人沒有任何一點非分之想的人可以丟石頭。站在前面的虔誠村民扔了石頭，慢慢的從人群中消失——因為他們才是真正的罪人。

據說所有的人，一個一個的離開了那兒，只剩下耶穌和那個女人。那個女人開始哭泣。她跪在耶穌的腳下：「原諒我，我犯了很多罪。」

耶穌說：「我有什麼資格決定要不要原諒妳？我憑什麼說妳是一個罪人？這是妳和神之間的問題。妳必須和妳的神去解決這個問題。」

只有譴責別人的人會擁有他們所譴責的。耶穌說：「我憑什麼去評斷別人？如果我看著自己，那就夠了。我憑什麼干涉妳的生活？無論妳變成什麼樣的人，妳已經是那樣的人了。也許神想要妳是那樣的人。這是妳和神之間的問題。如果妳覺得妳做錯事了，就不要再做同樣的事。但是如果妳覺得那是對的，那麼就繼續。我憑什麼決定？我不是一個法官。」

我最近看到一個幾年前發生在美國的事件。在舊金山，一個加州的城市，有一個控告法官的案子。據說那個法官擔任一個小俱樂部裡面提供酒精和妓女的經紀人。最令人驚訝的是，那個法官是舊金山最嚴厲的法官——最嚴厲的法官！他將很多皮條客判了重刑，如果有案件被分給那個法官，人們會害怕。而他自己卻被逮到在做一樣的事！

人們很驚訝；沒有人會想到這個法官會做這樣的事，他們無法想像。當這個案子被分給一個法院的法官，那個法官是他的朋友，試著要對他從輕量刑。之後才發現這個法官也涉入了那件案子！

生命是非常複雜的：你們的法官通常是最大的罪犯。你們的政客通常才是應該坐牢的人。但是他們是狡猾的，他們是精明的。任何他們想要做的事情，他們就強烈的譴責它，他們知道那個策略。這樣就不會有人認為他們會做出這樣的事。向別人炫耀、在別人面前宣稱某件事，是一個掩飾的方法。你想要掩飾某件事，所以你在別人面前宣稱：「我是一個良好品行的人，我是一個棄世者，我是博學多聞的。」你是在試著掩飾某件事。任何宣稱他的知識的人，就是在掩飾他的無知。任何宣稱他已經棄世的人，就是在試著掩飾他的放縱。宣稱的意思就是你在試著掩飾那個和你的宣稱對立的。

但是無法在神面前做任何掩飾。此外，在人們面前掩飾有什麼意義？明天你就會變成塵土，那些你所掩飾的也會變成塵土。他們的觀點沒有任何價值、他們的意見沒有任何重要性、他們的批判沒有什麼意義。無論他們說你是好人或是壞人都不會有什麼不同。在你自己的眼中，你所是的才是真正重要的。

法里德說：「法里德，如果你是聰明的，如果你真的是聰明的，那就不要到處宣稱你是聰明的。如果你真的聰明，那就深入的看著你自己。不要寫任何反對別人的黑函。不要沉溺於歸罪別人、譴責別人。深入的看著你自己：你會在那兒看到嚴重的缺點。你的力量是微不足道的，時間是短暫的。摧毀你自己的邪惡。醒來！」

人已經脫離了動物的層面。這是幸運的。現在他應該脫離人類的層面。只有當一個人超越了他的人類狀態，他才會變成完整的。「人類有福了，」耶穌說：「那些脫離人類層面的人有福了。」

尼采有一句話：「當人的箭放棄了超越他自己的渴望，那會是不幸的一天。」當人的渴望之弓不再拉著超越之箭時，那天會是不幸的。當人類滿足於維持現況，那會是不幸的一天。除非你得到神，否則不要感到滿足。滿足於比那個更少的程度，就如同你親手放棄那個完全讓你隨手可得的；在那個狀態下，你什麼都不用做，只要張開你的眼睛。你只需要伸出你的手，它就會自己讓你抓著。你只需要呼吸，就會被它的芬芳填滿，你不需要做任何事。你只需要提起雙眼，太陽就在你面前。否則你將永遠無法經驗到它。所以永遠不要安於少於那個的；不要只是成為人就感到滿足。

世界上有三種人：第一種人試著成為動物；第二種人試著成為人；第三種人不準備滿足於任何少於神聖的一切。成為第三種人，因為只有那時，生命才會達到最終的開花。充滿芬芳的生命之蓮將會向天空臣服。

第三個問題：

奧修，你說科學無法引領人到達宗教，因爲科學是一個對原因的探尋。那麼宗教的探尋是否是沒有原因的？

宗教的探尋也是因為一個目標而開始——但是宗教性的經驗只有當目標被拋棄後，當你拋棄了所有的目標後，它才會發生。

試著這樣了解。探尋的開始是因為一個理由——否則探尋如何能開始？你對世界已經感到厭煩，或者你開始看出世界是沒有意義的，然後你開始探尋意義。世界的虛假變得很明顯，然後你開始對真理有興趣。身體的慾望變成沒有意義的，然後你開始尋找靈魂。你認為因為你還沒有在這兒找到喜樂，那你也許可以在那兒找到。你在這兒找到的一切都是短暫的——也許在那兒，你可以和永恆有些接觸。當然你的探尋都是因為一個目標而開始，需要一個目標，你才會開始探尋。

探尋的意義在於它的背後有某個目標。你在探尋某個東西：那表示你是因為某些貪婪而開始，一個得到某些東西的渴望。有一個渴望在那兒。以這樣的方式而開始探尋是完全正確的——有一個原因——但是只有當原因不再存在，探尋才會結束。探索著、尋找著，有一天會有一個片刻來到，現在你了解到探尋本身已經變成了阻礙。探索著、尋找著，你到了某個地方，你發現對喜樂的探尋就是悲傷的原因。「我們尋找著世界上的喜樂，我們沒有在那兒找到它。現在我們在神裡面尋找它，我們也沒有在那兒發現它。」——但是只有了解到對喜樂的探尋、對喜樂的渴望、對喜樂的慾望本身就是悲傷的原因時，有了很多這樣的經驗後，這個了解才會出現。當這個了解發生的那一天，這個探尋也會停止。在那一天，你不會再繼續尋找，尋找會被拋棄。

對世俗的探尋已經拋棄了，現在對神的探尋也拋棄了，一旦這個沒有探尋的片刻來到，你會突然發現喜樂的音樂正在響起。沒有雲的雨……現在沒有任何雲，但是卻在下雨。

一個從未探尋過的人永遠不會找到，一個持續探尋的人也永遠不會找到。要了解這個複雜的地方：一個探尋過的人將會找到，但是一個從未探尋過的人怎麼會找得到？此外，一個持續探尋的人，由於他的探尋，他終究無法找到；只有當他拋棄了探尋，他才會找到。

探索著、尋找著，噢，朋友，
卡比兒消失了。
卡比兒說：「我尋找過，但是我沒有發現我在尋找的。相反的，卡比兒消失了。」

探索著、尋找著，噢，朋友，

卡比兒消失了。

然後，那個結合發生了。老子說：「尋找，你就會誤入歧途。」但這是在描述下一個階段。這不是在描述那些尚未開始尋找的人，而是在描述那些已經尋找了很久，然後已經對這個尋找感到厭倦的人。針對他們，老子說：「尋找，你就會誤入歧途。如果你想要達成，那就停止尋找。」但是記住，只有在你尋找過，你才能停止尋找。不要狡猾的說：「如果最終還是要停止尋找，那麼何必要尋找？」何不繼續待在原來的地方，你在經營生意，待在商店裡面——何必找麻煩？而且這個麻煩似乎像是一個陷阱：先去尋找，然後再停止尋找！」

佛陀尋找了六年，他全然的尋找。有一天，他發現透過尋找並不會找到任何東西。他厭倦了尋找：「沒有真理的經驗，也沒有神性的瞥見，也沒有任何靈魂的記憶——沒有找到任何東西。」他對這個尋找感到非常厭倦——他變得徹底的厭倦——他停止了尋找。那晚，他睡在一棵樹下。那晚，他甚至沒有做任何夢，因為你只有在尋找某個東西，你才會做夢。當你在尋找金錢，你就會夢到錢。如果你在尋找克理虛納，那你就會夢見他站在附近，吹著笛子。尋找基督，你就會看見他被釘在十字架上。無論你在尋找什麼，都會反映到你的夢裡面。夢會顯示出你的慾望，它顯示出你在尋找的。

所以首先，心理學關注的是你的夢。它不會詢問你的問題是什麼；它會要你先說出你做的夢——因為你可能會欺騙；即使要你說出你的問題，你也會欺騙！你去尋求治療，但是你連醫生都騙。你不會把你真正的問題告訴他；你告訴他的會是虛假的問題。

人們來找我，他們說的和他們的問題會是不一致的。也許他們沒有覺知到他們的自我欺騙。你在欺騙誰？如果你不想把你的問題告訴我，那為什麼要浪費我和你的時間？但是他們會說出其他適合他們的問題。他們會說出一個可以提升他們的名聲的問題。也許是性令他們困擾，但是他們不會說出這個問題，他們害怕一旦說出來：「別人會怎麼說我？」如果某個人聽到他們受著性欲帶來的苦：「你已經七十歲了，卻仍有性慾的困擾？」那會違反他們的自我。他們不會談論他們真正的問題，他們會談論別的問題。他們會說：「我要如何找到神？我的頭腦無法平靜——我要如何找到平靜？」

我問他們：「先把你的問題告訴我。你為什麼憂慮不安？我們可以晚點再談到平靜。你的煩惱是什麼？」

他們說：「有很多煩惱——只要把一些可以找到平靜的方法告訴我們。」

他們不想要說出他們的煩惱，如果別人知道了，那他們的名聲可能會被摧毀。人害怕說出他的疾病。他甚至會害怕知道自己，那怎麼可能有方法治癒他？

心理學家不相信你說的話。關於人們的不信任，還能說什麼？有什麼方式可以完全的顯示人的墮落？他們說：「把你做的夢告訴我們。我們會深入研究你的夢，然後找出真正的問題。」你可能會對他說你在記住神的名字，在白天念誦羅摩的名字——但是到了晚上，你夢著美麗的女人。夢是更真實的，它能給予更多關於你的資訊。白天，你在念誦羅摩的名字，那沒問題，但是慾望就在你的每顆念珠之間。它是藏起來的。你可能會繼續念誦羅摩的名字，但是實際上你所做的一切完全和羅摩的名字無關。也許那只是一個壓抑你的慾望的方式。你不斷念誦羅摩的名字以避免向內看。你持續在內在裡面製造很多噪音，這樣就不會顯露出那個被隱藏的。但是內在裡，你的性慾正鼓足全力震動著。到了晚上，它一定會出現在你的夢裡。那時，你將無法壓抑它。到了那時候，咒語會被推到一邊，你的性欲將會浮現。

你會很驚訝：如果你深入研究你所謂的聖人所做的夢，你將能知道他們是不是聖人。聖人的夢會是非常不聖潔的！惡人的夢可能偶爾會是聖潔的，但是聖人的夢從不是聖潔的。一個監獄裡的罪犯可能偶爾會夢到他變成一個桑雅士，拋棄了一切：「我已經受夠這些苦了。我要帶著我的行乞缽離開。我該選擇佛陀的方式還是馬哈維亞的方式？」但是那些你看到使用佛陀的方法或是馬哈維亞的方法的人——和尚和聖人——當你遇到他們，就要求他們把他們做的夢告訴你。他們的夢是關於世俗的。他們在白天禁食，到了晚上就被邀請到皇帝的宮裡吃晚飯。他們做著食物的夢。如果你禁食過就會了解——你會在當晚夢到食物。當你的胃是飽足的，那你也許偶爾會夢到禁食。但是如果你的胃是空的，你只會夢到食物。夢會提供有關你的現實生活的資訊。

那一晚，佛陀沒有做夢。沒有任何尋找的慾望。世界對他已經是毫無意義的，現在連解脫也是無意義的。他已經放棄了世界；現在連涅槃的慾望也消失了。現在已經沒有要達成什麼了。他是如此的疲倦，以致於他了解到沒有什麼要達成的。所有的尋找都是沒有意義的，即使是尋找宗教。就在那一晚，他獲得了最終的喜樂。所有的尋找都已經結束了，所有的流浪都已經終止了。

探索著、尋找著，噢，朋友，

卡比兒消失了。

到了早上，當他睜開雙眼，拂曉的最後一顆星星慢慢消失了。據說因為凝視著那顆逐漸消失的星星使他成道了。他的雙眼一定非常的清徹。所有的夢都消失了，所有的思想、所有的慾望、所有的未來、任何渴望、任何想要有所成就的想法——都消失了。頭腦是空的。沒有要去哪兒，沒有要成為誰，沒有要達成什麼。時間停止了。時間的流動停止了。在那個片刻中，一切都達成了。所以必須先有探尋，然後必須拋棄它。用這個方式來了解：你必須爬上梯子，然後你必須離開梯子。只有那時，你才能進入一個新的面向。因為某個目標而開始探尋宗教性，然後一旦不再有任何目標，將會發生宗教性的經驗。

第四個問題：

奧修，你曾經說過：「如果你是因為某個原因來找我，那你要知道你並沒有來到我的身邊。但是如果你的答案是聳聳肩，那你就已經來到我的身邊。」我找不到原因，我也不是沒有原因而來。請告訴我，我在哪兒？

阿南德問了這個問題。這就是聳聳肩的意思！你不知道為什麼要來，你也不是沒有任何原因而來。不然聳聳肩還能是什麼意思？就是你不知道！這個狀態是美麗的，因為無論你知道了什麼，都會是錯誤的。你的知識充滿了無知。你做的決定來自於你的懷疑。你的探尋，你想要探尋的慾望，只會從你裡面出現。然而因為你是錯誤的，所以你的探尋也不會是正確的。

你沒有答案是正確的。那完全沒有問題。現在你裡面有一個空無的空間，那個答案將會出現。那些很確定為了什麼原因而來的人。他們的確定將會變成和我會合的阻礙。你不能是確定的；如果你是確定的，那就沒有必要來找我了。你的確定是虛假的。但是如果你非常確定，那麼這個確定將會變成一個阻礙。要稍微有點彈性，不要如此固執，不要這麼確定。要了解你什麼都不知道：「不知道為什麼，會在這個不確定的狀態下探尋，我們已經來了。我們甚至不知道我們為什麼停留在這兒，我們甚至不知道我們為什麼不繼續前進。我們什麼都不知道，因為我們是無意識的。」

那是一個非常美麗的狀態。有些事可以在這個狀態下發生，因為在這個狀態下，你的自我不會欺騙你。自我會告訴你一個事實：你突然發現你已經在這兒了。當然，你一定是因為某個錯誤的原因而來到這兒，因為如果一個人已經有了正確的原因，那就沒有必要來這兒或去任何地方了。現在那個原因還不是很清楚；那部份會是不清楚的。如果你在這樣的狀態下和我在一起——我稱為混沌的狀態——這是非常美的，因為一切都來自於混沌。如果你在完全混沌的狀態下和我在一起——而你自己並不知道——那麼你就會像一朵沒有形狀的雲，你將會被鑄成你真實本性的形狀。如果你是以某個特定的狀態來到這兒，你會被限定。你的狀態不允許你是有彈性的。它不允許你流動。

有些人來找我：「我們想要看到羅摩。」

他們想要看到羅摩的慾望是一個阻礙。我告訴他們：「對羅摩仁慈點——為什麼要打擾祂？」

他們說：「不，我們想要看到羅摩！我們想要看到羅摩拿著祂的弓。」

是因為你們的愚蠢以致於羅摩才會拿著弓站在那兒！你們想要祂用那樣的姿勢站多久？祂一定累了，原諒祂。而這個羅摩正站在你和我之間。這是一個麻煩的情況：你無法聽見我說的，你只會聽見我沒有說過的。你只會了解到不是我想要你了解的事。

不要因為某個目的來找我。不，你的目的會變成問題。你應該說：「我什麼都不知道。我不知道我是在尋找羅摩、佛陀或克理虛納。」你應該說：「我什麼都不知道。」一個會說「我不知道」的人已經走了知道一切的第一步。接受無知就是知道的第一個瞥見。

天真的，像一個什麼都不知道的小孩：是某種好奇、某種渴望、某種探尋將你帶到這兒。它已經完成把你帶到這兒的工作，但那還不是終點。你已經因為這個好奇來到這兒。一個波浪將你帶到這兒，你已經到了此岸。現在將它留給我！現在不要坐在那兒，想著應該發生某件事。無論什麼該發生的，就會發生。這就是我說的「聳聳肩。」

最後一個問題：

奧修，莎訶若的奉獻在非二分性的狀態下達到最高點，但是在歌斯瓦米圖西達斯的情況中，二分性仍然存在。請告訴我們爲什麼會有這個差異。

對你而言會有點難以理解。宗教有兩種形式：派別的宗教、傳統的宗教——老舊的、腐爛的宗教、只剩下一片廢墟的宗教——另一個形式是宗教性，它的誕生總是重新開始。

我把第一種宗教稱為古老的，我把第二種宗教稱為永恆的。我所謂的永恆並不是老舊的。我所謂的永恆，它的意思是：總是新的，在每一個片刻中保持新鮮的，像露珠一樣，不像一個廢墟，它的新鮮就像早晨升起的太陽。老舊的宗教變成既定的，變成一個派別。一個新的宗教是叛逆的，一個反叛。它不是現狀，它是混亂的。老舊的宗教變成一種奴役，一個新的宗教是一個自由的宣告。有趣的是，所有的宗教都會慢慢變成老舊的，所有老舊的宗教都曾經是新鮮的。因此要解釋它會有點困難。

圖西達斯是老舊宗教的象徵，古老的宗教，過去曾經是新鮮的，在羅摩的時代，它一定是新鮮的，現在那個故事已經變得很老舊。圖西達斯是博學多聞的，他不是一個有智慧的人。他是一個學者，不是一個佛。他是一個偉大的詩人。即使你把一千個莎訶若加在一起，也無法創造出一個圖西達斯。他的文獻、他的話語、他的作品是獨一無二的，但是他不是一個覺醒者。如果你把一百萬個圖西達斯加在一起，你也無法在裡面找到任何一句話，會有如莎訶若的話語的新鮮。

莎訶若的品質是不同的：她在談論她自己的經驗。她所說的話語來自於那個源頭。而圖西達斯的話語則是借來的，因此我從未談過圖西達斯。我沒有想過要談論他。很多次，朋友們對我說：「你談論過卡比兒、那那克、達杜，甚至我們沒聽過的——莎訶若、達雅，你甚至會談論她們。那你為什麼不談論圖西達斯？他活在每個印度人的心裡。」

我不打算談論他。我知道他活在每個印度人的心裡，但是是因為錯誤的原因而活在每個印度人的心裡。是因為老舊的、腐爛的印度頭腦讓他繼續活在心裡。

圖西達斯支持一個已經死掉的宗教。他是一個學者，不是一個叛逆的人。他並沒有像卡比兒、莎訶若、法里德一樣攜帶著相同的火焰，他攜帶的只是灰燼。也許在羅摩的時代，他的內在曾經有過火焰。圖西達斯只是一個老舊方式的遵循者。他遵循傳統。他在印度人的內心裡佔有一席之地是因為在印度人的頭腦中，死去的宗教在他們的頭腦裡面佔有一席之地。人們是死氣沉沉的。死去的東西會互相吸引。但是死人的內心裡容不下卡比兒。莎訶若也沒有給他們留下深刻的印象。就人們而言，如果要留下深刻的印象，人們就必須是有生氣的。如果你想要將她留在你的心裡，你就得改變你的心。他們的要求對你而言，代價是非常大的。但是複誦圖西達斯的詩，你不用付出任何代價。圖西達斯只是用更好的方式去表達出你的頭腦。它們都只是你的表達。他並沒有說出任何不同的話語，他是在呈現你在美麗的衣服底下所相信的。他會吸引你。他表達了你的頭腦。

因此，圖西達斯的羅摩衍那進入了每個家庭，因為它代表了每個家庭。它代表了群眾，而群眾是盲目的，但他們是人數眾多的。圖西達斯不知道關於自己的任何事，但是他非常美麗的表達出你古老的想法和信仰。但是他使你的頭腦著迷。他並沒有說出任何新鮮的東西，他只是在重複你所想的。

如果你能正確的了解，如果圖西達斯是吸引你的，那表示你在試著避開內在的革命。它只是一具宗教的殘骸，裡面早就沒有任何生命了。那就是為什麼印度教的教區懷著極大的敬意和感激接受了圖西達斯。

但是卡比兒是一個麻煩，莎訶若是一個麻煩。他們從神之王國帶來新的訊息。他們的個體性如同早晨的新鮮。只有非常少的人可以認出他們。只有那些可以認出他們的人渴望成為新鮮的、有能力成為新鮮的——那些準備好走過火焰的人。少數人可以認出他們，但是他們用笛子吹出的歌無法吸引數百萬人；只有被選定的人會去走他們的路。沒錯，有一天他們的路也會變成老舊的。他們可能也會被學者圍繞著，學者開始為他們創造傳統——然後會有數百萬人加入他們。

當一個宗教死了，人們才會加入，因為加入一個死的宗教，你就不用改變。相反的，一個死掉的宗教可以使你免於改變。它無法改變你——它會使你不做任何改變，它會保護你。那就是發生在那那克身上的情況。那那克的聲音是叛逆的聲音，但是錫克教的聲音沒有任何叛逆。現在它是一條老舊的軌道。那那克把火點燃了，但是現在錫克教就跟印度教、回教和基督教一樣，現在事情結束了。當那那克的叛逆發生了，然後只有非常少人——非常少，你可以用手指算出來——受到影響。

「錫克」這個字來自於shishya，一個門徒。他遇到幾個準備要學習的人，一個準備要和他在一起的人，無論他會帶他們去哪兒；無論是進入深沉的黑暗或是光明，無論白天或晚上，無論結果如何，他們都準備要跟他在一起。錫克教的誕生是因為這幾個門徒。但是隨著時間經過，一切都變得組織化，它變成了一個派別。學者聚在那兒，持續給出註解，寺廟和教會被建立了，一切都安定下來了，它們變成沒有生氣的。叛逆的火焰被學問和知識的灰燼弄熄了。對靜心的愛被遺忘了，現在變得重要的是經典。當那那克還在世時，他是重要的，現在錫克教的聖典guru granth sahib才是重要的。原初的、沒有思想的、純粹的經驗已經消失了，現在強調的是文字。現在人們和教士坐在那兒念誦著。他們可能很熟悉念誦的方式，曉得如何解釋，知道如何唱出來，但是那那克的聲音在哪兒？現在只剩下一本書。一本依你而定的書：你可以從裡面取出任何你想要的意義。那那克不會擔心你。你無法從那那克身上找到任何你想要的意義，他是活生生的。所以師父消失了，現在師父的書在他們手上。

所有的宗教都有這樣的情況。那些和馬哈維亞走在一起的人，他們的勇氣和膽識是非凡的。因為你必須赤裸的走著。人們可能會用石頭丟你。現在耆那教徒坐在他的廟宇中膜拜著：他們聆聽馬哈維亞說過的話，但是那對他們的生命不會造成任何改變。他們殺了馬哈維亞。他並沒有和馬哈維亞一起死掉，然後成為全新的——他們殺了馬哈維亞。他們使馬哈維亞變成古老的，也因此使自己變成古老的。

圖西達斯支持現在的宗教狀況，一個死掉的宗教。圖西達斯是一個學者，他是一個偉大的學者。他的光芒在於他的學識。但是那不是他的經驗，他不知道他自己。所以我把圖西達斯放到一邊，我有意避開他。人們對圖西達斯感興趣的原因和我不談論他的原因是一樣的。人們感興趣的原因是因為他控制了數百萬人的心。即使是村子裡沒受過教育的人也在念誦著他的詩。由於這個原因，人們對他有興趣。他是著名的，他創作的羅摩功行之湖已經在世界上被翻譯成好幾種語言。你會很驚訝的知道，即使像俄羅斯這樣的國家也翻譯了他的創作。俄羅斯和宗教沒有任何關係，但是它也翻譯了圖西達斯的羅摩功行之湖。

但是翻譯卡比兒說的話會讓人有點擔心。即使和俄羅斯的變革相比，卡比兒仍是過於叛逆的。但是替所謂的革新的俄羅斯翻譯羅摩功行之湖不會讓他們擔心。因為它是支持現況的：無論它的現況如何，讓它維持不變，那沒有問題。它必須被接受，不是被轉變。

圖西達斯是一個印度教徒。莎訶若不是一個印度教徒。卡比兒和那那克不是印度教徒、回教徒或基督徒。一個成道的人永遠不會是一個印度教徒、回教徒或基督徒，但是群眾總會是印度教徒、回教徒、基督徒⋯⋯

群眾走在固定的路上，走在高速公路上。聖人則走在路上，圍繞著濃密森林的路。他們一邊走一邊創造出新的方式。他們不會去走那些已經被走過的路，那兒不會有聖人聚集，獅子不會和牲畜走在一起。聖人是單獨的，他已經進入了他的單獨。脆弱的單獨之花已經在他裡面綻放。只有非常少的人準備提起雙眼看著他，但他們是唯一能夠看見那朵花的人。群眾只會拒絕聖人，因為對群眾而言，聖人似乎一直是造成麻煩的原因。一切原本都很好，然後他會把一切弄得亂七八糟。一切都進行得很順利，然後這個人出現了，他說：「經典裡面能有什麼？廟宇裡面能有什麼？膜拜和祈禱裡面能有什麼？」他再次發出新的聲音。你好不容易把一切弄得井然有序，然後一個聖人來到，把一切弄得亂七八糟。

所以記住，即使和所謂的聖人在一起，雖然那些不是聖人。政府認可的聖人不是聖人。密諾巴巴韋是一個政府認可的聖人。我把他們稱為政府認可的聖人。他們不是聖人，他們純粹是政客。他們的方式是算計的。他們看風往哪邊吹，就把他們的帆轉向那邊。他們會說人們想聽的、人們會接受的。這種所謂的聖人會得到認可。政府也會接受他們。如果他們生病了，首相會趕去探望，因為這種聖人也是政治的一部分。有了他，社會的基礎會保持強大，無法動搖。

但是卡比兒、達杜、法里德、莎訶若——他們會動搖那個基礎。他們會摧毀所有的基礎。任何你所想到的，你認為是正確的，都會被他們證明是錯誤的。任何你從未想到的，才是正確的，他們會喚醒你追求它的渴望。他們想要帶著你超越你自己。他們的工作是一個外科手術，他們會切掉你很多部分。他們不會包紮你的傷口——但是政府認可的聖人會為你包紮。他們會進行急救；他們的工作就是急救。如果你跌倒了，他們會幫你站起來，為你包紮。真正的聖人是外科醫生：他們會切除所有無法治療的部分。你要做好準備。

莎訶若直接進入非二分性，因為她沒有攜帶著任何需要證明的成見。莎訶若是在尋找真理。如果真理是非二分的，它就會被證明是非二分的。如果真理是一，它就會被證明是一。但是圖西達斯沒有在尋找真理。

在圖西達斯的生平中發生過一件事。我們不知道它的真實性，但看起來似乎是真的：據說他到了馬圖拉後，被帶到供奉克理虛納的廟宇中。他拒絕向克理虛納恭敬的鞠躬。他說：「除非你把弓和箭放到祂手上，否則我不會向祂鞠躬。」

因為克理虛納手上拿著笛子站在那兒，而圖西達斯是羅摩的虔誠信徒。他怎麼能向克理虛納鞠躬？這是多麼憋腳的信仰，多麼懦弱的信仰，多麼膚淺的信仰，多麼狹隘的信仰，因此他無法向克理虛納鞠躬，因為他是羅摩的虔誠信徒。而這個故事有趣的地方在於，說出這個故事的人，或者誇大這個故事的人，他們一定很愚蠢。

故事說為了取悅圖西達斯，克理虛納雙手拿了弓和箭。雕像的形狀改變了，笛子不見了，弓和箭出現在祂的手上！羅摩變成了克理虛納，然後圖西達斯才鞠躬。

這是一個奇怪的事件。這不是在向神鞠躬，這是要神向你鞠躬。這表示你在說：「先滿足我們的條件，所有的形狀和類型都要符合我們的思想體系，然後我們才會鞠躬。」這算鞠躬嗎？鞠躬會是有條件的嗎？而且要神改變祂的外形！

在故事中，圖西達斯似乎非常過分，而神也似乎是一個偉大的商人。有什麼需要鞠躬？如果圖西達斯不鞠躬，會有什麼問題？這個神似乎對人們的鞠躬非常有興趣，為了讓人們鞠躬，祂也準備要滿足任何條件。祂做了妥協，拿了弓和箭，只是為了要讓你鞠躬。

這個神似乎不是很像神，而這個虔誠的信徒也不是很像一個虔誠的信徒。這是一個關於人類自我的故事。在這個故事中，這個虔誠的信徒是一個自我主義者，而神也是一個自我主義者。

圖西達斯是二分論者。他也是一個理論家，一個學者總是跟隨著某個理論。他已經相信了某個理論，現在他只需要證明它。他已經決定了羅摩的外表，祂應該要有弓和箭。他已經做好決定了。現在他只需要遵循這個理論。他並非純粹在尋找真理——他已經知道真理了！在他的理論中，他已經確定真理應該是怎麼樣，現在他必須把這個假設強加到真理上。

在拉賈斯坦大學有一個心理學教授正在研究輪迴。某個人把他帶來見我。他說：「我想要做一些科學研究來證明輪迴。」

我只是問他——但是他無法理解——我對他說：「當它被證明了，就會被證明了，但是你相信輪迴嗎？」

他說：「當然！我相信再生，現在我正試著證明它。」

我說：「聽到你說的話，現在我遇到困難了。如果沒有先證明它，你要如何知道再生是真的存在？你已經接受它是存在的，而現在卻還要證明它！那麼你的證明將會是虛假的——你將會選出可以證明你的理論的部分，然後拋棄那些反對它的部分。這算是一種科學的方法嗎？這是懷著偏見的頭腦。就好像法官已經先決定你是賊，現在他要做的就是證明你是一個賊。所以他將會寫下哪些證據可以證明你是賊，然後他會拋棄那些證明你不是賊的證據。他會支持某個說你是賊的證人，然後忘掉那些說你不是賊的證人。這個方式可以證明任何事嗎？這不是一個科學的頭腦。」他開始有點坐立不安，因為他說自己是一個科學家。他遇到很大的麻煩。

尋找真理的人有兩種。第一種是預先認定真理所應該是的，對它一無所知，但是仍然接受這樣的認定——現在只需要證明它。另外一種則會說：「我們完全不了解真理，所以我們尋找它。如果我們預先知道真理，那還有什麼需要去尋找它？我們會使自己保持敞開、保持不受影響、我們會先清理和純化自己。我們會清理我們的雙眼；我們會提高我們的燈的亮度，看看真理是什麼。然後無論看到什麼，我們都會接受它。」第二種包含了真正的尋道者。

莎訶若是真正的尋道者。圖西達斯則不是。圖西達斯是一個印度教徒，莎訶若則是宗教性的。圖西達斯攜帶著許多信仰，莎訶若則是不受信仰束縛的。所以圖西達斯停留在二分性，而莎訶若到達了非二分性，advaita。

當我談到圖西達斯、莎訶若或是其他人，要記住，我不在乎這些人。我在乎的是你。我之所以解釋圖西達斯和莎訶若的不同，就是為了這個目的。請不要變成一個歌斯瓦米圖西達斯。如果你想成為某個人，就成為莎訶若。

我沒有興趣去批評或分析任何人。我對那部份沒有任何興趣。如果我必須談論他們，那是因為你們，因為在你們裡面同時擁有這兩種可能性。當你根據一個信仰，開始去尋找真理：那麼你的尋找已經被毒化了。

拋棄所有的信仰。只有那些完全赤裸進入的人，免於所有信仰的束縛的人，才能往真理的方向前進。他們會對神說：「如同祢所是的來到。我們沒有任何偏見。我們想要如祢所是的知道祢。我們想要在祢的本質中知道祢。我們不強加任何東西。我們不堅持任何東西。我們不預設立場，我們不會認為祢應該用這樣的形象出現或那樣的形象出現。如祢所是的顯現祢自己。」

這條路會是艱辛的，因為沒有任何地方可以容納你的自我。沒有任何觀點可以被用來支持你的自我。然後，一個朝向真理前進的人將必須拋棄自我。

探索著、尋找著，噢，朋友，

卡比兒消失了。

當你消失了，你的信仰要如何存在？你的宗教、你的經典要如何存在？印度教徒、回教徒、基督徒的標籤要如何存在？一旦你融化了，只有那時，你才會知道真正的實相。只要你還存在，神就不會存在。當神存在，你就無法存在。當你不再存在，最終的就存在。

第九章 張開你的雙眼

莎訶若說：五十年的時間可以在一個夢裡、在一個片刻中度過。
當雙眼張開，一切都只是幻象。
活在身體裡面的就是這個。

這個世界就像最後的晨星。
莎訶若說：它就像一滴露珠，
就像你用雙手盛住的水，
正在快速的消失。

在煙霧的城堡中，
頭腦創造了它的王國。
一切只是虛幻的影子。
莎訶若說：它永遠都不可能是眞實的。

神是一，祂是有特質的，也是沒有特質的——

我已經想過了、了解了、看見了。
我的師父給了我雙眼。
我看見了，我信服了。

莎訶若說：神有很多面向。
祂是顯現的，祂是未顯現的。
在祂們的本質中，水和冰是一。
太陽和陽光是一。

藉著查藍達師父的光，
所有的懷疑都消失了，
所有的文字和爭論都融化了。
莎訶若離開了，自然的。

一般而言，你認為非宗教性的人會懷疑，而宗教性的人則會信任——但是一個宗教性的人也會懷疑，一個非宗教性的人也會信任。一個宗教性的人信任神，懷疑輪迴；一個非宗教性的人信任輪迴，懷疑神。在他們裡面，信任和懷疑的比例是相同的，不同的只是方向。如果信任的方向錯誤，人就會誤入歧途。而如果懷疑的方向正確，人也會經驗到真理。你無法只是透過信任而經驗到真理，你也不會因為懷疑就誤入歧途。一切都依方向而定。所有宗教性的人都懷疑世界的真實性，而所有非宗教性的人則都信任這個真實性。所以不要認為你只能透過信任知道，否則無神論者也會知道。不要認為你會因為懷疑而誤入歧途；否則有神論者也會誤入歧途。

懷疑不會造成阻礙，信任也無法帶著你到達最終的。如果懷疑走在正確的方向上，它就能幫助你到達；如果信任走在錯誤的方向上，它就會使你誤入歧途。最終而言，方向才是重要的。

無神論者和有神論者是一樣的：無神論者用他的頭站立，有神論者用他的腳站立。無神論者是上下顛倒的——需要懷疑的時候，他會信任，需要信任的時候，他會懷疑。那就是為什麼無神論者可以在一瞬間就變成有神論者，而有神論者也可以在一瞬間就變成無神論者。當你從用頭站立改變成用腳站立會需要多少時間？從其中一個姿勢變成另外一個姿勢會有什麼困難？

有天傍晚，海邊發生了一個意外。太陽逐漸西沉，就在一個片刻前，在陽光的照耀下，一隻魚非常快樂的、喜悅的，在無限廣闊的海洋中跳著舞。牠一邊跳著舞，一邊游來游去，沒有任何悲傷和痛苦。這隻魚是如此的自然和天真。牠的腦中沒有任何一點懷疑。但是一個片刻後，一隻無神論的魚破壞了一切。

所有魚都避開這隻無神論的魚，但是這隻魚剛來到這兒，牠還不太清楚。當那隻無神論的魚接近牠，出於禮貌，牠停下來聽無神論的魚對牠說話：「你為什麼跳舞？你為什麼如此快樂？你在慶祝什麼？你似乎也是一個盲目的信徒，就跟其他平凡的魚一樣。喜悅並不存在，喜悅只是幻象！這個你認為你所在的海洋——你一邊跳著舞、一邊游來游去、跳躍和享受的地方——根本沒有這個東西。你有看過海洋嗎？」

那隻年輕的魚開始害怕起來。牠聽說過這個海洋，但是牠沒有看過它。無論任何魚，只要在海洋出生，就會在海洋長大，就再也沒有離開過海洋，所以不會有任何辦法可以看到海洋。要看到，一些距離是需要的，一些分隔，一些間距是需要的。這隻魚聽說過海洋，但是牠從未看過。牠的雙眼也是在這個海洋中誕生的。牠被海洋圍繞著。除非海洋和魚之間有一些距離，這樣魚才能看到海洋。但是並不存在這樣的距離。

這隻魚聽說過海洋。那隻無神論的魚開始嘲笑：「就像盲目相信神的人一樣，魚也相信海洋的存在。但是神和海洋都不存在。看啊，張開你的雙眼！你還很年輕：有什麼會讓你這麼害怕？圍繞著我們的只是一個巨大的空。除了死亡之外，沒有任何真實的東西。」

這隻年輕的魚四處張望。確實，周遭是空無一物的。太陽快要下山了。周圍只有海洋的蔚藍——它看起來似乎像是空無的天空。就視力所及的範圍而言，蔚藍的海洋在黑暗中是深沉的。然後黑暗的夜晚籠罩了一切。

牠的腦中也出現了疑問：「海洋在哪兒？」

牠看著下方深不可測的空無。牠開始害怕起來，全身開始顫抖著，身體的每個細胞開始擔心了起來。如果牠落入到這個空無裡，誰會來救牠？牠完全忘記牠一直游在這個空無中，牠從未往下掉過。牠完全忘記在一個片刻前，牠還是快樂的、喜悅的，這個空從來沒有打擾過牠。但是那一天，當牠仔細的看著週遭，牠開始感到恐懼，然後像一個癱瘓的人，牠無法再游來游去。牠不再是鎮定的，牠變得非常害怕。週遭只是一股寂靜。晚上越來越暗。四周只有空；如果牠掉進去會發生什麼事？牠需要一些幫助。牠看看四周說：「我該怎麼做？我能抓住什麼來支撐自己？這兒是空無一物的。」所以牠想到牠可以抓著自己的尾巴來支撐自己。牠往後轉，彎了身，努力的試著抓住牠的尾巴，但是無法成功——牠不是哈達瑜珈行者！於是牠變得更害怕。

海洋安靜的看著一切發生的事。它笑了：「愚笨的魚兒，你看不見海洋嗎？你就是海洋的一部分。」它為這隻陷入麻煩的魚感到遺憾。就在一個片刻前，牠還充滿著信任的喜悅。現在，在這個片刻中，懷疑的煙霧，懷疑的雲聚集在那兒，覆蓋住天空，將天空藏了起來。最後海洋無法再保持沉默了，它說：「聽著，笨蛋，你以前從沒有掉下去過——那時候是誰在支撐你呢？你又怎麼會在今天突然掉下去呢？」

這個掉下去的想法是懷疑的一部分。是信任解救了你——看不見的手從四面八方支撐著你。一旦有了懷疑，所有支撐的手似乎都消失了，然後一個無止盡的深淵似乎開啟了。

這隻魚感到害怕。牠說：「你是誰？海洋並不存在。那只是魚群盲目的信仰。」海洋笑了。它說：「這兒只有海洋——魚群來了又走。相信的魚，不相信的魚，盲目相信的魚，牠們來了又走，但是海洋一直在這兒。現在是「短暫」以為它存在，它反而懷疑永恆是不存在的！如果你想要懷疑某件事，那就懷疑你自己。你曾經不在這兒，有一天你也不會在這兒。而海洋過去一直在這兒，之後也會一直在這兒。去懷疑短暫的，但要信任永恆的。」

無神論就是信任短暫的，懷疑永恆的。

人的情況和那隻魚一樣。這個情況在本世紀甚至變得更嚴重，因為有這麼多人在滋養你的懷疑，你從未遇過任何人滋養你的信任。而那些你以為給予你信任的人，他們自己並沒有任何信任。所以有的人直接的將懷疑給了你，也有的人間接的將懷疑給了你。無神論者已經將懷疑給了你，但是看著所謂的有神論者坐在寺廟、清真寺、謁師所和教堂裡，你的信任卻沒有成長。他們反而將懷疑給了你。他們的行為並沒有使你裡面響起信任的樂曲。無法從他們存在的方式中聞到信任的芬芳，你只有聞到懷疑的味道。你感覺不到他們已經經驗過信任。無法在他們裡面看到信任的舞——無論從他們的生活中或是他們存在的方式都看不到，從他們眼中的光芒或是他們走路的方式也都看不到——完全沒有。他們可能比你還聰明；邏輯上，他們可能比你還懂得算計；就他們對於神的信仰而言，他們可能擁有比你更多的知識——但是從他們的觸碰中，感覺不到他們已經知道神。

無神論者仍是無神論者，但是你們的寺廟、清真寺和教堂也在彈奏著無神論的樂曲。潛藏的無神論者的聲音似乎是從那兒出現的。人被無神論和物質主義圍繞著。所以還有什麼要做的？

也許你一再的被告知：「停止懷疑，增加信任。」我不會這樣對你說。我要告訴你，懷疑也是美麗的，只要給它正確的方向。懷疑短暫的。利用懷疑，它是非常有用的煉金術。無論神給了你什麼，都會是有意義的。懷疑也會有它的意義，否定也會有它的效果，說「不」也會有它的價值。

但是要否定那個值得否定的。我不會要你消除懷疑，因為這樣你就會變成跛腳的。你會被拿掉一半的靈魂。那你就只剩下一隻翅膀，你將無法飛翔。你無法用一隻翅膀飛去任何地方。所以我要你們利用懷疑，也要利用信任。它們是你的兩隻腳，是的，但是將它們用在正確的方向。那個差別只是方向的不同，只是需要改變一下。即使是一個輕微的改變也會造成很大的不同。

莎訶若的經文也這樣說：

莎訶若說：五十年的時間可以在一個夢裡、在一瞬間渡過。

當雙眼張開，一切都只是幻象。活在身體裡面的就是這個。

這就是懷疑的正確用法。你需要去懷疑，不是去膜拜任何神。你無法找到比這個圍繞著你的世界更適合懷疑的客體。先去懷疑它。

五十年的時間可以在一個夢裡、在一個片刻中度過。

你有注意到嗎？當你在辦公室工作時打了一下瞌睡，或者你在早晨看著報紙，你的雙眼閉了一下，你打了瞌睡，但是在你睡著前，你看了一下牆上的鬧鐘。當你從瞌睡中醒來，你發現只經過不到一分鐘，但是在那一個片刻的瞌睡中，你做了一個很長的夢。你做了一個如此長的夢，如果它發生在現實中，那會需要五十年的時間去經歷。在夢裡面你是小孩子，然後變老。你結了婚，有了孩子，然後他們的婚禮進行著，還有音樂的伴奏，然後你被樂曲的聲音吵醒。看著那個時鐘，你發現只經過了一個片刻。你在如此短暫的片刻中做了一個如此長的夢。

科學家也同意時間是相對性的，你對於時間的經驗每天都在改變。當你是快樂的，那時間會過得很快。當你是悲傷的，時間就過得非常緩慢。當你是快樂的，你不會察覺到時間的經過。似乎只有幾個片刻。當你是不快樂的，當生命是一個負擔，你是悲傷的，幾個片刻就像幾個小時。時間根本沒有經過，夜晚似乎是無止盡的。

時間隨著你的頭腦而改變。你越無意識，你的頭腦就抓著越多夢想——比例是一樣的。

你越有意識，在同樣的比例下，能佔據你的夢想就越少。如果你的無意識非常深厚，那麼，數年的時間可以在一個片刻中度過。如果你的覺知非常深厚，全然的，那麼時間會消失。不會有數年的問題，時間會消失！你可以問馬哈維亞、佛陀、耶穌：他們說一旦你經驗到三摩地，時間消失了。在一個全然滿足的狀態下，時間是不存在的。時間存在於深厚的無意識狀態——無止盡的時間。你就處於其中的某個區間——有時候是無意識的，有時候是覺知的；有時候是快樂的，有時候是不快樂的。當你悲傷的時候，時間似乎是無止盡的。

基督徒說地獄是永恆的；一旦你落入地獄，你就永遠無法離開。羅素對此提出了一個非常科學性的論點。他寫過一本反對基督教的書「我為什麼不是基督徒」，他在裡面提出很多論點。其中一個就是——而且這個論點似乎是非常重要的——羅素說：「在我的一生中，無論我犯了什麼罪，還有無論我想要犯什麼罪，如果想像也是有罪的話，這些罪加起來，即使最嚴厲的法官也無法判處超過五年的刑罰。」而基督徒相信人只有一世，所以情況很明顯。但是基督徒似乎是非常荒謬的。「因為這些微小的罪惡，我就得被丟進永恆的地獄？我無法理解這點。這樣的處罰似乎有點過頭了。基督教似乎只是在等你自投羅網！我們究竟犯了什麼罪？」

如果你仔細想想，你會認為羅素說的話是正確的。你可能偷了些錢，你可能割破某個人的口袋，你可能沒告訴任何人你看到地上的錢並占為己有，你可能帶著性欲的看了某個人的妻子，你可能充滿嫉妒的參觀某個人的房子，你可能辱罵過某個人，你可能和某個人打過架——這些都是你犯的罪。這些是非常微小的罪，價值大約一派士，但是你卻必須為了這些罪，永遠的在地獄受苦！沒有任何基督徒可以回答羅素的問題，因為這個論點是難以爭辯的。羅素說無論你犯了多少罪，那些刑罰都應該有其上限。但是為了有限的罪而要承受永恆的刑罰？

但是我可以回答他。羅素已經死了。如果他還活著，我會對他說：你根本不了解整個狀況。你誤解了耶穌的意思。當耶穌說：「地獄是永恆的。」他的意思是，有這麼多的痛苦以致於一個片刻就像是永恆一樣。時間似乎因為痛苦的強度而延長了。「永恆」並非字面上的意思，它只是象徵性的。痛苦是如此的強烈，以致於夜晚似乎沒有盡頭，它似乎是永恆的。「永恆」這個字是用來表示痛苦的深度。在這兒，它和時間的長度無關。「永恆」這個字的意義是時間存在下的受苦的深度。即使你只是待在地獄一個片刻，也會感到這個片刻似乎是無止盡的。這就是它的意思。片刻間的受苦變成了永恆。片刻間的快樂在一瞬間就消逝了。在喜樂的片刻中，時間是不存在的。那就是為什麼那些知道喜樂的人說喜樂是永恆的，它是超越時間的；時間會在那兒終止。

有個人請耶穌談談神的王國——完全和這個世界的王國不同的——耶穌說：「時間將不再存在。」在神的王國中，不會有任何時間的概念，這是其中一個神的王國和世界的王國的基本差異。時間流逝的比例和你的痛苦是相同的。當你感到痛苦，時間變長了；當你感到喜悅，時間變短了。在完全的痛苦中，時間變成永恆的。在完全的喜悅中，時間變成不存在的。

莎訶若說：五十年的時間可以在一個夢裡、在一個片刻中度過。

五十年的時間可以在一個片刻的夢中度過。但是你是否想過，你所謂的五十年的時間，在夢裡面可能只有一個片刻？這就是將懷疑用在正確的方向。

有一個古老的中國故事：

一個皇帝的兒子快要死了。他是皇帝唯一的兒子。他已經瀕臨死亡了，醫生說：「他快要撐不過去了。」於是有三天的時間，皇帝一直坐在他的身邊，沒有睡覺。皇帝的兒子快結束呼吸了，他的呼吸可能隨時會停止。他是皇帝的兒子，唯一的兒子。皇帝所有的夢想和希望都放在他身上。他是皇帝的未來。老皇帝痛哭著，但是他什麼都不能做，能做的都做了。沒有任何藥是有效的，沒有任何醫生能夠治療他。他的病是無法治好的。他的死亡是確定的。

皇帝坐在他身邊，到了第四天——他已經三天沒睡了——他打了瞌睡。他夢到他的皇宮和帝國遍布全世界。他一個人統治了全世界。他有十二個年輕、健康和英俊的兒子，他們的力氣和智慧是無人可比的。皇宮的台階鑲嵌著珠寶和鑽石，他擁有無價的財富。他是非常快樂的，沒有任何悲傷。

當他正在做夢時，他的妻子突然大聲的哭喊著，因為他們的兒子死了。他的睡眠被打斷了，他看到在他面前的屍體。那個夢帶給他的影響還在，然後慢慢褪去——那座皇宮，在陽光下閃爍的金色皇宮，十二個兒子，他們的美、健康和智慧——那個夢帶來的喜悅還留在那兒，對那個喜悅的模糊瞥見還在那兒。但是在這兒，他的兒子剛剛死掉。每個人都在哭泣著。

皇帝感到一片茫然。他無法思考。有那麼一個片刻，他感到不知所措。他的妻子納悶皇帝是否發瘋了，因為皇帝沒有流下任何淚水，他沒有大聲嚎叫，沒有任何傷心的話，沒有任何悲痛的嘆息。他的妻子開始擔心了起來。她搖了搖皇帝，並問他：「你怎麼了？」她知道兒子的死會為他帶來很大的痛苦。她心想：「他發瘋了嗎？他失去理智了嗎？他為什麼愣在那兒？」她說：「說話啊！」

皇帝開始笑了。他說：「我現在是進退兩難——我該為誰哀慟？我剛剛有了十二個兒子，金色的皇宮，所有的財富，這一切在一瞬間就消失了。我該為那一切難過嗎？還是為這個死去的兒子難過？因為當我和那十二個兒子在一起的時候，我完全忘記了這個垂死的兒子。在那時候，我並不知道我在這兒還有一個兒子。現在我和這個兒子在一起，但卻失去了那十二個兒子。所以哪個才是真的？」

莎訶若說：五十年的時間可以在一個夢裡、在一個片刻中度過。

五十年的時間可以在一個片刻的夢中度過。你生命中的五十年只不過是片刻的夢。在這一生中有多少人活著？無數的人活在這個地球。他們做夢的方式也跟你一樣。他們也擁有跟你一樣的野心。他們也跟你一樣追逐著權力和名聲。他們爭鬥過，然後他們死了。他們經驗過痛苦和喜悅，他們創造了敵人和朋友，他們也區分哪些是他們的，哪些不是他們的。這一切都結束了。科學家說你現在所待的地方下面，一個人所能站立的地方下面，至少埋過十個人的屍體。在這塊土地的下面有十個人變成了塵土。如果不是今天，那就是明天，你也會消失而變成同樣的塵土。最後只有塵土留下。所有的夢都消失了。塵土則歸入塵土。在這兩堆塵土之間就是夢的世界。

如果你想要懷疑，就懷疑這部份！驚訝的是人們沒有懷疑過這個世界，但是他們卻懷疑永恆。

人們來找我說：「我們不是盲目的信徒。我們是受過良好教育的知識份子。我們研究過邏輯，我們無法信任神的存在。」

我告訴他們：「忘掉神。如果你真的受過良好的教育，如果你真的學習過邏輯，如果你是知識份子，那麼你對這個世界的想法是什麼？」

他們說：「這個世界是真實的。」

這是什麼樣的邏輯？這是完全的盲目。

如果你學習過懷疑，那就懷疑你的生命，深入看著你的生命，你會發現夢和這個生命之間沒有任何差別。你是如何定義一個夢的？當你在它裡面的時候，它似乎是真實的。當你在晚上做夢，你會認為它是虛假的嗎？當你醒來，它是虛假的，那時候你才會發現它是一個夢。對這個地球上所有的覺醒者而言，他們的說法是相同的——這個世界是一個夢。無論是已經覺醒的佛陀，或是已經覺醒的莎訶若、卡比兒、法里德，當他們覺醒後，這個世界變成了一個夢。一旦覺醒了，一個人會了解到，追逐金錢或權力只是頭腦的幻象。

莎訶若說：五十年的時間可以在一個夢裡、在一個片刻中度過。
當雙眼張開，一切都是幻象。
活在身體裡面的就是這個。

當你張開雙眼，你會知道一切都是虛假的。**活在身體裡面的就是這個**——這就是它如何存活在身體的方式。當你的雙眼是閉上的，你會以為你似乎真的活在這個身體裡面。當你的雙眼是張開的，你才會了解到你攜帶著什麼樣的夢和幻象，你一直把這些頭腦的幻象當成真的。它們都是思想的波浪，只是思想的震動——它們來了又走。甚至沒有留下一點痕跡，就好像一個人在水面上寫字、在水面上簽名——甚至還沒完成，它就消失了。

當雙眼張開，一切都是幻象。
活在身體裡面的就是這個。

如果對你而言，這個身體似乎是真實的，那麼這個世界對你而言，似乎也會是真實的。這些現象是伴隨在一起的。如果你懷疑世界是否存在，你也會懷疑身體是否是真實的，因為你的身體是這個世界的一部份。如果你懷疑你的身體是否是真實的，那麼你也會懷疑世界，因為世界是你的身體的延伸。一旦這個身體不存在，這是可以確定的。有一天這個身體將會消失，這是可以確定的。只是介於兩個空之間的波浪，一個小波浪，而你相信這個波浪是真實的。你從未懷疑過。而存在，藏在這些波浪背後的——無論你稱為神、靈魂或解脫——你卻懷疑它。

不，我不認為一個無神論者是非常邏輯的。一個非常邏輯的人一定會變成一個有神論者。一個無神論者才剛開始學習。當他深入到邏輯裡，當懷疑變得很強烈，而且裡面帶著一種清晰：那麼他將能了解莎訶若說的：**當雙眼張開，一切都是幻象。活在身體裡面的就是這個。**

這個世界就像最後的晨星。
莎訶若說：它正在快速的消失⋯⋯

這個比喻是非常美的：**這個世界就像最後的晨星**。這個世界就像拂曉前的最後一顆星星。你曾經在早上看過嗎？當所有星星都消失了，只剩下最後一顆星星。它快要消失了；

它只會留下一會兒，然後你會試著找出它在哪兒消失的。就在一個片刻前，它還在那兒，現在已經不見了。

這個世界就像最後的晨星。莎訶若說：它正在快速的消失。這個世界就像消失在早晨的最後一顆星星。它沒有停留很久；它處於消失的邊緣。才剛發現到它，然後它就不見了。同樣的，你費了很大的努力才達到，然後你消失了。在死亡抓住你之前，你甚至無法繼續留在這兒。

這個世界就像最後的晨星。
莎訶若說：它就像一滴露珠，
就像你用雙手盛住的水，
正在快速的消失。

和早晨的一片草葉上的露珠相比，即使是珍珠也顯得遜色。太陽在早晨升起，露珠在草葉上閃耀著，它甚至勝過了真正的珍珠：**就像一滴露珠**。它看起來像是一顆珍珠，但只是看起來，實際上，它是一滴露珠。它能停留多久？一陣微風經過，露珠就會消失在塵土中。只要一道陽光，露珠就會蒸發掉：**就像一滴露珠，就像雙手盛住的水**。或者就像你試著用雙手盛著水：雙手是滿的，但是水很快就會從你的指縫間流失。不用一個片刻，你的手就變成空的。當你以為一切都已經達到時，但是你的雙手開始變成空的。

仔細觀察那個短暫的事物：那是深入看著永恆的第一步，一個可以認出短暫無常的人，就能知道如何認出永恆。一個還無法認出短暫無常的人將無法認出永恆。

你必須學習認出那些短暫無常的。深入的看著那些來了又去的，深入的看著原本存在然後又消失的，深入的看著那個顯現後又消失的。一朵花在早晨綻放，然後在傍晚凋謝。仔細的觀察那個短暫無常的：現在它是美麗的，但是明天它就不在那兒了。那些朝氣蓬勃的，剛剛還在那兒，然後它就消失了。慢慢的、慢慢的，對於那些仔細觀察短暫無常的事物的人而言，有一件事會變得很清楚：從那裡面尋找真理是瘋狂的。怎麼可能在那些無法永遠存續的事物中找到真理？真理的定義就是那個一直會在那兒的。真理的定義就是：那個不變的、那個不曾間斷的流動。沒有任何事可以影響它。它會永遠如同它所是的，一直保持不變。它的不變是不會改變的。但是你必須深入的觀察那些短暫無常的事物才能了解這點。認出那些短暫無常的，慢慢的、慢慢的，對於永恆的認知將會開始出現。了解那些毫無意義的，慢慢的、慢慢的，你會開始瞥見到那些重要的。看到錯誤的你，就能了解到什麼是正確的。這是唯一的方式。

還要記住一點，因為常常會發生這樣的誤解。當我說這個世界是短暫的，不要太快同意。或者當莎訶若說：「五十年的時間可以在一個夢、一個片刻中度過。當雙眼張開，一切都是幻象。活在身體裡的就是這個。」不要太快就同意，因為立刻同意這句話的人將不會擁有自己的經驗。只有當你擁有自己的經驗，那它才能引領你走向真理。靠著借來的經驗不會有任何事發生。

在某些時候，你也會聽到世界是短暫無常的。但是那不會幫助你知道任何和真理的永恆有關的事情。你從未觀察過那些短暫無常的，你只是聽說過它。你還不了解它，但是你已經相信它了。某個人這樣說過，那是借來的、偷來的。經典提到過，聖人說過，但那不是來自於你自己的經驗。那不是成熟的經驗。你已經認為它一定是這樣，你還沒有靠自己去經驗來知道它。沒有人可以透過認為而知道真理。知道是一種經驗。透過相信，你最多只能掩飾自己的無知；但是它不會消失。

這個世界就像最後的晨星。
莎訶若說：它就像一滴露珠，
就像你用雙手盛住的水，
正在快速的消失。

在煙霧的城堡中，
頭腦創造了它的王國。
一切只是虛幻的影子。
莎訶若說：它永遠都不可能是眞實的。

一切都是頭腦的遊戲——**在煙霧的城堡中**——彷彿某個人用煙霧興建城堡。有時候你可能會看到天空的雲朵有很多形狀和圖案。它們會改變成不同的外形。有時候一朵雲的某個部份變成了一隻大象，但是繼續仔細觀察：在大象消散之前，你已經認不出它了。一朵像大象的雲能夠維持形狀多久？有時候似乎雲朵上有一座城堡，一個巨大的皇宮，但是當你仔細一看，皇宮已經消失了。

在煙霧的城堡中，頭腦創造了它的王國。這些頭腦建立的王國都是夢；它們是想像、渴望和慾望。它們都是用煙霧興建的城堡。

莎訶若用了非常新鮮、獨特的象徵。它們是未被使用過的象徵。它們不是常用的象徵。她一定是根據自己的了解而選擇了它們。她不是一個詩人，她是一個神秘家。她不是在作詩，她自己就是詩。她和文字沒有關係，她在寧靜和空性中所知道的，正透過文字游向你。文字本身就像紙船：她透過它們將空的經驗傳達給你。文字是傳訊者，它們是郵差。那不是如何修飾文字的問題，這些象徵都是沒有使用過的象徵。

在煙霧的城堡中：一個了解頭腦的幻象的人會知道它們只是煙霧。頭腦已經創造了多少遊戲！它如何認定那個一直不在那兒的，它如何忘記那個一直在那兒的。每次它都失敗了，但是它仍然沒有醒過來。無論你欲求什麼，你一直無法得到它們，但是你仍然無法覺醒。這是令人驚奇的。你才剛要覺醒，然後頭腦就創造了一個新城堡。它說：「那些慾望已經被證明是虛假的，但是不用擔心。是別人不讓它發生；你有很多敵人。情況不是很順利。幸運並未眷顧你。你並沒有付出足夠的努力；那就是為什麼你沒有得到想要的。」

頭腦永遠不會對你説慾望的本質就是失敗。頭腦給你藉口，它對你説失敗的原因是這些：「如果你付出足夠的努力，你就能成功了。但是你並沒有付出足夠的努力，你不夠盡力，你的競爭者是更狡猾的、更精明的。你是一個單純的人：你也應該狡滑點。你應該使用世俗的手段，這樣你就可以更狡猾。」頭腦會為你的失敗找到一千零一個藉口。但是它不會讓你了解一點：慾望的本質就是失敗，慾望從不會被滿足。它會給你藉口。它說：「下次不要犯同樣的錯。下次當你和別人競爭，先把自己準備好。」

沒有人成功過。亞歷山大和拿破崙也兩手空空的離開這個世界。富人死時也是貧窮的。那些高坐在王座和地位崇高的人，內心裡仍是卑賤的。人們成為偉大的學者，他們懂得很多，然而他們裡面的黑暗卻沒有消失。

在煙霧的城堡中，
頭腦創造了它的王國。
一切只是虛幻的影子。
莎訶若說：它永遠都不可能是眞實的。

就如同某個人看見湖裡的映月，月亮是真實的，但是湖裡的映月不是真實的。或者當你看見自己在鏡中的映像…鏡中的映像可能看起來是非常美麗的，但是它仍然不是真的。**一切只是虛幻的影子**。而影子…**它永遠都不可能是眞實的**。永遠不可能在影子裡面找到真理。這個世界就是真理的影子。無論什麼情況下，你發現某個不是真實的，但是它看起來似乎是真實的，那表示它是一個影子。當你在跑步，而你的影子則跟在你後面跑。如果我試著要抓住你的影子，那我就無法抓住你，但是反過來，如果我抓住你，那你的影子也會被我抓住。

我曾聽說…

一個小孩在院子裡玩耍。他試著抓住他的影子，那是冬天的某一個早上。他在地上爬行著，試著要抓住他的影子。

一個托缽僧正好站在門前乞求食物，他開始觀察。那個小孩試著抓住他的影子，但是他抓不到，因為一旦他移動，影子也跟著移動。於是他移動的幅度更大，但是影子也跟著移動。小孩開始哭泣，雙眼流下淚水。他感到受挫。他的母親試著安慰他，告訴他影子是抓不到的。但是小孩怎麼會理解影子只是一個幻象？小孩說：「我要抓到它！」小孩還不準備要認輸。

托缽僧站在門前看著這一切。他進去要那個母親等一會兒，他抓了那小孩的手，把他的手放在他的頭上說：「看到了嗎？」當他的手放到他的頭上，小孩發現到他的手也在影子裡面。小孩開始快樂的笑著，因為他已經抓到影子了。

沒有別的方式可以抓到影子。如果你想要抓到影子，那只能在影子裡面抓住它。你們那些偉大的政客、富人、值得尊敬的人——那些以為在這個世界抓到某些東西的人，都只是把他們的手放在他們的頭上。他們似乎抓到了他們的影子。你們在德里、倫敦、巴黎和華盛頓的那些人就是一邊坐著，一邊把手放在頭上的人，他們似乎抓到了他們的影子。那些無法抓到的人會開始哭泣——因為他們一直試著要直接抓住影子。

兩者的行為都是愚蠢的。小孩的哭泣是愚蠢的。然後小孩笑了，他因為抓到影子而感到快樂，他贏了——那也是同樣的愚蠢。但是第二種愚蠢比第一種愚蠢更危險，因為在第一種愚蠢中，還存在著某些真實，但是第二種裡面沒有任何真實。

一切只是虛幻的影子。莎訶若說：它永遠都不可能是眞實的。影子也有它自己的存在。畢竟，它就在那兒。但是它是一個影子，不是一個實相。不要試著去抓住它。

我曾聽說：

在回教的齋戒月期間，穆拉那斯魯丁正要經過一條寂靜的路。回教徒正不耐煩的等待月亮的到來；因為當他們看到月亮，禁食就結束了。他站在一口井旁邊，想要喝點水，當他把水桶放到井裡面，他看到月亮在井裡面：「我的天！原來問題在這兒！人們看著天空，但是月亮卻卡在井裡面。如果沒有人把它弄出來，將會有數百萬人死於飢餓。」於是他忘記要喝水的初衷，試著用水桶把月亮從井裡撈起來。那是一個很困難的工作，因為當井水受到打擾，月亮就會四散開來。

在這個世界也一樣：如果你試著抓住某些東西，它們會開始散開來。如果你試著抓緊它們，它們會像水銀一樣滑出你的手心。

他努力的試著。試了這個方式和那個方式，小心的放下水桶。終於有一個片刻來到，月亮的映象似乎出現在他的水桶裡面。他說：「現在我做到了，我做了一件好事。現在我要把它拉出來。」

他努力的試著要把它拉出來，但是在這個試著把月亮拉出來的混亂中，他的繩子卡在井壁的一塊石頭上。他使勁的拉著，但是沒能把繩子拔出來。他心想：「它似乎很重。我自己一個人做不到，但是附近似乎沒人。我只能靠自己。我必須用更多的力氣。」他用了更多的力氣去拉。當他越來越用力，繩子斷了——一如往常地。當繩子一斷掉，他立刻撞到井邊的石板。他撞到了頭，然後當他張開眼睛，他看到天空中的月亮。他對月亮說：「沒有關係。雖然我受傷了，至少你自由了，數百萬條生命被解救了。」

但是只有很少人可以這麼幸運：繩子必須卡住，人必須跌倒，必須撞到頭，雙眼張開時必須向著天空，這樣他們才能看到真正的月亮。

只有當你對生命感到完全的挫敗，你才會轉變，開始尋找神。當生命是完全的失敗，你倒在地上，只有那時候，你的雙眼才會看向天空。否則你會試著抓住井裡的映月。一旦你抓不到它，你會以為你只需要再加強一下技巧。

映月不是真實的，然而看起來又像是真實的。那就是為什麼先知們將這個世界稱為maya，幻象。神是實相，而世界是它的映象。真理的映象就是maya，幻象。

在煙霧的城堡中，

頭腦創造了它的王國。
一切只是虛幻的影子。
莎訶若說：它永遠都不可能是眞實的。

神是一，祂是有特質的，也是沒有特質的——
我已經想過了、了解了、看見了。
我的師父給了我雙眼。
我看見了，我信服了。

神是一，祂是有特質的，也是沒有特質的——我已經想過了、了解了、看見了。但是除非在尋找神的旅途上踏出第一步，否則神仍然只是一個字。除非世界變成毫無意義的，否則神不會變成重要的。

兩天前，一個朋友和我在一起，他的兒子也在場。他說：「我的兒子非常聰明。他能成為桑雅士是一件好事，但是兩者必需兼顧：這個世界和桑雅士。他必須在這個世界和另一個世界都有所成就。」表面上聽起來似乎是正確的，你必須在這個世界和另一個世界都有所成就——但是只要你繼續將這個世界的成就視為成就，你就無法在另一個世界有所成就。

我同意沒有必要逃避這個世界。你可以成為一個桑雅士，同時全然的生活在這個世界上。但是當你生活在這個世界，你必須覺知到一件事情：這個世界的成就不是成就，它是井裡的月亮——一個映象。一個人必須生活在這個世界，同時也是一個桑雅士，沒有別的方式。你還能在哪兒生活？到處都是這個世界的一部分，到處都是這個世界的延伸。你能逃去哪兒？無處可逃。但是，是的，有一個可以覺醒的空間。

覺醒的意思是，你可以了解到追逐世界上的任何東西並無法擁有真正的月亮。如果你必須待在這個世界，那就待在它裡面。如果群眾往那兒走，那就和群眾一起，不會有任何不對。因為群眾而不必要的心煩，這有什麼意義？對他們而言，他們以為在這個世界上有所成就是可能的。這就是托缽僧對那個小孩做的，把他的手放在他的頭上。他是一個小孩——有什麼意義去讓他不必要的哭著？當他抓到了自己的影子，他就會快樂。所以托缽僧玩了一個把戲：他把小孩的手放在他的頭上，然後影子就被抓到了。

但是你必須覺知到一個事實，世界上的成就不是成就。所有這類的成就只是徒勞無功的努力。所有這類的成就只是在浪費時間。所有這類成就的意思就是，你把自己賣掉去買垃圾。有一天你會發現，你把所有世界的一切都買回家了，但是你已經迷失在世界的某處。一切都有了，除了你自己之外。

神是一，祂是有特質的，也是沒有特質的——
我已經想過了、了解了、看見了。

如果世界的短暫無常對你而言變得很清楚，你的雙眼將開始轉向神並且張開。這個眼睛可以看到：**祂是有特質的，也是沒有特質的：神是一：**你會發現祂是有特質的，也是沒有特質的，神是一。印度教的神、回教的神、基督教的神都是一。那些看到不一樣的神的人，可以知道他們的雙眼還沒有轉向神——因為神是一。月亮只有一個，井有數千個。在數千個井中會有數千種映象。一個回教的井，反映出來的就是回教的映象。一個印度教的井，反映出來的就是印度教的映象。某個井裡面的水是髒的，某個井裡面的水是乾淨的，反映出來的映象也會因此而不同。某個井是用大理石建造的，某個井是用普通的泥漿建造的，沒有添加任何石頭。這些差異會造成不同的映象。但是那個被反映出來的只會有一個。映象會有很多種，但是真實的只有一個。

神是一，祂是有特質的，也是沒有特質的…你可以把祂稱為sagun，有特質的，因為一切都是祂的特質；你可以把祂稱為nirgun，沒有特質的，因為那個擁有所有特質的，也是沒有特質的。因為擁有所有特質的一是超越所有特質的。你可以說祂的手是充滿的，也可以說祂的手是空的——因為充滿和空是同一個狀態的兩個名字。如果你願意，你可以在所有的綠色植物中看到祂，可以在每朵花裡面認出祂，可以在每顆星星中看到祂。如果你願意，你可以尋找隱藏在所有綠色植物、星星、月亮和山峰背後的無形存在。如果你願意，你可以從祂的顯現中找到祂，或者在祂的本質中找到祂，如果你看到祂的本質，你會發現祂是沒有特質的；如果你看到祂的表達，你會發現祂是有特質的。如果你看到祂的衣著，你會發現它們是非常可愛的，非常多采多姿的。如果你深入到祂裡面，你會發現所有的顏色都消失了，那兒只有最終的空。

神是一，祂是有特質的，也是沒有特質的——我已經想過了、了解了、看見了。但是這個經驗是透過看而獲得的。如果透過思考就能發現祂，那思想家早就發現祂了。那不是只透過思考就能獲得的。很多人不斷的思考神，但是他們的思考並沒有帶他們到達任何地方，因為思考只是頭腦的蜘蛛網。被頭腦捕捉到的就是這個世界。透過思考來抓住神，就如同某個人試著抓住影子，但是卻無法捉住它。

思想本身是一個影子。你怎麼能用影子抓住真理？頭腦必須是空的，沒有任何思想。

這就是靜心的意思。沒有人透過思考而經驗到最終的。必須透過靜心才能知道最終的。靜心是一個沒有思想的狀態。當你頭腦的所有移動都停止了，沒有思想出現，當湖面是完全的平靜，一個深深的寧靜，然後你就會連結到那個最終的。

我已經想過了、了解了、看見了。莎訶若用了三個字：看、了解和思考。有些人試著透過思考而知道真理。他們無法知道。他們變成哲學家，他們創造出哲學，他們會討論偉大的哲學。如果你和他們談論思考，那他們會撒下一個巨大的思想之網，但是他們的思想之網從未抓到神性之魚。無論他們的網有多大，永遠都無法抓到魚。

還有的人試著透過了解來經驗它。了解會隨著生命的經驗來到。生命可以帶來無窮的經驗，而所有經驗的本質就是了解。年輕人會想要透過思考找到神，老人則想要透過了解來找到神。他說：「我們已經看過這個世界。」——但是世界是一個影子。影子的經驗如何能引領你到達那個最終的？一個人必須免於思考的束縛，也必須免於了解的束縛。思想藉由你受過的教育而得到養分。那就是為什麼當某個人從大學畢業，他抱持著許多偉大的想法。老人會笑他們。他們說：「等一下。先看看世界，然後你就會知道。」

我曾聽說：

有個人在德里大學將要獲得一個農學博士學位。為了取得學位，最後的考試是被派到一個村莊做一個詳細的農場報告，以測試他的知識是否可以實際運用。他為一切做了一份報告：有多少樹木、農作物的大小、農地有多少英畝、這麼多英畝的土地可以生產出多大的農作物、需要撒下多少種子、哪些農作物被賣掉了。他做了所有的計算，但是他不了解一件事。農夫嘲笑他的工作方式，完全沒有幫忙他。他說：「你是一個見多識廣的人。」

那個學生看著一棵樹說：「根據這棵樹的狀態，我認為它今年無法長出任何蘋果。」

農夫說：「我也確定它無法長出任何蘋果，因為它不是蘋果樹。」農夫用這樣的方式嘲笑著學生所做的統計。

有一間小屋裡面有一隻山羊，一隻長鬍子的老山羊。那個年輕人從未離開過大學。他都是從書上學到農學知識，他把時間都花在大學的圖書館裡，所以他無法認出那隻動物。而且牠還有鬍子！他問：「這是什麼動物？」

老農夫說：「你說呢？你是一個博學的人。我只是一個可憐的農夫，我怎麼會知道？」

學生發了一封電報到大學，並在電報上描述了山羊的特徵：「牠是年老的，而且還有鬍子。請告訴我牠是什麼。」

然後他收到了回覆：「笨蛋！那是農夫！難道你認不出來嗎？」

「牠是年老的，而且還有鬍子……」所以大學主任認為那一定是農夫。他以為那個學生連農夫都認不出來。這太過分了！

有一種人是透過書本來度過生命，另一種人是透過生活的經驗來度過生命。透過書本你可以獲得想法，但不是了解。了解需要透過生命中好的和不好的經驗而獲得。那就是知識和智慧的不同，那就是思考和了解的不同。但是莎訶若說，如果透過了解就能知道那個最終的，那麼所有的老人都能知道它。如果透過思考就能知道那個最終的，那麼所有的思想家都能知道它。但是不論是老人、思想家或者是年輕人，他們似乎都沒有得到它。所以還需要第三個部份。

「我已經想過了、了解了、看見了。」已經用了思考的方式，已經用了了解的方式，但是這兩者都是為了看所需要用到的。

我已經想過了、了解了、看見了。
我的師父給了我雙眼。
我看見了，我信服了。

師父不會給你思想。如果他給你思想，那是為了幫你張開你原本閉上的雙眼。師父也不會給你了解。如果他給你了解，那是為了支持你，以便你能張開你的雙眼。重點在於張開你的雙眼。

看見世界的雙眼和看見神的雙眼是不同的。所以無論你多麼了解這個世界，知道這個世界，你都無法透過這對眼睛知道神。那是一個不同的現象。除非你張開雙眼，某些事情才有可能發生。

你要如何張開雙眼？這個世界能給予的只有負面的幫助。如果你在這個世界上沒有任何成就，你會知道苦惱，你會知道痛苦，透過這個痛苦、煩惱和失敗，使你的頭腦產生了渴望，想要去尋找那些超越這個世界的。這個世界只能提供這麼多的幫助。

透過思考，你可以懷疑這個世界，但是你將無法信任神。但是如果你懷疑這個世界，那會比較容易朝著信任神的方向前進。這樣是比較自然的。你會免於那些次要事物的束縛，那樣就能夠有一個空間是留給那些有意義的。就如同某個人想要興建一個花園：首先他會拔除那些雜草。然後他會挖開數呎深的土壤，把那些沒有用的草根丟掉。透過這個方式，花園並未被創造出來，但是現在要興建一個花園會是可能的。如果你不理會那些雜草，直接試著興建一個花園，那個花園會被摧毀，因為雜草會長得比較快。錯誤總會覆蓋住正確。如果你不理會那些雜草，直接撒下花的種子，那麼之後，你就無法知道那些花的種子被播種在哪兒。

有個人在穆拉那斯魯丁的房子旁邊買了一間房子。那斯魯丁的花園是非常美麗的，所以那個人也想要興建一個花園。他對那斯魯丁說：「我已經播下一些種子，現在種子已經發芽了，但是雜草也長出來了，我要如何知道哪些是雜草，哪些是花的嫩芽？」

那斯魯丁說：「很簡單：把它們都拔掉。再長出來的就是雜草，沒有再長出來的就是真實的，就是種子。雜草不需要被播種，它會自己長出來。所以把它們都拔掉，然後你就會知道。」

如果你想要興建一個花園，必須先做一些反向的工作：你必須拔草，清除雜草的根，清理泥土。但是花園還沒開始興建，這只是前置作業。你還必須播種。

思考和了解只能做到這麼多：它們可以創造出對於這個世界的懷疑，沒別的了。但是即使只有這樣也已經很幸運了，因為一百個人裡面有九十九個人不會有這樣的懷疑。有時候了解甚至會使人誤入歧途。不只是年輕人，連老人也陷在這個世界中。對年輕人而言，還會有一點想要成為桑雅士的感覺，但是對老人而言，連那樣的感覺都不存在。對老人而言，死亡在接近，因為這樣的壓力，他心裡會想：「剩下的日子不多了，我應該好好享受。只剩下幾天了：現在何必擔心神和這類的事情？我會再找其他時間來研究。我的生命在消逝，所以在剩下的日子裡，我應該要更加享受。」那些所謂的聰明人，他們的愚蠢是沒有底限的。有時候年輕人會擁有走上桑雅士之路的勇氣，老人沒有那樣的勇氣。

那就是為什麼你會很驚訝的知道，這個世界上所有偉大的桑雅士，他們離家的時候都還很年輕。佛陀和馬哈維亞離家時是年輕的。那些成為桑雅士的老人，你有看過他們成為桑雅士的方式和佛陀、馬哈維亞一樣的嗎？你說不出任何名字。老人對於這個世界是如此經驗豐富，以致於他們被自己的經驗淹沒。

所以你無法只是透過思考或經驗達成。思考這個世界或者經驗這個世界都是沒有用的。是的，最多可以做到這樣：使用它們可以讓你知道你裡面有一隻閉上的眼睛，一隻閉上的第三眼。如果它張開了，那也許你就能瞥見到神，也許你就能瞥見到真理。

我的師父給了我雙眼。師父不會給你思想。也不會給你了解。師父給你可以看的能力，他給了你雙眼。他怎麼做到的？這是有點微妙、難以捉摸的。

師父如何給你雙眼？師父先給你機會，透過他的雙眼看。就好像某個人用肩膀扛了一個小孩，並說：「看見了嗎？」坐在某個人的肩膀上，小孩就能看見遠方的事物，當小孩站在地上，他無法看到遠方的事物。當他坐在某個人的肩膀上，他可以看得很遠。師父會先把你扛在肩膀上，給你機會去透過他的雙眼看。他把他的雙眼放在你面前說：「稍微用我的雙眼看。」

例如，我告訴過你們，我談話不是要讓你們思考。讓你思考能有什麼事發生？你已經擁有太多思想了。當我對你說話，我是在給你一個透過我的雙眼看的機會。這也是一個洞見；一個人可以用這樣的方式看。如果你透過我的雙眼而有了一個瞥見，那麼它將會使你的雙眼產生一個渴望。如果你可以透過某個人的雙眼看⋯別人的雙眼不是你的雙眼，但是透過別人的雙眼而產生的了解，可以成為張開你自己的雙眼的開始。

用這個方式來了解：它就像黑夜裡的閃電。閃電的閃現，在那個瞬間，你看到了一切——道路、樹木、山峰。然後它又回到黑暗。但是現在你知道路在哪兒。你仍然必須在黑暗中爬行，你仍然必須去找尋，墜落的恐懼仍然在那兒，但是現在你至少確定有一條路。透過師父的雙眼看到有一條路在那兒，因而產生了信任。透過和師父在一起，慢慢的、慢慢的，他的芬芳會充滿了你的鼻孔，然後你開始感覺到發生在他身上的，也可以在你身上發生。任何可能發生在一個人身上的，也可能發生在每個人身上。

接近佛陀、馬哈維亞或克理虛納，他們生命的喜樂會是傳染性的。有時候即使不透過你的知識，他們也能搖晃你，把你叫醒。如果你可以稍微把雙眼打開一點，你就會開始信任。

有個小孩在學走路，他的母親扶著他的手。小孩必須學走路，透過母親的扶持可以使他感到安全。他心裡會想：「現在我不會跌倒了，媽媽跟我在一起。」他還是會跌倒，他會跌倒很多次，但是每次跌倒後起來，他再跌倒的機會將會降低。他的母親會一直讓他放心：「走吧，不用怕。你可以像我一樣的走路。」同樣的，師父會扶著你。他知道那個能力就藏在你裡面——只需要一點實驗。也許你會害怕。很多世以來，你一直沒有張開過可以看見神的眼睛。也許你已經忘了。也許某個人提醒你，突然間…你仍然無法記起來，但是和某個人在一起，在他的存在下，有時候你裡面的中心會被打擊到。不斷的打擊是需要的。因此會有satsang，處於師父的存在中，那是一個連續的過程。

我的師父給了我雙眼。
我看見了，我信服了。

透過頭腦只會知道懷疑。思想…思想…思想…沒有任何事是可以確定的。你甚至可以在你確定的思想裡面找到懷疑。你常會說：「當然，我很確定。」你的意思是你對這件事還有懷疑，你準備為了你的思想去戰鬥和毀滅這個懷疑。那是一個你自己還無法確定的暗示。

做決定是迥然不同的。決定的意思是完全沒有懷疑的。而懷疑只有當思想消失後才會消失…**我看見了，我信服了**。然後就不會再有任何思考，只會有看。那麼它就是達顯，看發生了。那時你就是沒有思考。

只有盲人才會認為光是存在的。看的見的人就只是直接看到光。**我的師父給了我雙眼。透過雙眼所看到的，我信服了。**一旦看存在，確定就存在。一旦思想存在，困惑就存在。不確定的溪流將會在思考的背後流動著。看是需要的。沒有人可以思考那個最終的。你只能看見最終的，或者看不見，沒有相不相信的問題。那是一個達顯的問題，直接察覺到那個最終的。

莎訶若說：神有很多面向。
祂是顯現的，祂是未顯現的。

祂是可見的，祂是不可見的。**莎訶若說：神有很多面向**：所有的面向都是祂，然而也沒有任何面向是祂。

在祂們的本質中，水和冰是一，
太陽和陽光是一。

這些都是非常美麗的話語：**在祂們的本性中，水和冰是一**。水和冰之間有任何差別嗎？水和雪之間有任何差別嗎？沒有任何差別。太陽和陽光有任何差別嗎？同樣的，神和祂創造的萬物之間有任何差別嗎？只有神存在，祂是無處不在的。祂在太陽裡面，祂在陽光裡面；陽光是神的延伸。這個你看到的巨大宇宙是祂的延伸。創造者和被創造者是分開的嗎？舞者和舞是分開的嗎？歌手和歌曲是分開的嗎？一個是顯現的，另一個是未顯現的。歌是顯現的，歌手是隱藏的；舞是顯現的，舞者是隱藏的。被創造者是顯現的，創造者是未顯現的——但是祂就藏在每一個原子中！

莎訶若說：神有很多面向。
祂是顯現的，祂是未顯現的。
在祂們的本質中，水和冰是一，
太陽和陽光是一。

藉著查藍達師父的光芒，
所有的懷疑都消失了，
所有的文字和爭論都融化了。
莎訶若離開了，自然的。

藉著查藍達師父的光芒……那些已經知道的人總是說他們並不是因為他們的努力而知道，而是透過師父的光芒而知道。那些已經知道的人，他們了解到他們的努力是多麼微不足道：露珠試著變成海洋。如果只有透過你自己的努力，那麼它永遠都不會發生。

要正確的了解一件事：如果你只想透過自己的努力而知道那個最終的，那麼你永遠都無法知道它。即使你付出努力，你的努力也會是錯誤的，因為你是錯誤的。即使你採取行動，你也會走在錯誤的道路上。你充滿了錯誤的慾望，所以無論你做了什麼，都會是錯誤的。因為就你而言，你是錯誤的。怎麼可能從錯誤中得到正確的？如果有可能從錯誤中得到正確的，那就沒有必要尋找正確的。所以無論人做了什麼，他都無法只是透過他的作為而知道真理。

所以會有兩種方式：透過神或存在的祝福和光芒——但是你對神一無所知。即使光芒開始灑落，你也不知道如何利用它。即使祂在你面前點了一盞燈，但你是如此的盲目以致於你會閉著雙眼站在那兒。如果祂敲了你的門，你會說那一定是風的吹拂。你將無法認出祂。

神的光芒已經不斷的灑落在你身上，但是你卻認不出來，你無法接收它。就像看不見海洋的魚一樣，你也看不見祂。這就是為什麼在真理的探尋中，師父會變得如此重要，因為你可以看得見師父。

某種程度而言，師父是一個奇蹟。因為某方面而言，他跟你一樣，但是他又完全跟你不一樣。神是完全和你不一樣的——你和祂之間沒有任何橋樑。祂是未顯現的，你是顯現的。祂是無限的，你是有限的。祂是沒有思想的，你是充滿思想的。祂是無處不在的，你是待在某處的。你和祂不會有任何會合。祂是如此的巨大，而你是如此的渺小，兩者怎麼會有連結？露珠怎麼會遇到海洋？

和師父在一起，奇蹟發生了。他像你，然而仍然不像你。一方面，師父是一滴露珠，另一方面，師父是一個海洋。那就是為什麼師父是世界上最神奇的現象。某種程度上，他是一個人，但同時又不是人。一方面，他跟你一樣，都侷限在身體的障壁中，另一方面，他的門是敞開的——他是一個廣闊的天空。

所以可以和師父保持一個連結。在師父的幫助下，慢慢的、慢慢的，就能和神有一個連結。那就是為什麼莎訶若說：我可以忘掉神，但是我不會拋棄我的師父——因為沒有他，就無法和神有任何連結。**藉著查藍達師父的光芒，所有的懷疑都消失了……**無論你如何透過思考來嘗試，懷疑都不會因為你的思考而離去。你的思考就像你提著你的鞋帶，想要把自己拉離地面。無論你如何嘗試，你可以跳，但是你會發現你仍然站在地上。要幫你站起來，某個人的手是需要的。而且你需要和你一樣的手，是你可以認出來的。而且，它應該是最終的手，是你可以認出一小部份但無法完全認出來的手。你可以認出一小部份，但是仍然還有一小部份是超越你的認知的。

師父是一個奧秘。你了解他，你也不了解他。那就是為什麼那些認為他們了解師父的人是錯誤的；而那些認為他們完全不了解師父的人也是錯誤的。只有那些感覺了解一小部分，但是還有一小部份是超越他們了解的人，才是和師父保持聯繫的人。

你能了解的那一小部份將能帶給你信心。你無法了解的那一小部份將會引領你超越你自己，超越將能透過它而發生。**藉著查藍達師父的光芒，所有的懷疑都消失了……**「我有了一個洞見，我的雙眼已經張開了。我已經透過師父的雙眼認出祂了——世界已經消失了，真理已經顯現了。」然後你自己的視野將會開始運作。一旦它開始發生，一旦某個人將你引入，那麼……

……所有的文字和爭論都融化了。

然後沒有任何懷疑留下，沒有任何要爭論的。沒有無神論也沒有有神論。沒有誰是印度教徒，也沒有誰是回教徒。

莎訶若離開了，自然的。

從那一天起，莎訶若是自然的。在那之前，一切都是亂七八糟的，一切都是混亂的。現在她是安樂的。現在沒有任何事要做。現在無論發生了什麼，都是膜拜、都是祈禱。卡比兒說過：「我說的任何話語都是神的名字。當我吃，那是在膜拜神。」現在內在只有神，外在只有神。「當我走路，我就是帶著敬意的繞著神移動。」現在我不再到寺廟或清真寺繞著神走動。現在當我只是在走路，就是帶著敬意繞著神移動。

…所有的文字和爭論都融化了。
莎訶若離開了，自然的。

如果你能了解自然這個字會比較好，因為成為自然的，那就是宗教最後的花朵——Sahaj Samadhi，自然的成道。你活在世界中，但是在那兒，你不是自然的，你是非常複雜的。你是某個東西，但表現出來的卻是另一個東西。你是某個東西，但說出來的卻是另一個東西。你在那兒流下虛假的淚水。在那兒，你隨身攜帶著面具。在那兒，當你在膜拜和祈禱，裡面也沒有任何真實性，沒有任何自然。

無論你到了哪兒，哪兒就有虛偽。無論你到了哪兒，哪兒就有欺騙。你到處試著去顯示出某個你不是的。「自然」的意思是，無論你是什麼，你就是什麼，你全然的接受了自己，無論你是什麼。現在你不做任何掩飾，也不炫耀任何事物。如果你是好的，那你就是好的，如果你是壞的，那你就是壞的。如果你是美麗的，那你就是美麗的，如果你是醜陋的，那你就是醜陋的。你和你所是的狀態和諧的在一起，因為你已經知道成為自然的，就是和神在一起。你越不自然，你就離祂越遠。你越試著成為某人，你就離你真實的存在越遠。老子說：「沒有比那些平凡人還要非凡的人了。」他們是如此的平凡以致於他們不知道他們是平凡的還是非凡的。

某個人問睦州禪師：「當你成道後，你怎麼修行？」

睦州說：「我在森林裡伐樹，我從井裡挑水。當我餓了，我就吃飯。當我想睡了，我就睡覺——沒別的了。」但是這樣就夠了。這就是成為自然的。

對你而言會很困難；對你而言會很難了解。由於你的自我，你已經在你所謂的聖人周圍創造出一個壯麗的迷宮。那都是因為你的自我。奇蹟應該要透過他們的雙手而發生，護身符應該要透過他們的雙手而製作。如果沒先把你們的聖人變成魔術師，你就無法接受他們。如果他們想要成為你們的聖人，他們就必須同意成為魔術師。這是一個共謀。你說：「只要你還不打算成為魔術師，我們就無法認可你是一個聖人。」如果某個人想要膜拜，那麼他們就得變成魔術師，然後你就可以和他們和諧的在一起。

你已經是虛假的，然後你還讓那些你想要他們成為你的導師的人同意你的條件。你已經是偽君子，然後你使你的導師也變成偽君子。在這個世界，最令人驚訝的事情是，很少有跟隨導師的門徒：大部分的情況是導師跟隨門徒。你會說出你的導師應該做哪些事的規定，他應該如何對待自己，他何時該起床，他何時該睡覺，他何時該吃飯，他何時該喝水，都是由你規定。

門徒會決定耆那教和尚的行為。

有一個聖人，一個耆那教的和尚，想要來見我。他寫了一封信說：「我非常渴望見你，但是我的門徒不允許。」

你的門徒不允許你來見我？這太過分了！你是一個師父嗎？他們是你的門徒嗎？門徒不允許師父過來。什麼原因會造成這種情況？

我對他說：「深入的看。門徒無法阻止你。一定有些別的原因。有一個條件，他們的條件是：如果你認同我們，我們也會認同你。只要你跟隨我們，我們就是你的門徒。一旦你停止跟隨我們，這個關係就結束了。」

我說：「你是懦弱的。你毫不費力就成為一個導師。你想要來找我學習靜心？難道你連尋找靜心的勇氣都沒有嗎？你的門徒說不行，因為門徒心想：如果我們的師父去某個地方學習靜心，那我們為什麼要認同他是一個導師？」

所以在門徒面前，導師必須表現出他是一個靜心者的樣子，他會教他們靜心。而這個和尚甚至這一生都沒有勇氣或誠意去尋找靜心。你教導世人放棄金錢、財富，而你自己在抓著什麼？

我告訴他：「放棄它！靜心是更偉大的。你會再找到跟隨你的人。而且就算你沒有找到任何跟隨者又怎樣？」

他回信了：「你不知道，我是在童年的時候成為桑雅士。我沒有受過教育，我無法靠自己生活。我已經四十年沒有工作過！如果我離開我的跟隨者，那我會遇到很大的困難。」

現在，這變成一個提供他食物和住宿的約定。他不是導師，他們也不是他的門徒。他們知道這個情況，因為他們給他食物，他們是他的師父。他自己也知道。他們提供食物給他，所以雖然他的地位高於他們，但那只是一場秀。

你要別人放棄世界，但是你自己卻沒有勇氣放棄這些保障！如果你放棄了，也許死的時候，你會是一個馬路工人，但是至少你三餐可以溫飽。很多人都這樣謀生。但是你沒有那樣的勇氣。

你的導師是虛弱的。他們沒有任何力量。他們變得如此無助。你使他們在你之上，但是他們只是傀儡，你在操縱他們身上的線。當你要他們跳舞，他們就跳舞。當你要他們說話，他們就說話。

成為自然的意思就是，現在已經沒有什麼要炫耀了。你對於你所是的感到快樂。當你和你的存在在一起是快樂的、當你完全投入到自己的本性的那一天，你將會在那一天投入到神性中。那一天，魚會發現海洋。海洋一直在那兒，那只是一個和它合而為一的問題。一旦魚知道了自己，那牠也會知道海洋，因為事實上，魚本來就在海洋裡面。

你越自然，你就越能成為siddha，一個達成的人。成為自然的，就是達成。但是你想要美化你的達成。你想要有奇蹟發生。

人們來找我：「如果你施展一些奇蹟，將會有數百萬人來找你。」我要怎麼處理這數百萬人？我不是一個魔術師。他們說：「不，我們這麼說是因為將會有數百萬人受到幫助。」數百萬人可能會受到幫助，也可能不會受到幫助，但是在那之前，我會先受到傷害。如果我受到傷害，那他們要如何因為我而受到幫助？

如果你是單純的，那麼笨蛋就不會對你印象深刻，這很正常。只有那些想要單純的人會對你有興趣。笨蛋有他們自己加深印象的方式。如果滿足了他們愚蠢的頭腦，那他們就會對你印象深刻。

這曾經發生過很多次。每天，當我在全國旅行，我常會遇到這類的笨蛋。即使我拒絕了某些事，他們仍然不準備要接受我的拒絕。有個人曾經抓著我的腳說：「用你的手遞給我一杯水。我確定我七、八年來的胃痛將會被你碰過的水治好。」

我說：「首先，要了解我自己也有胃痛！我用我的手喝水，但是卻沒有治好它。那你又怎麼可能被治好？如果我需要幫助，我會去看醫生。所以放棄那個想法。」

但是我越是拒絕，他就越認為我不肯祝福他。所以他更加用力的抓著我的腳。他說：「就算我死了，我也不會離開這兒。我很確定；你越是拒絕我，我就越確信你一定在隱藏什麼。」

我發現到這樣的說法帶來了反作用；他的信念正在成長！信念是危險的：如果因為喝了這杯水而治好他，那會是危險的。如果他沒有被治好，那就沒問題，這件事將會結束：他會繼續胃痛，然後我可以回家。但是如果他被治好了——也就是我擔心的——那這將會是一個真正的問題。我心想最好還是給他一杯水，但我擔心的事情發生了。喝了水之後，他說：「我的天！胃痛消失了。」

現在這個人是一個笨蛋。他的痛是虛假的。我不是說他並沒有胃痛。他已經忍受了八年的胃痛。但是他的胃痛是想像出來的。二年後，我又去了那個城市，我被告知他正在行使奇蹟。他一直小心的保存我給他的那杯水，他開始把那杯水分給其他人。他告訴我：「因為你的恩典，很多人都受到幫助。」

現在這是一個愚蠢的頭腦。首先，它創造了一個疾病，在同樣的愚蠢下，它也創造了解藥。它會開始看到想像出來的事物。自我是所有疾病的根源。人們來找我：「我們在你周圍看到一個光環。」你也許眼睛有問題。你可能是錯覺。或者你可能在日曆上看到很多周圍畫有光環的聖人照片。那可能在你的頭腦留下過深的印象，而你把它投射到我身上。但是請讓我離開這一切。

然後你說：「但是我們怎麼能相信你，我們是親眼所見！」你的雙眼是盲目的。對於你看到的能算什麼保證？但是如果我否認，這些人不會接受，因為除非他們看到我的光環，否則他們不會彎下身去觸碰我的腳。這是他們的自我開出的條件。如果他們看不到光環，那麼向我彎下身去觸碰我的腳有什麼意義？只有證明我不是一個普通的師父，他們才能成為我的門徒：我手上的香灰、護身符、瑞士製造的手錶⋯只有那時，他們的自我才會感到滿足。

這樣的笨蛋有很多，他們把他們的愚蠢強加到他們的導師身上。我把不讓這些強加的行為發生的人稱為師父。只有那樣，他才能幫助你。只有那樣，他才能引領你超越懷疑。雖然對導師而言，同意你說的任何話會比較容易和自在，因為這樣他就不會有任何麻煩，你也不會陷入麻煩。雙方是一個虛假的夢的夥伴。你的世界已經是虛假的，然後你又用你世俗的頭腦創造出虛假的導師。而你卻期望從這些虛假的導師中了解真理！

尋找自然的，因為神就藏在它裡面。它是完全的自然。它就像植物、小鳥、動物、月亮、星星、山峰和瀑布一樣的自然。如果你找到某個自然的人，不要離開他的存在。不要擔心是否能看到他的光環，不要期望他施展任何奇蹟。

藉著查藍達師父的光芒，
所有的懷疑都消失了，
所有的文字和爭論都融化了。
莎訶若離開了，自然的。

然後你會朝著成為自然的方向前進。

成為自然的。成為優雅的。如果你變成自然的，你將會變成真實的。要了解自然這個字和神這個字是同義的。如果你的不自然消失了，那所有的疾病也會消失，所有的欺騙也會消失，然後sansara——生死之輪——也會消失。當你成為自然的，你的生命中將會灑下一陣甘露，一陣沒有雲的雨。

達雅說：「看啊，頭腦沉浸在無窮的喜悅中。」只要成為自然的。然後不會有任何等待、任何拖延。當你在這兒變成自然的，**「有一道沒有閃電的無限之光。」**沒有閃電，卻有無限的光：它是一道沒有來源的光。它並非來自某個地方，它一直在那兒。它是永恆的，它是「沒有雲的雨」。

天空看不到任何雲，然而它卻下起陣雨，下起甘露，因為甘露就是存在的本性。「⋯頭腦沉浸在無窮的喜悅中」——然後你跳起舞、沉浸在喜悅中，因為沒有任何悲傷留下。悲傷是因為你的盲目。悲傷是因為你的自我、因為你的不自然。它消失了。達雅說：「看啊，頭腦沉浸在無窮的喜悅中。」現在，看到了恩典，看到了週遭的真理，你因而跳著舞，沉浸在無窮的喜悅中——沒有雲的雨。

第十章　靜心：奉獻的靈魂

第一個問題：

奧修，關於心靈上的探尋，它的本質似乎超越我的理解。有時候我感覺所有的探尋似乎都是毫無意義的，在那個片刻中，我經驗到一個很大的放鬆。但是在其他的片刻中，在同樣的強度下，我感覺目標很遙遠，似乎連旅程都還沒開始。心靈上的探尋會一直維持這樣的情況嗎？

真理很接近，比最接近的還要接近。但也是很遙遠的，比最遙遠的還要遙遠。它是很接近的，因為它就是你的本性；它是遙遠的，因為它是整個存在的本性。一滴露珠是一個海洋，同時也不是一個海洋。露珠就是海洋，因為存在於露珠中的，也同時以更大的規模存在於海洋中。露珠不是海洋，因為露珠是有限的，但是海洋的限制在哪兒？

總有一天，心靈上的探尋會引領你來到一個一切似乎都已經達成的狀態，同時也是沒有任何達成的狀態。如果你深入的看著自己，你會感覺一切都已經達成了；如果你深入看著真理，你會感覺旅程還沒有開始。這樣的經驗是好的，那表示你已經來到一個非常重要的狀態。那些感到一切都已經達成，但沒有同時感到沒有任何達成的人，會把這個達成當成自我的養分。那些感到沒有任何達成，但沒有同時感到一切都已經達成的人，他們的感覺會是自我的挫敗。如果自我成功了，它會說一切都已經達成了；如果自我失敗了，它會說一切都已經失去了。自我的語言不是得到就是失去，它會選擇其中一個。在無自我的片刻下，當你變成空的，那時候，得到和失去會擁有同樣的意義。只有那時才算經驗到生命中最偉大的奧秘。一旦你有了這個經驗，不用害怕。把它當成幸運的時刻。充滿感激的跳著舞。

你會同時感到旅程還沒開始。這樣的感覺是美麗的，因為尋找神的旅程怎麼會有開始？有開始就會有結束。當你邁向尋找神的旅程，那表示你的關注在於結束它。旅程有了開始表示你將旅程設限了。你從一端出發，然後有一天會到達另一端；只是時間的問題。但是你已經把神設限了。

如果你到達了，那你可能是到達一個和神無關的狀態。你手中掌握的絕不會是那個超越的。可以被你的手掌握的，可以被你的文字包含的，可以被你的頭腦設限並成為你的經驗的，絕對不是神。它會是你的想像或某些智力上的概念。它會是一個克理虛納、一個基督、一個佛陀或馬哈維亞——一個你想像出來的東西。它會是你對於靈魂理論的哲學，宇宙性的靈魂和梵天，但不會是真理。

真理已經達成了。不會有一個你已經完全知道它的情況發生。你可以經驗到它，但是那個渴望永遠不會停止。一旦渴望被滿足了，它將會不斷的成長。就好像某個人將奶油，純化過的奶油，倒到火裡面；一方面，似乎火的飢渴已經平息了，但另一方面，它的飢渴似乎正在成長。那就是為什麼一個神的愛人是瘋狂的。一方面，他說神就在此時此地，另一方面，他卻又費了很大的努力去達成祂。對一個世俗的人而言，那似乎是不合邏輯的：如果神已經被達成了，那就該停止所有達成祂的談論。如果祂是你的本性，那就永遠不可能找得到祂。你要如何找到那個你已經是的？

對於世俗的人而言，似乎一個宗教性的人是瘋狂的。因為他在試著達到那個他已經是的。或者說他在試著達到沒有辦法完全達到的。他進入了一個似乎有起點但卻沒有終點的旅程。當你開始經驗到這樣的片刻，你感到被這樣的芬芳圍繞著，要慶祝你同時擁有這兩種感覺。不要選擇。你可以說：「你已經達到了，但是你也必須去找尋。」

一個非常偉大的思想家懷特海，說過一些非常重要的話。我要告訴你們其中幾句。第一個是：「宗教是一個永不終止的探尋。它看起來是有起點的，但似乎永遠沒有終點。」宗教是一個希望，似乎就像遙遠天空的北極星——它對你送出邀請，但是你永遠無法碰到它。宗教似乎是可以理解的，但是了解它的人也會感到了解是不可能的。它是神祕的。那就是為什麼宗教被稱為一個奧秘。如果你試著解決它，你會被解決，但是你無法解決它。你會感到放鬆，你會感到完全沒有負擔，你會在最終的喜悅中跳著舞——但是奧祕將仍然保持是一個奧秘。

還有，如果不是讓你很困擾的話，請允許我這樣說，當你開始了那個旅程，除了你在旅程中所覺察到的奧祕之外，當你消失的那一天，不再有任何尋找者的那一天，將會出現更多的奧秘。在那一天，奧秘會全部自行顯現。在那一天，奧秘會灑落在每個地方。科學摧毀了奧秘。科學發現的，將會永遠流傳下去，那個問題結束了。然而對於我們已經知道的，宗教會不斷的為它們打開新的門。當我們通過一個入口，會看到十個新的入口。宗教之樹的枝幹會不斷無止盡的散播開來。人進入了宗教的奧秘中，但是從未出來過。

這個現象是美麗的。如果你有這樣的感覺，把它當成神的恩典。心靈上的探尋將會這樣持續著。

第二個問題：

奧修，你說思考對於「看」是一個阻礙，而了解也會是一個阻礙。思考和了解對眞理的領悟是沒有幫助的嗎？

思想唯一提供的幫助就是了解到思想是毫無用處的。了解所帶來的智慧就是只有了解是不夠的。就像是用一根刺弄掉另一根刺，同樣的，你也可以用一個思想去除另一個思想。最多就是這樣。

沒有人可以透過思考而達成真理。如果你移除了阻礙，那麼在某種程度下，你可以說思考也是有用的：現在阻礙已經不在那兒了，它經被移除了——這就是它提供的幫助。一般的思想家仍然和思想糾纏著。那些偉大的思想家，他們已經免於思想的束縛。因為一旦更深入思想，很快就能了解到不可能透過思考而知道。想一想：你不知道神，你沒有經驗過真理，你對生命沒有任何了解——你要用思考做什麼？你要如何思考它們？你要如何思考你完全一無所知的真理？你可以不斷引用經典，引用某個人說過的話，但是你怎麼能把這樣的行為稱為思考？那只是在重複。你要如何將某些新的東西加到它裡面？

思考永遠不是原創的。思考一直是老舊的、了無新意的。思考從來就不會是新穎的，它不可能是。如果我要你思考某些你不知道的東西，你要如何思考？對於思考，知道是必須的。如果已經知道了，你才能思考。然而當你已經知道了，還有什麼思考的必要？思考你已經知道的事情還有什麼意義？而「不可知的」是永遠無法思考的。

思考就像反芻的公牛：牠不斷的嚼著草，吞下草，然後再讓草回到嘴巴。思考是在反芻。你在書裡面讀到某些東西，你從某個人那兒聽到某些東西，現在你在反芻它們。但是裡面沒有產生任何新穎的東西。所有的思想都是死掉的。沒有任何生命會從它們裡面發芽。

神是未知的。你無法透過思考知道祂。沒有思考才是祂的方式。放棄思考，放棄一切你所學到的，忘掉一切你聽過的。清除頭腦了解的一切。乾淨的像一面鏡子，不透過任何思想的面對世界。在那面不受影響的鏡子裡，無論它反映出什麼，都會是根本的影像。

思考可以幫助你消除其他思想。我要告訴你們：無論我說了什麼，對你們都會是一個思想，即便是我的經驗，那也會是我的洞見。無論我說了什麼，對你們都會是一個思想，你會聽到我說的，如果這些思想造成了阻礙，那麼我說的話將會增加你的阻礙。但是我的談話是希望你們可以了解，那麼這根思想的刺將能弄掉另一根原本就扎在你裡面的刺。

有時候會需要用毒藥去除毒藥。當你的身體生病了，你去看醫生，他會為你注射同一個疾病的病毒。當你被注射了病毒，你的身體受到了攻擊，它會開始和疾病戰鬥。它會開始對抗。在那個對抗的努力中，你去除了疾病。你已經有了刺的經驗：如果你的腳被刺到，那你就可以用另一根刺弄掉它。大部分對抗療法的藥是用毒藥製作的。疾病是一種毒藥，為了要除掉它，我們使用不同的毒藥。

思考是一個阻礙。為了移除它，我給了你一些新的思想。把它們當成刺。那不表示你要扔掉你的思想，然後保留我的思想——那會是愚蠢的。那你就是拔掉第一根刺後，將第二根刺放回傷口。兩根刺都必須扔掉。你自己的思想和我給你的思想，把它們扔掉，這樣你才能變成沒有思想的。

這就是思考的用處；沒別的了。它的用處是負向的。一個有智慧的人會把他的思想用來否定。一個笨蛋，一個沒有智慧的人，會正向的使用他的思想——是因為這個正向的使用使他和思想糾纏著。你只能負向的使用思想來超越它。

第三個問題：

奧修，你說經歷過生命是必須的。像我一樣成爲桑雅士的人，沒有經歷過生命的光明和黑暗、幸運和不幸。會有什麼事發生在我們身上？

第一件事，我對於桑雅士的概念不是反對世界的。因此，成為我的桑雅士不是要你拋棄生命的光明和黑暗。剛好相反，因為世界就像烈日的熱，而你可以分享到陰涼的遮蔭。藉著成為我的桑雅士並沒有使你放棄世界，相反的，你獲得了桑雅士。

它會幫助你正確的了解這點。對你而言，過去只有世界的炎熱，但是現在我也給了你桑雅士的涼爽。只要還有力氣，就在這個炎熱下行走，當你累了，那就在遮蔭下休息。我沒有拿走你的世界。我將靜心給了你。我沒有從你身上拿走任何東西，反而給了你某些東西。因此你會擁有更多去經驗的機會。如果你過去只是待在這個世界，那你只會擁有這個世界的經驗——現在你也會擁有桑雅士的經驗。然後當你免於這兩者的束縛，只有那時，你才會成為一個真正的桑雅士。

在你的頭腦中，無論我怎麼告訴你，你都會認為桑雅士是反對世界的。對你而言，很難了解到光明和黑暗都只是太陽的把戲。遮蔭是令人感到愉快的，炎熱是令人感到不愉快的，但是到了冬天，遮蔭是令人感到不愉快的，炎熱是令人感到愉快的。你可以了解這點——日光和遮蔭是兩個不同的東西，但是你沒有了解到，它們都是太陽的把戲。炎熱是它造成的，遮蔭也是它造成的。記住，當光明從世界上消失的那一天，黑暗同樣會消失。沒有光明就不會有黑暗。沒有白天就不會有黑夜。沒有早上就不會有晚上。沒有生命就不會有死亡。上了年紀的人怎麼可能沒有年輕過？兩者是相關的，兩者都有同樣的能量移動著。第一件要了解的事是，這個世界是炎熱的，而且只會有炎熱，這個世界是令人憂慮的，而且只會有憂慮，這個世界是令人緊張的，而且只會有緊張，然後慢慢的、慢慢的，這些變成了你的一部份。

穆拉那斯魯丁走進了一間照相館。當他坐下來準備拍照時，攝影師說：「先生，請暫時放下你的緊張，憂慮、不自在、死氣沉沉的表情和悲傷。你稍後就可以回到你原本的狀態。讓我拍完照片，然後你就可以回復到你正常的狀態。」

不正常的狀態反而變成了正常的狀態。憂慮應該是不正常的狀態，而寧靜才應該是正常的狀態。有時候確實會遇到某些令人焦慮的狀況，這是可以理解的，但是這個焦慮不應該成為你的生活方式。但是如果一個人繼續待在憂慮、緊張、思想、問題、複雜、未來的計畫、失敗、爭鬥、競爭、對抗、嫉妒、羨慕、貪婪、慾望、憤怒的世界——慢慢的、慢慢的，他將會忘記他也有過喜悅的片刻。

所以如果我給了你遮蔭，帶走了你的炎熱，那麼這個遮蔭將會是不完整的，因為除非你經歷過炎熱，感到疲倦的、精疲力竭的，那麼一個深深的遮蔭的經驗才可能發生。如果你一直坐在遮蔭下，遲早它將無法減輕你的痛苦。當你疲倦且精疲力竭的回到家，那時侯，即使一個小屋也會使你感覺像是皇宮。那就是我為什麼對你們說不要逃離世界。是的，試著創造出靜心的遮蔭，然後一旦你感到疲倦了，你就可以把自己沉浸在靜心裡。當你憂慮不安的回到家，你就能在靜心的屋頂下休息。

第一件事：我並沒有從你那兒拿走世界，我反而給了你某些東西。那就是為什麼我常常說，古代的先知不會要你棄世，他們會要你享受生活的無窮喜悅。忘掉其他人——我要你們慶祝。我說，神也是要被享受的。如果你只是享受世俗的一切，那麼你根本沒有享受過；你仍然和污泥、垃圾糾纏著。周圍都是隨手可得的鑽石和珠寶，但是你卻撿著石頭和小卵石。附近流淌著清淨的山泉，但是你卻一直飲用污穢的河水。那只是一個張開雙眼的問題，一個伸直雙手的問題，一個站起來並稍微動一下的問題，然後你就會看到清澈的水源。你一直坐在污水溝旁邊，喝著裡面的水。這個世界是一個擠滿龐大的群眾的污水溝，裡面有很多人在洗澡——很多人的污垢都在裡面流動著。

靜心就像清新的喜瑪拉雅山瀑布。我沒有拿走你們的污水溝，因為拿走它沒有任何意義。如果你沒有停止弄髒東西的習慣，那你也會弄髒喜瑪拉雅山的瀑布。一旦你把它弄髒了，你就不會覺得它是值得飲用的。

因為中午的烈日，有個人在經過一條馬路的時候昏倒了，失去了意識。一群人聚在周圍。那是一條專門販賣香水的街道，有許多販賣昂貴香水的商店。有個香水小販覺得這個昏倒的人很可憐，他帶著最昂貴的香水趕來——因為阿育吠陀說如果一個人昏厥的程度非常嚴重，無法搖醒他或叫醒他，那麼非常強烈的香水味可以使他甦醒。他帶來一瓶味道非常強烈的香水，非常昂貴的香水，一滴就要數千盧比。他把它擦在那個人的鼻子上。那個昏倒的人變得非常焦躁，但是仍然沒有醒來，他似乎反而變得非常激動。

人們聚集在那兒。有個人說：「停下來，不要害死他。我認識他，停止！這瓶昂貴的香水對他沒有用。」

那個昏倒的男人身邊，有一個他常常攜帶在身上的籃子，裡面有一塊髒布。這個人要了些水，灑在那塊布上，然後把那塊布蓋在那個昏倒的人的臉上。然後那個昏倒的人深吸了一口氣，慢慢醒來。他是一個漁夫，剛賣完籃子裡的魚，正要回家；他的籃子有著魚的味道。那是他這一生唯一知道的香味。那是他最愛的味道，他非常熟悉它。

他站了起來，並說：「我的弟兄，如果你不在這兒，我就會被這些人害死！我不知道我是怎麼陷入這些無賴的圈套。他們給我聞了非常臭的味道，使我全身發抖。我想要大叫卻叫不出來。我無法尖叫。我想要移動我的手卻做不到。我完全失去意識了。這些無賴讓我的鼻子聞了一些奇怪的味道。還好你來了，讓我聞了魚腥味，我才能清醒。」

如果你在還不成熟的狀態下就逃離了世界，你就不可能喝到喜瑪拉雅山流下來的水，除非你也把它的水弄髒了。

我並沒有將你帶離這個世界；我沒有使你和它分開。相反的，我的努力是要將喜瑪拉雅山的流水帶給你，帶給世界，你所在的地方。你應該要能分辨——這個是骯髒的排水溝，那個是喜瑪拉雅山的流水。這個選擇不應該是因為貪婪所做出的，而是因為了解和知道所做出的選擇。慢慢的、慢慢的，你會養成飲用乾淨的水的品味。你會開始享受它的香味。你會認出水溝的臭味。所以不要說：「像我一樣成為桑雅士的人，沒有經歷過生命的光明和黑暗、幸運和不幸。會有什麼事發生在我們身上？」應該要這樣說：「如果我們沒有成為桑雅士，會有什麼事發生在我們身上？」

我贊成去經歷過每件事。如果想要做壞事的慾望出現在你的頭腦中，某種程度下，我甚至贊成你去做。但是你必須承擔後果；我無法讓你不用承擔那個後果。如果你想要生氣，那就生氣。如果你想要進入性，那就進入性。如果你想要成為貪婪的人，那就成為貪婪的人——你將會承擔所有的後果。你無法避開，你必須承受。但是如果有一個想要放縱的慾望，那就放縱，因為除非你放縱過，否則慾望的種子會一直留在你裡面，它會不斷的引誘你。沒有經歷過的慾望比經歷過的慾望還要糟糕。任何沒有經歷過的，將會比那些經歷過的，更緊咬著你不放。一旦你經驗過、知道了，也了解了，你就能免於它的束縛。

所以要正確的了解這個世界。不用急。正確的了解世俗，然後當你背對著世俗離去時，你甚至不會惦記它，已經沒有想要回頭的慾望。甚至連回頭看看的渴望都不應該有，和它的關係應該要完全的結束。透過決定或意志是無法達到的。只能透過深深的經驗和知道才能達到。只有經歷過才會出現這樣的了解。因為有一天你會想到：「待在這堆垃圾裡面有什麼意義？」而且不是因為我這樣說，不是因為莎訶若或卡比兒這樣說，不是因為吠陀或奧義書這樣說。而是你自己會知道，奧義書會從你裡面出現。這個吠陀將會是你自己的吠陀。你會知道一切都是沒有意義的。你已經看過生命，你已經在各方面經驗過它，發覺裡面只有受苦和毒藥。到了那一天，這個毒藥會從你手中落下。那一天，你的桑雅士會是你經驗過世界的結果，而不是透過放棄。它會從你對於世界的了解中出現。

到了那一天，你的桑雅士將不再是反對世界的。在那之前，你的桑雅士會一直和世界保持對立，無論我怎麼解釋都一樣。你認為你在做某件不一樣的事。當你了解到世界已經消失的那一天，桑雅士也同時消失的那一天，就在那天，所有的二分性都停止了，只有到了那一天，真正的桑雅士才會發生。然後你已經超越了兩者。然後你會經驗到同樣都是屬於太陽的炎熱和遮蔭。然後你會知道世界和桑雅士都是頭腦的遊戲，同樣的自我。那一天，你將會免於兩者的束縛。

一個不再被世界束縛的人，也不會再被桑雅士束縛。這似乎會對你有點難以了解，因為這不符合數學和邏輯。你認為放棄世界的人是一個桑雅士。如果你問我，我會說放棄世界的人，同時也放棄了他的桑雅士。這就好像疾病離去了，因此也不會再吃藥了。如果你的疾病離去了，而你身上仍然帶著藥，人們會說你瘋了。你會說：「疾病離去了，現在我已經沒有肺結核了，但是我還是會帶著這些藥瓶。我收集了所有的處方，用它們作成一本藥典，天鵝絨的封面，綁著金色的緞帶。現在我隨身帶著它。雖然疾病沒了，我仍然保留這些藥瓶和X光片。」

你的世界已經消失了，但現在你卻隨身攜帶著桑雅士的一切？你瘋了嗎？如果你遇到這樣的瘋子，你會說他的病已經離去了嗎？現在他已經變成更嚴重的疾病的犧牲者。肺結核還好一點——至少它是可以治療的。現在誰會治療這種新出現的疾病？這些X光片和處方，對藥典的執著，保留著這些藥瓶——空的、裝滿的、半滿的舊藥瓶——現在誰可以使你免於這些束縛？你將無法在任何醫學書籍找到解藥。

但是幸運的，這個情況沒有發生。一旦病被治好了，你也會停止吃藥。到了疾病離去的那一天，你會把藥丟到窗外。

桑雅士就是用於治療「世界」這個病的藥。當世界消失了，那為什麼還要如此瘋狂的保留桑雅士的一切？它應該要和世界一起消失，它是同一枚硬幣的另一面。當兩者都離去的那一天，然後如果你問我，我會說現在真正的桑雅士發生了。真正的桑雅士是超越桑雅士的。它甚至超越了它自己。

而你問：「請告訴我們，會有什麼事發生在我們身上？」如果你深入到桑雅士裡面，你會融化，你會消失，你會被抹除。然後只有那個最終的會留下，你不再存在。如果你在這之前就逃走，你會繼續存在，你將無法知道那個最終的。所有的努力就是要淹沒你。如果你愛上我，你將會被淹沒，你會被抹除。我將不會讓你的自我繼續存在——我會在河流的中間將你的船弄沉，因為你的自我就是阻礙。即使你到了彼岸，你會再次創造出一個世界；除此之外，你什麼都不知道。如果你在河流的中間被淹沒了，你將會到達彼岸，你無法再創造出一個世界。

只有那些準備被淹沒的人可以和我保持聯繫。那些想要挽救自己的人會感覺和我在一起是非常危險的。對他們而言，還有別的地方和其他人會教他們挽救自己的方法。而我給你的是如何消失的方法。我把這樣的死亡教給你，因為我知道除非你死了，除非你消失了，一個更偉大的生命才會降臨於你。只有那時，海洋才會進入到你的露珠中。然後會發生什麼事？你會消失。你不會被解救。

如果你允許我，你將會消失。如果你在半途中逃走，那會是你的不幸。

第四個問題：

奧修，莎訶若說sadhana，靈修，應該秘密的進行——「不應該被世界知道。」你也說了同樣的話。但是我們的桑雅士穿著和項鍊已經暴露了一切。請爲我們解釋。

人的疾病是如此嚴重，以致於如果你從一邊幫助他，他會從另一邊開始惡化；如果你從另一邊幫助他，他會在這一邊開始惡化。莎訶若說不應該被世界知道，表示疾病正從另一邊治療著，但是它卻從另一邊開始惡化。

兩邊都要了解。人並不是真的對靈修有興趣，他只是想炫耀他在靈修。那是人的自我的一部分。如果什麼事都不用做就能炫耀，那就太廉價了。靜心是困難的，但是轉動你的念珠是容易的。靜心和轉動念珠有什麼關係？你可以輕鬆的轉動念珠，你的整個生命會被靜心轉變。然後靜心會在內在裡發生，沒有人會知道。但是這樣自我就無法透過「人們以為你是一個偉大的靜心者」而感受到喜悅。

靜心是很難經驗到的。而別人知道你是一個偉大的靜心者的喜悅也將不會發生。但是有了念珠，就可以做到兩者——將不再有靜心上的困難——只要舉起手，不斷轉動念珠，然後你是一個偉大的靜心者的消息將會傳遍所有鄰近的地區。有些人會做一個小袋子，這樣他們就能把手放到袋子，繼續在裡面轉動念珠。袋子是更便利的。那麼即使沒有念誦祈禱文，也不會有人知道他在做什麼。人們會以為他一定在轉動念珠，所以他才攜帶著那樣的袋子。有時候他會轉動念珠，你無法知道他是在數念珠或是在做別的事。你不確定他是否在念誦神的名字，羅摩。因為念珠和手都藏在袋子裡，然後他重複著這樣的行為。他可能沒有在數念珠，他可能只是在移動他的手，但是人們仍會以為他是一個偉大的靜心者。

數以千計的人的興趣在於炫耀他們在進行心靈上的探尋，他們並不是真的對心靈上的探尋有興趣。像莎訶若的聖人說：**但是世界不知道的方式**。做一些沒有人會知道的事，因為你只是在炫耀，但是你的內在沒有任何改變。**透過那個只有你和神知道的方式**——這樣就足夠了。那是你和神之間的事。不需要在世俗中宣揚，不需要大張旗鼓的宣傳。如果你想要念誦羅摩，那就念誦。但是不需要裝一個麥克風，二十四小時不斷的製造噪音，讓周圍的鄰居無法過他們的生活。

在印度，一旦有人要二十四小時不斷的念誦經典，他會使用麥克風。用這個方式，他就能利用念誦羅摩的藉口去折磨週遭的鄰居，而且沒有人能說什麼。很難說出任何反對宗教的話。甚至不能說：「我的小孩還要考試，不要製造這麼大的噪音。」考試是世俗的事件，所以聆聽被念誦的羅摩，對小孩是有幫助的。那會幫助他們通過考試。用這個方式製造這麼大的噪音可以使自我得到很大的滿足。

所以莎訶若說：「不，這是你和神之間的事——而神沒有耳聾。」不需要安裝一個播音設備。連你的嘴唇都不應該移動。你的嘴唇為什麼要移動？——你和神之間的對話可以是心對心的。

但是這樣人就會染上另一種疾病。無所事事的人，懶惰的人，遊手好閒的人，沒有用的人，如果你問他們，他們會說：「我們連嘴唇都沒動。我們和神之間的對話是心對心的。這是你可以告訴別人的事嗎？不應該讓世俗的人知道，它必須是秘密的。」他們只會說他們把它當成秘密，他們說不出其他的藉口。他們會說：「那就是為什麼我們不穿橘色的衣服，這樣就不會有人知道。我們手上不會拿著念珠，這樣就不會讓任何人看到。我們待在商店，我們賺錢，但是內在裡，心和心的對話仍然繼續著。」這是另一種狡猾。

你會炫耀你是一個宗教性的人，但事實上並不是，或者你會聲稱你在內在進行，所以沒有人會知道。第一種人會譴責第二種人，因為他們不去寺廟，他們不去膜拜；他們是非宗教性的，他們將會在地獄受苦。第二種人也會譴責第一種人，他們會說：「所以你穿著橘色的衣服？戴著項鍊？你是在做秀！你會下地獄。」兩者都是病態的。

現在我的問題是：我該支持哪一種？如果我要你安靜的做它，你將會全然的快樂，因為那就沒有任何問題了，沒有要做任何事的問題了。你是如此安靜的做它，以致於你根本沒有做它。所以就不會有問題，誰會知道？這對於你的狡猾是有利的。如果我要你大聲的做它，應該被別人看見和知道你在內心裡進行的——無論你是在念誦盧比或是羅摩，至少要讓別人看見這部分，但是你會說：「這樣人們就會知道了，這和聖人說的話是相反的。」於是我決定讓你做一半外在和一半內在的事：外在上，讓你穿橘色的衣服，在脖子上戴一條項鍊；同時讓靜心和桑雅士在內在中進行。你必須免於這兩種疾病的束縛。

你是如此的不真實、如此的精明，以致於你可以在各方面都是狡猾的。所以我決定一點點炫燿是允許的，那不會有問題。一旦有必要，橘色的衣服可以扔掉。那能用掉多少時間？——不用一個片刻。一旦我感覺到了，我會要你放棄它們。把項鍊丟到海裡或井裡會需要多少時間？那不會有太大的困難。你是不受它限制的。但是現在，外在的一點炫燿是需要的，這樣你就沒有機會懶惰，不會染上懶惰的病。

有一個朋友成為桑雅士。他說：「我是一個酒鬼。在你讓我成為桑雅士之前，再考慮一下。」

我說：「如果我讓人們成為桑雅士之前還要考慮，那我就無法讓任何人成為桑雅士了！」那我的情況就會跟我以前的教授一樣。

我有一個哲學教授，他從不改考卷。他會說：「如果我來改那些考卷，那就不會有人及格。」——確實如此。如果你真的徹底的檢查——而且科目是哲學——那將會很難及格。所以他常常不看考卷就給出成績，閉著眼睛打分數——十分、十五分、二十分——只是創造了一些分數。我是他的學生，他常把考卷拿給我。我是研究所一年級的學生，卻要我改二年級的考卷。他會把考卷拿給我，要我打分數。他會說：「如果我來打分數，就不會有人及格。如果要讓學生及格，唯一的辦法就是我不改考卷。」

所以我對這個桑雅士說，如果要我研究這些細節，那麼我就無法讓任何人成為桑雅士。所以我決定不擔心這些事——無論誰來了，我就讓他成為桑雅士。你喝酒？沒問題，你可以喝酒。這應該是你要擔心的，為什麼是我要擔心？讓酒鬼成為桑雅士有什麼錯？不管怎麼說，只有生病的人才會去醫院，只有生病的人才會尋找解藥。只有壞人才會想要成為好人。如果我開出條件，要你先去除你不好的地方，只有那時我才能讓你成為桑雅士，那意思是只有當你是健康的，我才會開藥給你。把這當成條件就太嚴苛了。你喝酒——那是你的問題。我會讓你成為桑雅士。在你成為桑雅士之後，喝不喝酒是你要擔心的。

對我而言，要不要讓一個酒鬼成為桑雅士不是問題，我只是直接讓他成為桑雅士！我可以看到每個人都是酒鬼，有的人喝一般的酒，有的人喝權力的酒，有的人喝金錢的酒，有的人喝其他種類的酒。每個人都喝醉了，因為每個人的雙腳都是蹣跚行進的。所以我讓你成為桑雅士，然後你去擔心你的問題。

八天後他來找我，他說：「現在你讓我很為難。我現在害怕進入有賣酒的商店，因為人們會開始看——穿著橘色的衣服！是大師！你為什麼來這兒？」他說：「我昨天必須說謊。我對他們說我去那兒是要調查附近有誰在喝酒；我在那兒沒有買任何酒。然後雙手空空的回到家！」

穿著橘色的衣服，戴著項鍊，然後排隊買電影票，然後會有某個人向你鞠躬，某個人會觸碰你的腳——你將必須逃走！那對你會是一個問題。

這些衣服會讓你不那麼懶惰。它們會給你一個提醒自己的機會。會有一個提醒在那兒：「我已經被點化成為桑雅士了。」你會一再的忘記，你會失去它，然後別人會提醒你。某個人會恭敬的問候你，某個人會向你鞠躬。而且印度是一個奇怪的國家，它不在意——不論你穿著哪一種橘色的衣服，他們都會觸碰你的腳。這個方法是非常有效的。印度了解到一個事實，桑雅士也得被提醒他必須是值得尊敬的。那是一個深入的煉金術；這裡面有一個訣竅。這個訣竅就是：我們尊敬你是因為你是值得尊敬的。現在要試著配得上這個尊敬。無論你去哪兒。你都會遇到某個讓你清醒的人，某個叫醒你的人。即便你站在鏡子前面，你的橘色衣服和項鍊也會提醒你。現在你處於一個深深的無意識狀態，所以這些用來提醒你的小方法會是有幫助的。

而且要拋棄它們也不會有困難。我可以隨時說：夠了，現在扔掉它們。首先你拋棄了世界，現在把桑雅士也拋棄了。現在從這兩個混亂中跳出來——一部分是用於外在的，一部分是用於內在的。

靜心用於內在，而衣服用於外在。衣服只能用於外在，內在則透過靜心。項鍊用於外在，愛則是用於內在。名字用於外在，沒有名字的則用於內在。而且就我所知，如果內在和外在真的是分開的，那我們就應該可以將它們分開。但是它們不是分開的，它們是融合的。內在的起點在哪兒？外在的終點在哪兒？一切都是重疊的，它是一體的。你的外在也進入了內在，你的內在也到了外在。所以為它們塗上同樣的顏色。讓靜心之火在內在燃燒，讓顏色之火成為你外在的衣服。那會是好的。

那就是為什麼我同意莎訶若說的：**世界不知道的方式**。為什麼要對任何人談論你的靜心？——在內在裡培養它。但是這些衣服不是靜心。衣服是屬於世界的。不管如何，你總得穿些衣服。現在你穿著屬於世俗之人的衣服；而我要你穿著屬於桑雅士的衣服。如果你要選擇一些衣服，那桑雅士的衣服會比較適合。如果你準備不穿衣服，那我會說沒問題！連桑雅士的衣服都扔了。但是你會穿點東西——你會選擇某個顏色，你會選擇某種風格。你會需要停留在某個地方，寺廟或家裡——一個人一定會待在某個地方。所以如果一個人必須選擇某個地方，那我會說待在寺廟裡。為什麼要待在家裡？或者如果你把寺廟當成你的家，那也是美麗的。所以我已經在兩者之間創造了一座橋樑。

不需要分別內在和外在。任何屬於內在的，就藏起來；任何屬於外在的，不需要為它打廣告。當你穿著橘色的衣服，不要搖著鈴到處宣傳你自己，不需要。但是如果某個人看著你，也沒必要躲起來，沒必要躲在牆後不讓任何人看見。成為自然的——那就夠了。

第五個問題：

奥修，請問我們解釋恩典和值得(worthiness)之間的相互關係？

值得還不夠，但是如果一個人不是值得的，他就不會得到恩典。而一個人得到恩典的原因不會只是因為他是值得的。這就是複雜的地方。需要更深入了解。值得的意思是：你是符合資格的。但是由於值得的想法，自我進入了，它說：「我是值得的，這是我應得的。」當你感到你是值得的，你很快就會要求說你應該現在就要接收到恩典。如果你沒有得到，你會抱怨。如果你接收到了，那麼你將不會是感激的，因為你認為那是你應得的。

卡比兒臨死前，他說：「我拒絕死在卡西。把我送到瑪哈。」有一句諺語說，即使是一隻驢子，只要是死在卡西，牠也能得到解脫，莫克夏，牠會上天堂。然而即使一個人成道了，只要他死在瑪哈，那他下輩子也會變成驢子。所以卡比兒說：「我要死在瑪哈。」他為什麼這樣說？

卡比兒說：「如果我只是因為死在卡西就得到解脫，那麼神的恩典是在卡西的哪個地方？」——是因為卡西具有的品質，使得任何死在那兒的人都能進入莫克夏，那是它的保證——「所以我要死在瑪哈，然後如果我下輩子變成驢子，那會是我的責任；如果我得到解脫了，那會是因為神的恩典。」

那是一個含義很深的故事。他死在瑪哈，但是他一輩子都住在卡西。他的話是給每個人的，一個訊息，一個暗示。他的意思是，如果一個人得到解脫的原因是因為他是值得的，那仍然是自我。除非因為神的恩典才得到解脫，那才是真實的解脫。

所以無論誰感到他是值得的，一個微妙的自我會開始出現：「現在這是我應得的，我應該要接收到恩典了。」如果他接收到了，他不會有任何感激，但是如果他沒有接收到，那他就會抱怨。只要沒有任何感激，那就表示還沒有經驗到神。只要沒有任何感激，表示自我還存在，雙眼仍是閉上的、盲目的。心還沒有被喚醒，它仍然在睡覺。因此，值得是需要的，但是只有它還不夠。

我不是說你應該要試著做某些事使你變成不值得的。沒有必要測試神！用自然的方式接受你的值得。對祂說：「現在我這邊已經準備好了，而且沒有任何抱怨。如果還沒有經驗到神，那一定是我這邊還有些問題。一定是我的值得少了什麼東西。如果經驗到神，祂是如此巨大的現象，而我的容器是如此渺小，我的值得是如此的渺小，我無法想像只是因為我的值得就能接受到祂。這是祂的慈悲。祂已經給出祂的恩典。」所以任何知道神的人常常會說那不是因為這是我們應得的。

我常常提到一個關於耶穌的故事⋯⋯

一個富人在早上叫了一些工人到他的花園工作。有些工人來了，但是還有很多工作要完成。所以他在下午又叫了一些工人。有些工人在中午的時候來了，但人數似乎仍不足以完成工作。還有很多工作，而他必須在傍晚的時候完成，所以他又叫了更多人。所以在太陽快要下山的時候，又來了一些工人。

到了傍晚，他付了工資給每個人。他把一筆錢給了早上來的人，然後他將同樣的金額給了下午來的人，然後他又將同樣的金額付給剛到的人；他們幾乎還沒開始工作，他們什麼都沒做。早上來的工人很生氣。他們說：「這不公平！我們工作了一整天，但是我們拿到的錢和剛來到的人一樣。他們也拿到一樣的錢，這不公平。」他們已經工作了一整天，自然會期望比其他人拿到更多錢。

這個富人說：「我付給你們的錢無法支付你們付出的勞力嗎？我已經給了我承諾給你們的錢。」

他們說：「那部份沒問題。我們已經得到應得的。但是這些人什麼都沒做。我們對自己的部分沒有抱怨，我們擁有的已經足夠了。但是這些人什麼都沒做。」

他說：「不要擔心他們。錢是我的。如果我自己要分給他們，那你們不該有理由生氣。我不是因為他們的工作而付錢。我給他們是因為我擁有的太多了。這是我的權利。」

耶穌說過，當奉獻者和智者站在神的面前，智者總是感到：「我們從早上就開始工作，我們已經辛苦的工作一整天，但卻得到同樣的報酬。這些奉獻者沒有在工作，他們一直唱歌、搖擺和跳舞，但是他們卻拿到和我們一樣的報酬。」耶穌說：「神對他們說：你拿到的報酬是否符合你付出的？不用擔心他們。我給他們是因為我擁有的太多了。我無法不給予。」

有兩種人會知道那個最終的：智力非凡的人和奉獻的人。智力非凡的人會說：「我們會知道是因為這是我們應得的。」奉獻的人說：「我們會知道是因為祂的恩典。」是因為奉獻者的心創造出恩典的概念。智者的頭腦則談論努力。智者是算計的，奉獻者則不會保留任何帳簿。奉獻的人說：「這不是我應得的，然而祢卻繼續灑下祢的恩典。」

沒有雲的雨……

有一道沒有閃電的無限之光！

如果你仔細觀察一個智者，你會發現他已經否認了恩典的存在，他也否認了神的存在。馬哈維亞不接受神。「因為，」他說：「無論獲得了什麼，都是因為我們的行為所長出的果實，不需要牽涉到神。做善事的人得到了功德。做壞事的人得到了罪。做了正確的事的人，就會得到正確的。做了錯誤的事的人，就會得到錯誤的。無論他種下了什麼，他都必須收割。有什麼必要牽涉到神？」

馬哈維亞說的話也是事實。如果你把神帶進來，將會產生混亂。那個混亂就是，神有時候也會給予沒有資格得到的人。假設，在耶穌的故事中，如果在那兒的不是富人，而是一部電腦，那麼電腦會計算每個人應得的報酬。如果不是電腦，而是一個管理人，那他也會計算每個人應得的報酬。他會認為工作六小時的人可以拿六盧比，工作四小時的人可以拿四盧比。工作一小時的人可以拿一盧比。沒錯，管理人的思考方式就跟商店主人一樣。

「如果神也跟一個管理人一樣，紀錄人們的行為，並依此獎懲，」馬哈維亞說：「那還有什麼必要牽涉到祂？有自然的法則就夠了：那些把手放到火裡的人自然會燙傷。」難道會有一個神在某個地方看著你是否會把手放到火裡，讓它燙傷嗎？你只要把手抽回來就沒事了——難道會有一個坐在某個地方的神對你說，你已經把手抽回來了，所以現在我可以拯救你了？事實是，如果你把手放到火裡面，它會燙傷；把它抽回來，它就會沒事。

所以馬哈維亞說：「業的理論就夠了。不需要再牽涉到神。」如果你把祂也帶進來，將會產生問題。問題就是，現在有一個負責計算的某個存在，祂會了解、感覺和干涉一切。祂有時候可能會覺得某個人是可憐的，有時候祂可能是慈悲的。神不是機器，祂不是管理人。祂是一個師父，師父給予的原因是因為他擁有的太多了。然而你會怎麼做？接下來可能會有危險。

第一個危險就是，那些什麼事都沒做的人也會得到。第二個危險，也是更危險的，那些做了某些事的人可能什麼都沒得到。在耶穌的故事中，那些付出的人也接收到了，那些什麼都沒付出的人也接收到了。但是這個故事可以再進一步：那些什麼都沒付出的人，反而得到更多，而那些做了很多的人，所接收到的卻少於他們應得的。因為也有可能師父那天很生氣，他不高興。

所以把某個存在帶進來是危險的。馬哈維亞說：「把神放到一邊。有了神，世界不再是有次序的。有神的地方就會有混亂。」

你會很驚訝，印度教說如果沒有神，就會一團混亂。如果沒有神，那誰會來讓一切是有次序的？馬哈維亞說，如果神存在，就很難讓一切是有次序的。沒有神，一切都會遵循自然的法則。這樣就不會有誰會干涉或憐憫某個人，對某個人生氣，討厭某個人，愛上某個人，拯救一個虔誠的人，淹死一個壞人。不會有這樣的存在。自然的法則會安排一切。這樣的方式會是清楚簡單的。

那就是為什麼馬哈維亞的經典沒有任何詩意，裡面是純粹的數學。看馬哈維亞的書就像在看工程、醫學、數學或邏輯方面的書。純粹的數學——科學的。完全都是和計算有關。這個計算是如此的深入，以致於那些跟隨他的人都變成了店主人和商人。其他的事情都被遺忘了，只剩下計算的能力。

智者說：「我得到是因為這是我應得的。」所以最終，智者將會說：「只有我存在，神不存在。」馬哈維亞說：「這個靈魂就是神。」他的意思是：「只有我存在，神不存在。」這是行走在智慧之路上的最純粹的表達。

奉獻者因為神的恩典而達成。他說：「我是不值得的。」奉獻者的方式是純粹的詩意。

他說：「如果我們必須靠自己拯救自己，那我們將無法做到，我們只會淹死。如果我們被拯救了，那是因為祢拯救了我們。如果我們淹死了，那是我們要負責。」他說：「是我們的錯，而所有正確的，都是因為神。」當這樣的恩典不斷的成長，會有一個片刻來到：只有神留下，而奉獻者消失了。奉獻者說：「只有祢存在，我不存在。」智者說：「只有我存在，祢不存在。」兩者都達到同樣的狀態。不二分的，但是兩者的表達是不同的。

另外還有一個相關的問題。最好和這個問題一起了解。

奧修，你說神不是透過努力而是透過恩典達成。莎訶若因為師父的祝福而充滿感激的唱著歌，而卡比兒唱的歌則是關於他的師父，拉瑪阿南達。祝福你的師父是誰？你是否沒有透過任何師父的祝福而達到最終的成道？請你談談這部分。

我已經對你們解釋過兩種方式，智慧的方式和奉獻的方式。智者因為他的值得而達成，奉獻者則透過祈禱而達成。智者透過艱辛的努力而領悟到最終的；他應得的，這是他宣稱的。他透過他的努力而知道。所以馬哈維亞創造的宗教和文化被稱為sharman sanskriti，努力的文化。它的意思是透過努力而達成，不是透過恩典。那就是為什麼馬哈維亞的名字是Sharman Bhagwan Mahavira——一個透過他自己的努力而知道最終的人。

智者說：「我已經透過艱辛的努力、棄世和功德而經驗到最終的；不是免費的，不是因為某個人的祝福。這是我掙得的。」這是他宣稱的。

奉獻者說：「神啊，我向祢祈禱、膜拜、跳舞、試著引誘祢、說服祢。我是沒有資格的，所以我透過跳舞來取悅祢。我唱著祢的歌，我讚美祢。我取悅祢，使祢狂喜。祢是如此高興，以致於在一個愛的親密片刻裡，祢把祢的一切給了我。我是配不上的，但卻得到祢的恩典。」

這兩種方式都是直接的。在這兩種方式裡面還藏著第三種方式，它包含了這兩種方式的精髓。一般是不會談論它的，因為談論它是困難的。但是你問了我，所以必須告訴你。

還有一種是靜心的方式，它介於這兩種方式之間。它是非常微妙的，最微妙的。要了解靜心是非常困難的，但仍然得試試。一個智者會說：「因為我是值得的，所以我知道了。」一個奉獻者會說：「我已經透過恩典達成了。」但這兩者都認同一件事——他們都達成了。靜心者會說：「它從未失去過。」靜心者會說：「沒有達成它的問題。它已經在那兒了。它是我們的本性。所謂的失去只是一個幻象。是你以為你失去它了。」——就像魚兒忘記牠生活在海洋中，就像那樣。牠就是海洋。你在神裡面生活、呼吸、起床、睡覺、坐著、站著、出生和死亡。你無法和祂有任何片刻的分離，因為神的意思是所有的存在。神的意思是這個巨大的能量，這個全然性。

靜心者會說：「我從一開始就沒有失去過神，所以這兩個方法都是錯誤的：不管你是透過努力或是恩典找到祂。但是祂從未被失去。」你只需要醒來，然後發現祂。當你還在睡覺，似乎是失去祂的，當你醒來了，就變得很清楚，你從未失去祂。

當你還在沉睡，對你而言，你似乎失去祂了——但是同樣的，你並未失去祂，你只是在睡覺。就像當你睡著了，有一盞燈還點著——那盞燈的火一直燃燒著，你的睡眠不會使它熄滅。雖然你的雙眼聚集了夢想，但是你的夢無法使它熄滅。你迷路了，你到了很遠的地方，你忘了那盞燈。然而當你睜開雙眼，你發現燈還點著。你會說你再次找到燈了嗎？它從未失去，所以說你找到它並不正確。燈一直在那兒。而那個一直在那兒的，就是神。

靜心者會說：「我只是睡著了，我從未失去它。」——因為如果真的失去某個東西，那就不可能再經驗到它。那個可以失去的，不會是你的本性。那就好像你手上拿著某個東西，然後你弄丟了；你可能還會找到它，但是也可能會再失去它。但是你能夠失去你的心跳嗎？即使你的心跳停了，你意識的本質仍是無法失去的。

靜心者會說：「我從未失去神，我只是忘了祂。記住就夠了。靜心就夠了。」所以從靜心者的角度來看，神是不會因為值得而經驗到的——因為祂一直和你在一起。無論你多麼配不上，祂仍然在你裡面悸動著。所以不會有透過你的值得而得到最終的問題。也不會透過恩典而得到最終的，因為不會有「別人」給你恩典。只有你存在。你同時是接受者和給予者。你同時是尋找者和被尋找者——你同時是兩者。你是方法也是目的，你同時是兩者。靜心者說的是非常深奧的真理，但是很難表達它。一旦奉獻者達成了，他會了解到靜心者說的是正確的：最終的一直在裡面，它是隨手可得的。智者也會了解到它是沒有覆蓋的，它是顯現的，但不是被創造的。就好像地上有一塊石頭，雕刻家用他的鑿子創造出一個雕像——雕像是藏在石頭裡面的。

有個人要求米開朗基羅……

有一塊石頭在地上放了很久；其他雕刻家把它扔了，認為它沒有用。米開朗基羅用那塊石頭創造了一個耶穌的雕像。當雕像完成後，某個人說：「你真是令人驚歎！沒有人想要這塊石頭。它已經被丟掉了。其他的雕刻家以為它是沒有用的，它的形狀很怪。但是你用它創造出一個偉大的藝術作品。」

米開朗基羅說：「我沒有創造它。那個雕像就在石頭裡面——我只是把雕像周圍不需要的部分拿掉。我只是把覆蓋它的部分拿走，我沒有創造它。它藏在裡面，被覆蓋住了，而我拿走覆蓋它的部分。它藏在裡面，我讓它顯現；我做的只有這麼多。我不是創造者，我只是拿掉一部分，使它顯現。

當靜心者說：「無論任何片刻下，你都無法成為你不是的。你會一直是你所是的。你的存在就是神，所以不會有恩典或努力的問題，」否則你會很混亂。你會遇到很大的困難：「現在要怎麼做？」

如果你能正確的了解我，我要說的是，只有靜心者可以說出最純粹的真理。奉獻者使用愛的語言來表達它：它變成了恩典。智者用靈修的語言表達它：所以會使用值得、應得的、業、功德、努力這些字。靜心者也在表達同樣的事情——但是只有靜心者可以了解靜心者的語言。對你而言會很難理解你從未失去它。

人們來找我，他們說：「你說我們從未失去它。那我們為什麼還要尋找它？」我問他們：「那你為什麼還問這個問題？為什麼我們要尋找它？」

我說它從未被失去。一旦它變成你自己的經驗，那事情就結束了，已經完成了。然後就不用尋找了。但是你一定感覺到你什麼都沒有找到，然而你還想停止尋找。那麼連找到它的機會都沒了。

靜心是宗教最純粹的表達。智慧是透過頭腦所做的表達，奉獻是透過心所做的表達，而靜心不是心也不是頭腦。智慧是屬於頭腦的，愛是屬於心的——靜心是超越兩者的。靜心就是超越。

所以不要問我如何成道的。不是透過恩典也不是透過努力，而是透過覺醒而了解到我從未失去它。所以我沒有師父，因為只有當你在尋找的過程中需要某個人的幫助，你才會需要師父。但是我沒有做任何靈修，因為只有當你必須付出努力才能找到它，那才會需要靈修。我沒有做任何努力也沒有祈禱，我沒有在任何寺廟裡膜拜，也沒有雙手合十向天空的任何神祈禱。我也沒有任何師父。

那我做了什麼？我只做了一件事——我試著了解自己，我試著知道我是誰。我試著在我裡面一邊摸索一邊尋找：我在哪兒？用這個方式一邊摸索一邊尋找，使黑暗變得越來越少。我開始感覺我自己，我開始感覺「我存在。」這個感覺開始成長。一開始，燈裡面有一個非常微弱的火焰，然後火焰開始擴散，變成了像太陽般的巨大光芒。但是我不是透過恩典或任何努力找到它。而是進入我自己，我發現它已經在那兒了。我從未失去它。我只是坐在目的地打瞌睡。

我常提到一個故事⋯⋯

一個醉漢正要回家。他醉得很嚴重。但是他自行找到回家的路。因為他每天都走同樣的路。所以不需要任何覺知。

你也不需要任何覺知——你一邊走在回家的路上，一邊想著一千零一件事。你左轉，再右轉，腳踏車會自動轉向，然後你騎進車庫。你不需要思考，它會自行發生。

那個人喝醉了，蹣跚的走著，終於回到家。站在他的房子前面，他仔細的打量這是不是他的房子。在夜晚的黑暗下，用他酣醉的雙眼，一切都很不穩定、搖晃著。他開始害怕。他心想：「這間房子好像不是我的。我從沒看過它的樣子和這個房子一樣。」

如果觀察者的雙眼有了變化，那被觀察者將會改變。如果你喝醉了，你的認知能力也會改變。因此感到遲疑，他敲了門。他的母親開了門，但是他甚至認不出他的母親。在喝醉的狀態下，怎麼會有判斷力？他觸碰了她的腳說：「老太太，幫我一個忙——請送我回家。」

他母親說：「我的兒子，你已經完全發瘋了嗎？我已經告訴你一千次，不要喝酒。現在這太過分了！你認不出我嗎？你認不出你的母親嗎？你認不出你自己的房子嗎！」

周圍聚集了一群人，周圍的鄰居來了，試著向他解釋。但是有什麼辦法對一個醉漢解釋事情？如果他能理解，他就會理解。你必須説服他。但是當你試著解釋某件事，他會理解成另一件事。你説了某件事，他聽成另一件事，他會找到別的意義。

醉漢變得非常害怕，他説：「你們會害死我。我母親一定在家裡等我。你們到底在説什麼。我會認不出自己的母親嗎？我會不知道自己的房子嗎？不管我喝了多少酒，也不致於醉到那樣！」

但是醉漢的説法都一樣。要讓醉漢相信他喝醉是很困難的，他是不會相信的。一旦一個醉漢相信他喝醉了，那表示他已經清醒了。否則他不會相信他喝醉了。一個喝醉的人，當他還是酣醉的，他怎麼會相信他喝醉了？如果瘋子相信他瘋了，那表示他已經被治好了。把他送回家，不需要把他關在瘋人院了。真的瘋子不會認為他瘋了。他會説全世界都瘋了，但是他不會認為他瘋了。

這個醉漢對每個人説：「你們似乎都喝醉了。我會不知道自己的房子嗎？弟兄，送我回家。」他開始搥胸哭泣。

有個鄰居剛從酒吧坐牛車回來。他説：「坐上來。我會送你回家。」

他的母親開始叫喊：「不要坐他的牛車！他也喝醉了，否則他怎麼會送你回家？你的家在這兒。」

但是那個鄰居的説法吸引了那個醉漢；這個人似乎是一個師父。這個幫忙送他回家的人是一個救星：「其他人都是壞人，想試著愚弄我。」於是他和那個醉漢坐上牛車離去。

這就是你的狀態。你站在你的房子前面。在你眼前的就是神，而你卻問：「我該去哪兒？我要如何尋找？我該用什麼方法？我該對誰祈禱？」將會有某個人邀請你坐上他的牛車。他會說：「來吧，坐在這兒，我們正朝那個方向前進。事實上，這正是我們在做的——我們可以引領你，這就是我們的工作。我們把到處流浪的人送到他們的目的地。」毫無疑問的，你會遇到這些導師或某些人。

你的師父就在你裡面。即使你要把某個人當成你的師父，那就把試著喚醒你裡面的師父的人當成師父，而不是可以送你到某個地方的人。

如果醉漢相信他的母親會比較好。她說：「這是你的家，我是你的母親。」到了早上，當他再次清醒，他會發現那是真的。但如果某個人對你說你已經待在你應該待的地方了，那個說法無法吸引你。你會說：「我不同意。我必須改變自己。一個革命，一個轉變必須發生。而這個人卻對我說我已經在那兒了！讓我們去某個地方找尋其他師父。」

人們來找我，如果我告訴他們：「只要接受你自己。如你所是的，你是完美的，你是美麗的，你就是真理。如你所是的，那就夠了——感激你已經是你所是的。沒有什麼需要做的，你只需要接受你的存在。」他們開始看看四周並說：「你說沒有任何事要做？」這不吸引他們。他們會去找其他要他們做某些事的師父——要他們做shirshasana，用頭站立。這會吸引他們。彷彿成道和用頭站立之間有某種關聯。用你的腳站立，你看起來是完全沒問題的。用頭站立不會增加你的美，只會讓你看起來很蠢。如果你想要隱瞞你的愚蠢，你可以用某個特別的名字稱呼它——shirshasana。你會做奇怪的姿勢：扭轉你的雙手和雙腳。如果你想要加入馬戲團，那就沒問題，但是這和神有什麼關係？

如你所是的，你是完美的、美麗的。在這個片刻中，你正待在你想要去的地方。

如果拋棄了要去某處的想法，你在這個片刻中放鬆，那你就已經到達了。如果你繼續抱著要去哪兒的想法，你將會永遠的追逐著。那會是你無數的來世的故事；那就是你的煩惱：追逐，未來有些目標要達成！一旦你沒有達到，你會是焦慮不安的。

你永遠不會達到，因為無論你到了哪兒，未來的目標會在那兒出現，將會是更遠的地方。就像地平線。那是一個妄想。

我沒有透過努力或某個人的恩典而成道。我只是醒來後發現我從未失去它。這就是我所說的sahaj yoga，自然的方式。這就是莎訶若說的sahaj geti，自在的走。查藍達給了她這個名字，莎訶若。意思是一個單純的、自在的、自然的人。沒有什麼要達成的。沒有什麼要尋找的。但是莎訶若的語言是屬於愛的語言；那就是為什麼她會談論恩典。馬哈維亞的語言是屬於智者的，所以他談論艱辛的努力和靈修。

如果你想要了解我說的，我要告訴你，我的訊息都是和靜心有關的。靜心是超越奉獻和智慧的。靜心是奉獻的靈魂，也是智慧的靈魂。奉獻是一個身體，而智慧是另一個身體，但是裡面的靈魂都是靜心。奉獻者透過祈禱變成靜心的。智者透過靈修變成靜心的。

但是如果你問那些知道的人，他們都在說同一件事——那件事就是靜心。只是表達的方式不同。莎訶若唱著愛之歌，馬哈維亞談論智慧的方法。

我想要給你純粹的黃金，而不是裝飾品。馬哈維亞也使用黃金，但是他用智慧當作裝飾。莎訶若也使用黃金，但是她用愛、奉獻當作裝飾。我不想給你任何裝飾品。我想要給你純粹的黃金，這個黃金的名字就是靜心。

第七個問題：

奧修，莎訶若沒有和任何人在一起，也沒有任何人和莎訶若在一起。但是莎訶若也讚揚

satsang的光芒，讚揚和師父在一起的光芒。為什麼會有這樣的矛盾？

完全不矛盾。看起來像是矛盾的，但事實上沒有矛盾。**莎訶若沒有和任何人在一起，也沒有任何人和莎訶若在一起**。莎訶若說沒有人和她在一起，她也沒有和任何人在一起。確實，莎訶若提到satsang，她讚揚它的光芒：尋找一個聖人，尋找satsang。但是對你而言會很難理解，如果一個人「沒有和任何人在一起，」那還要尋找誰，為什麼？但是你還沒了解satsang的意義，所以才會有這個困惑。

Satsang的意思是和一個人在一起，因為和那個人在一起而使你了解。**莎訶若沒有和任何人在一起，也沒有任何人和莎訶若在一起**。Satsang的意思只是接近一個人，因為接近他而使你了解你是單獨的。群眾不是satsang。你在俱樂部打牌：那不是satsang，因為在那兒會使你忘掉你的單獨。那是一種藥，一種麻醉藥。你坐在電影院：那不是satsang，那兒有一大群人。那是用來淹沒你自己的，用來忘掉你自己的。你被自己打擾，你的孤獨使你困擾。你是無聊的，所以你試著透過某個人的陪伴而掩蓋那個孤獨，這樣你就能忘了自己。

當你和某個人坐在一起，在他的存在下，你無法忘記自己，你只能記住自己，satsang才會發生。它不是一種麻醉藥，而是一種喚醒物。Satsang的意思是：和某個人的存在在一起，在那兒可以使你覺知到你的單獨，你純粹的存在。如果有一千個人處於satsang的狀態，那兒不會有群眾的存在。每個人都單獨的坐著。每個人都坐在他的單獨中。

曾經發生過，佛陀在一座城外留宿。阿闍世是那個地方的國王，一如往常的，他是恐懼多疑的。他的大臣說：「你應該去見見那個神聖的人。他剛到附近；他就住在城外。這些片刻是非常寶貴的。你去見他會比較適合。」

阿闍世說：「那裡有多少人？誰在那兒？他們為什麼在那兒？」他問了所有政客會問的問題，同時做著一千種評估。

大臣們說：「有一萬個和尚和他在那兒。」

最後，阿闍世在了解所有狀況後啓程。當他抵達了那片芒果林，佛陀和他的一萬個和尚正在那片芒果林的遮蔭下休息，他突然停了下來。他拔出劍並對大臣們說：「我感到這裡面有某個陰謀。你說有一萬個人在這兒，但我卻一個人的聲音都沒聽見。這片芒果林裡似乎是空無一人的。這裡一個人都沒有。所以可以確定沒有一萬個人在這兒。一萬個人待的地方會像是一個群居地，一個市場。」

大臣們開始笑了。他們說：「把你的劍收起來。你不了解佛陀和他的和尚。這兒有一萬個人，但是每個人都是單獨的。這裡沒有群眾。來吧，不用怕。」

恐懼慌張的，阿闍世進入了樹林，看到一萬個人成群的坐在那兒——但是他們都是獨自一人的、單獨的。他走向佛陀。他說：「我從沒有見過這種事。這些人在這兒做什麼？為什麼這一萬個人如此安靜？他們為什麼不說話？」

佛陀說：「他們是來找我學習寧靜的，不是學習講話的。他們來找我是為了成為單獨的。」

Satsang的意思是一個使你成為單獨的空間。去尋找一個可以喚醒你並使你單獨的人，和這樣的人在一起。

莎訶若沒有和任何人在一起，也沒有任何人和莎訶若在一起——當你了解這句話，那就是satsang。

關於靜心村

奧修國際靜心村

位置：位於距離印度孟買東南方一百哩外的普那市，奧修國際靜心村是一個與眾不同的假日勝地。靜心村座落在一個樹木林立的高級住宅區內，是一個擁有四十英畝大的壯麗園區。

獨特性：靜心村每年招待來自一百多個國家的數千位遊客。獨特的園區提供機會使每個人可以直接體驗一種全新的生活方式－帶著更多的覺知、放鬆、慶祝和創造性。全年提供不同的服務項目，以及每日不同的課程選擇。其中一個選擇是什麼事都不做，只要放鬆！

所有課程都是依照奧修對於「左巴佛陀」的見解－一種不同品質的新人類，能同時過著創造性的日常生活，及放鬆在寧靜和靜心中。

靜心：每日的靜心行程表，針對每個人提供不同的靜心課程，被動的和主動的，傳統的和革命性的，特別是奧修動態靜心，它是在奧修大禮堂－全球最大的靜心大廳中進行。

多元大學：針對個人的講習、授課和討論會，涵蓋了創造性藝術、整全健康、私人轉變、關係和生活變化、工作靜心、奧秘科學，以及用於運動和娛樂的「禪」的方法。多元大學成功的秘密在於所有課程都和靜心緊密的結合，人們可以了解到人類是整體的，而不是部份的。

芭蕉Spa：舒適的芭蕉Spa讓人們可以在圍繞著蒼翠樹木的露天場所下悠閒地游泳。獨特的風格、寬敞的浴池、桑拿、體育館和網球場…令人驚歎的設計更是提升了它們的美感。

飲食：各種不同的用餐區提供美味的西方、亞洲和印度素食－為了靜心村，它們大部分是透過有機種植而得。麵包和甜點則是在靜心村內自有的麵包坊進行烘烤而成。

夜晚的生活：多種晚間節目可供選擇－跳舞是其中的首選！其他活動包括星辰下的滿月靜心、各種表演、音樂演奏和每日靜心。

或者你可以只是在廣場咖啡廳裡享受和人們的聚會，或者在寂靜的夜晚漫步在童話故事般的花園中。

設施：你可以在購物廳購買生活所需的日常用品和化妝品。媒體廳則販賣各種奧修影音產品。還有銀行、旅行服務處和園區網咖。對於那些喜愛購物的人，普那提供了各種選擇，包括從傳統的印度民俗產品到全球知名品牌的商店。

住宿：你可以選擇住在奧修招待所裡的高雅客房，也可以選擇長期住宿的套裝居住行程。此外，附近還有各種不同的飯店和公寓可供選擇。

更多資訊請瀏覽www.osho.com/meditationresort

關於作者

奧修反對分門別類。他的數千種談論涵蓋了一切，包括個人詢問的問題，以及現今社會當務之急所面對的社會和政治議題。奧修的書不是書面文字的，而是根據他對國際聽眾所作的即席演講的影音紀錄所謄寫而成。如他所說：「所以記住：無論我說了什麼，那不只是針對你…我也是為了未來的一代而談。」倫敦周日時報說奧修是「創造二十世紀的一千個人」的其中一位，美國作家湯姆羅賓斯說奧修是「自從耶穌基督之後最危險的人」。印度周日午報說奧修是和－甘地、尼赫魯、佛陀－等十個改變印度命運的人。關於他的工作，奧修說他是在幫助創造一個誕生出新人類的環境。他常將這樣的新人類稱為「左巴佛陀」－可以同時是享受娛樂的希臘左巴和寂靜的喬達摩佛。如同一條聯繫著奧修各種書籍和靜心的線運作著，包含了過去各時代的永恆智慧以及現代（和未來）潛力無窮的科學和技術。奧修為人所知的是他對於內在轉變的科學的革命性貢獻，以及用於現代快速的生活步調的靜心方法。他獨特的奧修動態靜心設計，讓人先釋放出身體和頭腦累積的壓力，以便更容易在日常生活中體驗到寂靜以及無念的放鬆。

關於作者，有兩本自傳作品可以購買：奧修自傳：叛逆的靈魂，〔繁體中文／除大陸外，全球販售〕；金色童年，〔繁體中文／除大陸外，全球販售〕。

奧修系列　01

奧修談清靜經(上)

《作者》奧修

《定價》350 元

據說這是第一本被寫下來的奧秘著作。它不是很像書，不超過一頁半，但在寫下來之前，它已經存在了數千年。它透過隱密的和私人的口口相傳…葛玄，寫下這本書的人…他知道那個危險。在經序中，他說：「當我和道合而爲一時，我考慮了一萬次，是否要把這個洞見寫下來。因爲我是在採取一個危險的舉動。」

他在經序裡說：「黃金之門的諸神統治者將它給了我…過去都是口口相傳。那些能了解的人將會成爲神的使者，進入黃金之門。」

奧修系列 02

奧修談清靜經(下)

《作者》奧修

《定價》350 元

靜心的第一個經驗就是那個空，但是記住，那是第一個經驗，第一個三托歷：一個人經驗到空。但是記住，這個經驗仍然在那兒；這個空的經驗變成了某個東西；不是無物。

當他越深入，第二個三托歷出現了。當他更深入，他消失了，經驗者消失了。首先客體消失了，空在那兒；但是因爲舊習慣，這個空變成了客體。現在經驗者也消失了。現在只有無物——沒有人可以去經驗，沒有東西要被經驗。這是第二個三托歷。

當他了解到在無物的狀態——什麼都沒有的狀態，在這個狀態中，也是無物，一旦達到了最深的無物…這是最終的無物。現在如果你問他：「你經驗到什麼？」他會面露微笑。他不能說：「我經驗到無物。」這就是三摩地——第三個三托歷，最終的開花。

國家圖書館出版品預行編目(CIP)資料

羽翼成／奧修(Osho)著；李奕廷譯. -- 初版.
-- 臺北市：旗開，2013. 05
面；　公分
譯自：Showering without clouds
ISBN 978-986-89034-2-5

1. 莎訶若（Sahajo Bai）2.傳記 3.靈修

783.718　　102008006

欲了解更多資訊請瀏覽：

www.OSHO.com

這是一個綜合的多語網站，包括雜誌、奧修書籍、奧修演講的影音產品、英語及印度語的奧修圖書館資料文獻，以及關於奧修靜心的各種資訊。您也可以在這兒查詢奧修多元大學的課程表以及奧修國際靜心村的相關資訊。

相關網站：

http://OSHO.com/resort
http://OSHO.com/AllAboutOSHO
http://OSHO.com/shop
http://www.youtube.com/OSHO
http://www.oshobytes.blogspot.com
http://www.Twitter.com/OSHOtimes
http://www.facebook.com/pages/OSHO.International
http://www.flickr.com/photos/oshointernational

您可透過下列方式聯繫奧修國際基金會：

www.osho.com/oshointernational,
oshointernational@ oshointernational.com

羽翼成

原著：Showering Without Clouds
作者：奧修（OSHO）
譯者：李奕廷 (Vivek)
發行：李奕廷
出版：旗開出版社
地址：台北市南京東路三段201號3樓
電話：(02)27978935
統編：31855902
劃撥：007 (第一銀行)
158-10-012620 (帳號)
旗開出版社 (戶名)
(劃撥八折，10本以上免運費)

經銷：紅螞蟻圖書有限公司
地址：臺北市內湖區舊宗路二段121巷19號
電話：(02)27953656
傳真：(02)27954100

初版：2013年5月
定價：400元
ISBN：978-986-89034-2-5

Original title: ***Showering Without Clouds*** by Osho
This book is a transcript of a series of original talks by Osho titled Bin Ghan Parat Phuhar given to a live audience. All of Osho's talks have been published in full as books, and are also available as original Hindi audio recordings. Audio recordings and the complete text archive can be found via the online OSHO Library at www.osho.com